中华当代学术著作辑要

王禹偁事迹
著作编年

徐规 著

商务印书馆
创于1897　The Commercial Press

图书在版编目（CIP）数据

王禹偁事迹著作编年 / 徐规著. --北京：商务印书馆，2025. --（中华当代学术著作辑要）. --ISBN 978-7-100-24490-9

Ⅰ. K825.6

中国国家版本馆CIP数据核字第2024XD1454号

权利保留，侵权必究。

中华当代学术著作辑要

王禹偁事迹著作编年

徐规 著

商 务 印 书 馆 出 版
（北京王府井大街36号 邮政编码100710）
商 务 印 书 馆 发 行
北京市十月印刷有限公司印刷
ISBN 978 - 7 - 100 - 24490 - 9

2025年1月第1版　　　　开本710×1000　1/16
2025年1月北京第1次印刷　　印张18
定价：90.00元

中华当代学术著作辑要

出 版 说 明

学术升降,代有沉浮。中华学术,继近现代大量吸纳西学、涤荡本土体系以来,至上世纪八十年代,因重开国门,迎来了学术发展的又一个高峰期。在中西文化的相互激荡之下,中华大地集中迸发出学术创新、思想创新、文化创新的强大力量,产生了一大批卓有影响的学术成果。这些出自新一代学人的著作,充分体现了当代学术精神,不仅与中国近现代学术成就先后辉映,也成为激荡未来社会发展的文化力量。

为展现改革开放以来中国学术所取得的标志性成就,我馆组织出版"中华当代学术著作辑要",旨在系统整理当代学人的学术成果,展现当代中国学术的演进与突破,更立足于向世界展示中华学人立足本土、独立思考的思想结晶与学术智慧,使其不仅并立于世界学术之林,更成为滋养中国乃至人类文明的宝贵资源。

"中华当代学术著作辑要"主要收录改革开放以来中国大陆学者、兼及港澳台地区和海外华人学者的原创名著,涵盖文学、历史、哲学、政治、经济、法律、社会学和文艺理论等众多学科。丛书选目遵循优中选精的原则,所收须为立意高远、见解独到,在相关学科领域具有重要影响的专著或论文集;须经历时间的积淀,具有定评,且侧重于首次出版十年以上的著作;须在当时具有广泛的学术影响,并至今仍富于生命力。

自 1897 年始创起,本馆以"昌明教育、开启民智"为己任,近年又确立了"服务教育,引领学术,担当文化,激动潮流"的出版宗旨,继上

世纪八十年代以来系统出版"汉译世界学术名著丛书"后,近期又有
"中华现代学术名著丛书"等大型学术经典丛书陆续推出,"中华当代
学术著作辑要"为又一重要接续,冀彼此间相互辉映,促成域外经典、
中华现代与当代经典的聚首,全景式展示世界学术发展的整体脉络。
尤其寄望于这套丛书的出版,不仅仅服务于当下学术,更成为引领未来
学术的基础,并让经典激发思想,激荡社会,推动文明滚滚向前。

商务印书馆编辑部

2016 年 1 月

目　　录

序

王禹偁（954—1001），字元之，济州巨野（今山东巨野）人，出身"磨家儿"①，官至翰林学士。他是北宋政治改革派的先驱，是关心民瘼、敢说敢为的好官，是诗文革新的旗手，是据实直书、不畏时忌的史家。在中国封建社会中，这样的士大夫真是凤毛麟角、少有其匹的。

（一）

王禹偁于宋太宗太平兴国八年（983）考取进士，开始走上仕途。这时候，北宋政府已经结束了五代十国的分立局面，中央集权势力终于战胜了地方割据势力。从宋太宗两次伐辽失败之后，契丹军队常常南下掠夺；西北的党项贵族时叛时降，并与契丹结成掎角之势，共同对付北宋，民族矛盾相当尖锐。同时，阶级矛盾也趋向激化，农民起义相继出现。旧的法制已难以适应新的形势。为此，北宋统治集团内部不断有人提出变法的主张，王禹偁就是其中一位杰出的代表。

端拱元年（988），宋太宗下诏求直言。当时王禹偁初拜右拾遗（谏官）、直史馆（史官），先后奏上《端拱箴》与《三谏书序》。在《箴》中，请求重视农业生产，节约财政开支，任用贤能官吏，抑制豪强兼并。王

---

① 毕仲游《西台集》卷十六《丞相文简公（毕士安）行状》。"磨家"是指以磨麦制面为生的贫苦人家。

禹偁切直地向太宗提出忠告："无侈乘舆，无奢宫宇，当念贫民，室无环堵。无崇台榭，无广陂池，当念流民，地无立锥。"又说："勿谓丰财，经费不节，须知府库，聚民膏血。勿谓强兵，征伐不息，须知干戈，害民稼穑。"最后，建议"计口授田，兼并何有，是谓仁政，及于黔首。约人署吏，侵渔则少，是谓能官，惠于无告"。[①] 在《序》中，主张端饬士行，沙汰僧尼，并省官吏。[②]

就在这一年的十一月，契丹骑兵又南下攻掠；次年正月，契丹进陷易州（今河北易县），边境危急。宋太宗下诏群臣命各陈备边御戎之策，王禹偁又上《御戎十策》，再次提出变法主张，并警告说：若不进行改革，"则寇不独在外而在乎内也"。这个奏策深得当时名相赵普（922—992）的赞赏。[③]

至道三年（997），太宗病死，真宗即位，下诏求直言。王禹偁那时担任知扬州事，应诏上疏，要求真宗"治之惟新，救之在速"，并提出五项政治改革主张。一是"谨边防，通盟好，使辇运之民有所休息"；二是"减冗兵，并冗吏，使山泽之饶稍流于下"；三是"艰难选举，使入官不滥"；四是"沙汰僧尼，使疲民无耗"；五是"亲大臣，远小人，使忠良謇谔之士知进而不疑，奸憸倾巧之徒知退而有惧"。[④] 这个奏疏是王禹偁平生最重要的政论，最足以代表其政治思想。奏疏上达后，王禹偁被召回朝，第三次担任知制诰，替皇帝起草诏令。

咸平元年（998）的岁除日，王禹偁被排斥，出知黄州（今湖北黄冈）。由于各地不断爆发农民起义和士兵暴动，王禹偁在咸平三年又上疏言事，大胆地指出太祖、太宗推行的中央集权措施，"虽则尊京师而

---

① 王禹偁《小畜外集》卷十。
② 王禹偁《小畜集》卷十九。
③ 李焘《续资治通鉴长编》（以下简称《长编》）卷三十；司马光《涑水记闻》卷三引宋敏求撰《王禹偁神道碑》。
④ 吕祖谦《皇朝文鉴》卷四二。

抑郡县，为强干弱枝之术，亦非得其中道"；迫切要求真宗"改辙更张，因时立法"；呼吁加强各郡县的地方武装力量。①

王禹偁具备了"少苦寒贱，又尝为州县官，人间利病亦粗知之"②的条件，面临着阶级矛盾和民族矛盾日益激化的局势，他站在地主阶级改革派的立场上，提出了一系列的变法主张和具体措施，希望对国计民生有所裨补。可是他的主要建议与宋初实行"不抑兼并""不立田制"以及加强专制主义中央集权的政策相违背，当然不会被宋太宗、宋真宗所采纳。后来，宋仁宗时，范仲淹（989—1052）等人进行的"庆历变法"（1043—1045），其基本内容还是王禹偁所提出的那些办法。王禹偁不愧为北宋政治改革派的先驱。

（二）

王禹偁关心民众疾苦，遇事敢说敢为。太宗雍熙二年（985），王禹偁任苏州长洲知县时，就在给上级长官的书信中，陈述苏州地区赋税特别苛重，"无名之租息，比诸江北，其弊犹多"，要求减免当地民户的酒税负担，"今若又以榷酒之数，益编户之赋，何异负重致远者未有息肩之地而更加石焉，何以堪之？谅阁下必不尔为！"③雍熙四年，他又在《为长洲令自叙》一文中诉说长洲县"土甚瘠而民不懈，吏好欺而赋愈重"，清廉正直的官吏难以立脚，"廉其身而浊者忌之，直其气而曲者恶之"。并谈到上一年，该县境内稻禾歉收，政府催税，急如星火，人民挨饥饿而受鞭打的，"日不下数百辈，菜色在面而血流于肤"。禹偁目睹这种惨状，"因出吏部考课历，纳质于巨商"，得钱一万七千缗，买来白

---

① 《长编》卷四七，《宋史纪事本末》卷十六。
② 《小畜集》卷十八《上太保侍中（赵普）书》。
③ 《小畜集》卷十八《上许殿丞论榷酒书》。

米代替贫民输纳,准许他们在下一年陆续归还。^①

王禹偁在知黄州任内,看到监狱里的犯人,"每有患时疾者,互相浸染,或致死亡",就向朝廷建议:在各路设置病囚院,"持仗劫贼,徒、流以上有疾者"即留病牢中将养治疗,其他各类罪犯都允许具保出外医治。咸平四年(1001),这个人道的建议被北宋政府所采纳。^②

端拱元年(988)十二月,王禹偁在京城任谏官、史官,撰写《对雪》诗一篇,记述当时农民和士兵的苦难境况说:

> 因思河朔民,输税供边鄙,车重数十斛,路遥几百里,羸蹄冻不行,死辙冰难曳,夜来何处宿,阒寂荒陂里!
>
> 又思边塞兵,荷戈御胡骑,城上卓旌旗,楼中望烽燧,弓劲添气力,甲寒侵骨髓,今日何处行,牢落穷沙际!

接着,又针砭自身说:

> 自念亦何人,偷安得如是! 深为苍生蠹,仍尸谏官位。謇谔无一言,岂得为直士? 褒贬无一词,岂得为良史? 不耕一亩田,不持一只矢。多惭富人术,且乏安边议。空作对雪吟,勤勤谢知己。^③

王禹偁谪官州郡多年,比较接近下层,对人民的疾苦和群众的力量逐步有所了解。他于淳化五年(994)写的《送毋殿丞赴任齐州》诗中,有"三齐号难治,民瘼待良医。勿谓人多诈,须教吏不欺"之句。^④可见

---

① 明代钱穀《吴都文粹续集补遗》著录。
② 《宋会要辑稿》刑法六之五二,《长编》卷四八。
③ 《小畜集》卷四。
④ 《小畜集》卷十。

他对官吏与人民相互关系的认识，显然有别于一般士大夫。至道二年（996），王禹偁于贬官滁州（今安徽滁县）任内撰的《唱山歌》诗中，描绘当地人民特别是青年男女在新春佳节盛行歌舞晚会，有"男女互相调，其词非奔淫。修教不易俗，吾亦弗之禁""乃知国家事，成败因人心"等句子。① 这种顺民俗、因人心的思想，不仅在诗中充分表达出来，而且在他一生的政治生活上也是有所反映的。

王禹偁不畏权势，不计个人利害，是当时著名的刚直之士。他在初任谏官兼知制诰期间，由于直言敢谏，"兼磨断佞剑，拟树直言旗"，再加撰写制诰的辞句，多不虚饰，因此遭到权臣和一些同僚的憎恶。② 淳化二年，富有权势的尼姑道安诬陷著名学者徐铉（917—992）与妻甥姜氏通奸，姜氏是道安的嫂子。这时王禹偁判大理寺事，他执法为徐铉雪诬，抗疏论道安告奸不实罪，被贬为商州（今陕西商县）团练副使，不得签书公事。③ 因俸禄微薄，租典园圃来种菜自给。④ 这是王禹偁第一次受到贬官的打击。

至道元年，王禹偁在担任翰林学士的一百天内，"制敕有不便，多所论奏"。又因宋太祖的皇后宋氏之丧，群臣不成服，禹偁有所议论，触犯太宗忌讳，坐"轻肆"的罪名，罢为知滁州事。⑤ 这是王禹偁第二次受到贬官的打击。至道三年，他在给刚即位的真宗的表文中谈到自己两度被贬谪是由于"虚名既高，忌才者众。直道难进，黜官亦多"。又说："始贬商於，实因执法。后出滁上，莫知罪名。"⑥ 可见他对于皇帝和

① 《小畜集》卷五。
② 《小畜集》卷八《谪居感事》。
③ 《宋史·王禹偁传》，《宋史·徐铉传》，《宋史·张去华传》，《皇朝文鉴》卷四二《应诏言事疏》；参阅清钱大昕《二十二史考异》卷七一。
④ 《小畜集》卷九《自咏》、《种菜了雨下》、《偶置小园，因题二首》之一。
⑤ 《长编》卷三七，《宋会要辑稿》后妃一之一，《小畜集》卷五《北楼感事》诗序，《宋史·王禹偁传》，《宋大诏令集》卷二〇三。
⑥ 《小畜集》卷二二《谢转刑部郎中表》。

权臣的威势,也没有丝毫的畏惧和退缩。

至道二年,王禹偁在滁州期间,太子中允、福建路转运使丁谓(966—1037)来书,认为禹偁的贬官是由于秉性"高亢刚直"所招致,规劝他要改变作风。禹偁在覆书中陈述自己生平志趣,认为丁谓的说法是"以成败为是非、以炎凉为去就者说之云";并坦率地指出丁谓"第一进士,得一中允,而欲与世浮沉,自堕于名节,窃为谓之(丁谓字)不取也"。^①禹偁即使处于逆境时,仍坚持自己平素操守不变;而丁谓未能听从禹偁的忠告,后来终于走上趋炎附势、取媚当朝的邪道。次年,王禹偁又在给朋友晁迥(951—1034)的回信中,对当日官场情况与自身性格、遭遇,慨乎言之:"某褊狷刚直,为众所知,虽强损之,未能尽去。夫今之领藩服、当冲要者,必先丰厨传以啖人口,勤迎劳以悦人心,无是二者,虽龚、黄无善誉矣。某皆不能也,唯官谤是待。"^②咸平二年(999),王禹偁贬官到黄州去,这是第三次受到贬官的打击。当时他曾寄诗给宰相李沆(947—1004),其中有"贫有妻贤须薄禄,老无田宅可归耕。未甘便葬江鱼腹,敢向台阶请罪名"之句^③;又作《三黜赋》以明志,说自己"屈于身兮不屈其道,任百谪而何亏!吾当守正直兮佩仁义,期终身以行之"^④。他的倔强性格和百折不挠精神,跃于纸上。节操凛然,令人敬佩!

(三)

王禹偁有鉴于唐末五代以来的颓靡纤俪文风,早在宋太宗淳化元

① 《小畜集》卷十八《答丁谓书》。
② 《小畜集》卷十八《答晁礼丞书》。龚遂、黄霸是西汉时的循吏,见《汉书》卷八九《循吏传》。
③ 《小畜外集》卷七《出守黄州上史馆相公》。
④ 《小畜集》卷一。

年（990）所撰《送孙何序》及淳化三年的《五哀诗》中提出了改革意见。① 至道元年（995），他在写给张扶的两封回信中，详细陈述自己的文学理论。他首倡文以传道而明心② 之说，主张文句必须通俗易懂——"句易道，义易晓"。③ 禹偁平生最推崇韩愈的古文，而韩愈论文章，原有"怪怪奇奇""佶屈聱牙"与"文从字顺""惟师是"两种说法。禹偁取其后者，在自身创作实践上，确能贯彻始终，因此他的作品不仅思想性和艺术性较强，而且语言也流畅明白。就他对宋代古文的影响来说，不愧是欧阳修（1007—1072）等人的先导。其最著名的代表作有《待漏院记》《黄州新建小竹楼记》④《唐河店妪传》《录海人书》⑤以及《答张扶书》等篇。《录海人书》是一篇寓言，与晋代陶渊明《桃花源记》具有同样的理想，反映了中国封建社会里小农的要求。《答张扶书》堪称直追韩愈的典型作品。

近人章士钊说："宋初，先于穆伯长而以开古文涂径自豪者，柳姓名开，字仲涂，其文之不从，字不顺，臃肿滞涩，几使人读之上口不得。"⑥ 柳开（947—1000）和王禹偁同为宋初古文运动的先导，但柳开在文学上的建树是比王禹偁逊色的。

王禹偁以诗歌驰名当世，北宋大诗人林逋（和靖，968—1028）对他的诗歌极为钦佩，曾有"纵横吾宋是黄州"之句。⑦ 禹偁晚年谪官黄州，后人敬称他为"王黄州"。他平生爱读杜甫、白居易的作品，推尊杜

---

① 《小畜集》卷十九、卷四。

② 道是指政治主张、道德准则、哲学观点等等，心是指作家个人的精神世界和思想感情。

③ 《小畜集》卷十八。

④ 《小畜集》卷十六、卷十七。前者作于太宗雍熙四年冬，后者作于真宗咸平二年秋。

⑤ 《小畜集》卷十四。《传》作于端拱二年或淳化初，《书》是在直史馆时作，至迟不晚于淳化二年。

⑥ 《柳文指要》下册卷八《宋初古文》条。穆修，字伯长。章士钊在论《宋初古文》条没有提到王禹偁。

⑦ 《林和靖诗集》卷三《读王黄州诗集》。

甫开辟"诗世界"的功绩,可谓独具只眼。他实践白居易"歌诗合为事
而作"的主张,开宋诗革新的先声。他在端拱元年写的《对雪》诗,淳
化三年的《感流亡》《竹𥴀》诗以及四年的《对雪示嘉祐》歌行,不独勇
于揭示现实,而且严于针砭自身,继承和发扬了杜甫《三吏》《三别》与
白居易的《秦中吟》《新乐府》的现实主义精神,求之宋人诗集中,是很
少见到的。

　　禹偁的诗,写景抒情,引人入胜。如淳化三年八月在商州创作的
《村行》诗:

> 马穿山径菊初黄,信马悠悠野兴长。
> 万壑有声含晚籁,数峰无语立斜阳。
> 棠梨叶落胭脂色,荞麦花开白雪香。
> 何事吟余忽惆怅,村桥原树似吾乡。[①]

又他在淳化二年冬末写的《畲田词》七绝五首,着意描绘商州农村生
活,歌颂山区人民"更互力田"的良好习俗,语调平易,别树风格。[②] 王
禹偁确为北宋诗文革新的旗手。

　　王禹偁不但长于文学,而且史学造诣亦深。早年在担任史官期间,
曾编纂端拱元年春季《日历》一书。[③] 咸平元年,又以知制诰的身份参
预重修《太祖实录》,因据实直书,不畏时忌,被谪官黄州。接着,撰成
《五代史阙文》一卷,自序云:"臣读五代史,总三百六十卷,记五十三年
行事,其书固亦多矣。然自梁至周,君臣事迹传于人口而不载史笔者,

---

　　①　《小畜集》卷九。
　　②　诗见《小畜集》卷八。
　　③　《小畜集》卷二二《请撰大行皇帝实录表》。日历为编年体史书之一种,根据时政
记、起居注编成。

往往有之。或史氏避嫌，或简牒漏略，不有纪述，渐成泯灭，善恶鉴戒，岂不废乎？因补一十七篇，集为一卷，皆闻于耆旧者也。"[1] 清初王士禛（1634—1711）《香祖笔记》称赞此书"辨证精严，足正史官之谬"。《新五代史》多采取其文字，《新唐书·司空图传》亦全用其论辨，"虽篇帙寥寥，当时固以信史视之矣"。[2]

北宋初期的史家对吴越钱氏的统治颇多溢美，而王禹偁在苏州长洲知县任内，对此事做过一番调查研究以后，曾有总结性的评论："钱氏据十三郡垂百年，以琛赆为名而肆烦苛之政，邀勤王之誉而残民自奉者久矣。"[3] 宋太祖开宝七年（974）官修的《五代史》（即《旧五代史》）也大肆吹捧闽国君主王审知的德政，说他"起自陇亩，以至富贵，每以节俭自处。选任良吏，省刑惜费，轻徭薄敛，与民休息。三十年间，一境晏然"[4]。而王禹偁于太宗至道三年前后在《柳府君墓碣铭》一文中记载了王审知据福建"残民自奉，人多衣纸"的事实。[5] 特别是王禹偁在淳化三年写的《金吾》一篇古调长诗中，敢于揭露北宋初年大将曹翰攻下南唐江州实行屠城的暴行，并记述其平生作尽坏事，"所在肆贪残，乘时恃勋伐"的罪恶。[6] 禹偁身为宋臣，对其皇家大将的罪行直书不讳，殊属难能可贵！

总之，王禹偁具有济世拯民的抱负，刚正不阿的品德；他的政论，多切中时弊，不同凡响；他在文学上和史学上的造就，也是第一流的。北宋杰出的文学家苏轼（1037—1101）颂扬他"以雄文直道独立当

[1] 撰成时间，据《五代史阙文》卷末《王朴》条考定，应在咸平二年六月宰相李沆等上《重修太祖实录》之后。

[2] 《四库全书总目》卷五一《史部·杂史类·五代史阙文》条。

[3] 《小畜集》卷十八《上许殿丞论榷酒书》。原刊本作"钱氏据十三郡垂百余年"，误衍"余"字，今删。

[4] 《旧五代史》卷一三四《王审知传》。

[5] 《小畜集》卷三十《建溪处士赠大理评事柳府君墓碣铭并序》。

[6] 《小畜集》卷四。

世,……耿然如秋霜夏日不可狎玩,至于三黜以死"[1]。又说:"元之为郡守(指黄州知州),有德于民,民怀之不忘,固宜。"[2]南宋永嘉事功学派领袖叶适(1150—1223)也曾对王禹偁在至道三年所上《应诏言事疏》大加赞赏[3],更推许他的文章"简雅古淡,由上三朝未有及者,而不甚为学者所称,盖无师友论议之故也"[4]。

长期以来,王禹偁的事迹和著作不大被人们所留意研究,故特为之考订、阐发。疏误之处,尚盼读者指正! 一九七九年十月,徐规序于杭州大学,时年六十。

---

① 《经进东坡文集事略》卷五九《王元之画像赞并叙》。

② 《东坡七集·东坡集》卷二三《书韩魏公黄州诗后》。

③ 《习学记言序目》卷四八《皇朝文鉴·奏疏》条。

④ 《习学记言序目》卷四九《皇朝文鉴·记》条。"上三朝"是指太祖、太宗、真宗三朝。

编　　年

后周世宗显德元年甲寅（954）　王禹偁生

王禹偁，字元之，济州巨野人（王称《东都事略》本传），生于周世宗显德元年甲寅九月戊子。[①] 其先"家本寒素，宅于澶渊（今河南濮阳）。梁季乱离，举族分散，叔父没于兵而葬雷夏（即雷泽，属濮州，今山东鄄城西北），伯父没于客而葬博关，太夫人又旅葬于济"（《小畜集》卷十九《送鞠仲谋序》），遂为济州人。时济州州治在巨野（县治在今山东巨野县南）。巨野，春秋时鲁地（卷十六《济州龙泉寺修三门记》），故禹偁又自称鲁人。其家以磨麦制面为生（毕仲游《西台集》卷十六《丞相文简公行状》），"当时（禹偁）未名，以乞丐[②]自给，无立锥之地以息幼累"（《送鞠仲谋序》）。

是年，薛居正（912—981）四十三岁。（《东都事略》本传，李焘《续资治通鉴长编》卷二二。《续资治通鉴长编》以下简称《长编》）

徐铉（917—992）三十八岁。（《徐公文集》附录《墓志》）

宋琪（917—996）三十八岁。（残本《太宗皇帝实录》卷七九。《太宗皇帝实录》以下简称《太宗实录》）

---

①　《小畜集》卷一《阁极赋》："后周广顺，太岁甲寅，季秋戊子，实生吾身。"今考甲寅年正月丙子朔，后周太祖已改元显德；是月壬辰（十七日），太祖卒；丙申（二十一日），周世宗即皇帝位，不改元。甲寅年实与广顺年号无关，禹偁追记偶误。

②　《小畜集》卷十八《与李宗谔书》亦有"前时家弟自荆南乞丐以来，数日而去"之语，故知"乞丐"乃指向亲友借贷而言。

僧赞宁（919—1002）三十六岁。（《小畜集》卷二十《左街僧录通惠大师文集序》，僧文莹《湘山野录》卷下）

按：南宋释志磐《佛祖统纪》卷四四记赞宁卒于咸平四年（1001），近人陈垣《释氏疑年录》据释宗鉴《释门正统》卷八亦同。可备一说。

杨徽之（921—1000）三十四岁。（苏颂《苏魏公集》卷五一《杨公神道碑》）

赵普（922—992）三十三岁。（李攸《宋朝事实》卷三《御制》条引宋太宗撰《赵普神道碑》）

翟守素（922—992）三十三岁。（《小畜集》卷二九《翟公墓志铭》）

王溥（923—982）三十二岁。（《长编》卷二三。又《东都事略》及《宋史》本传均谓其享年六十一，而近人余嘉锡撰《疑年录稽疑》以为其享年应是六十）

王祜（924—987）三十一岁。（《太宗实录》卷四二）

李昉（925—996）三十岁。（《太宗实录》卷七六）

句中正（929—1002）二十六岁。（《宋史》本传）

梁周翰（929—1009）二十六岁。（《宋史》本传）

乐史（930—1007）二十五岁。（钱大昕《疑年录》）

张洎（934—997）二十一岁。（《太宗实录》卷八十）

柴成务（934—1004）二十一岁。（杨亿《武夷新集》卷十《柴公墓志铭》）

吕端（935—1000）二十岁。（《长编》卷四七，《东都事略》本传）

宋白（936—1012）十九岁。（《宋史》本传）

李煜（937—978）十八岁。（近人夏承焘《唐宋词人年谱·南唐二

主年谱》）

毕士安（938—1005）十七岁。（刘挚《忠肃集》卷十一《毕文简神道碑》，《长编》卷六一）

田锡（940—1003）十五岁。（范仲淹《范文正公集》卷十二《田公墓志铭》）

臧丙（940—992）十五岁。（《小畜集》卷二八《臧公墓志铭》）

贾黄中（941—996）十四岁。（《太宗实录》卷七六）

刘昌言（942—999）十三岁。（《宋史》本传）

张齐贤（943—1014）十二岁。（《琬琰集删存》卷三《张齐贤传》）

赵昌言（945—1009）十岁。（此据《宋史》本传，而《东都事略》本传记其卒年为五十五岁，则生年当为955年，恐误。盖以昌言为王旦之妻父，王旦生于957年也）

吕蒙正（946—1011）九岁。（《琬琰集删存》卷一富弼撰《吕蒙正神道碑》，王明清《挥麈录·前录》卷二《本朝名公多厄于六十六》条。而《宋史》及《东都事略》本传皆作卒年六十八，误）

张咏（946—1015）九岁。（张咏《乖崖先生文集》附录《墓志》，《长编》卷八五）

柳开（947—1000）八岁。（《长编》卷二八，柳开《河东先生集》卷十六张景撰《行状》）

吴淑（947—1002）八岁。（《宋史》本传）

李沆（947—1004）八岁。（《武夷新集》卷十《李公墓志铭》）

曾致尧（947—1012）八岁。（王安石《临川先生集》卷九二《曾公墓志铭》）

李至（947—1001）八岁。（《长编》卷四八，《东都事略》本传）

宋湜（950—1000）五岁。（《长编》卷四六，《东都事略》本传）

晁迥（951—1034）四岁。（《长编》卷一一五，《东都事略》本传）

崔遵度（954—1020）一岁。（《宋史》本传）

戚纶（954—1021）一岁。（《小畜集》卷九《有怀戚二仲言同年》，《宋史》本传）

显德二年乙卯（955）　二岁

三月，李覃、何曮、杨徽之、赵邻几等四人进士及第。（《旧五代史·周世宗纪》，《武夷新集》卷十一《杨公行状》）

　　　按：《太宗实录》卷七六谓贾黄中年十五举进士。按本年，贾黄中年十五。又邵伯温《邵氏闻见录》卷六及《宋史·贾黄中传》亦同《实录》。《文献通考·选举考三》谓是年录取进士十六人。《文献通考》以下简称《通考》。

显德三年丙辰（956）　三岁

是年，种放（956—1015）生。（《长编》卷八五及《湘山野录》卷上谓种放卒于大中祥符八年即公元1015年。又《东都事略》本传及《邵氏闻见录》卷七作卒年六十；而《湘山野录》卷上及江少虞《宋朝事实类苑》卷四二引《杨文公谈苑》作卒年六十一。《宋朝事实类苑》以下简称《事实类苑》）

显德四年丁巳（957）　四岁

是年，王旦（957—1017）生。（欧阳修《欧阳文忠公集·居士集》卷二二《王公神道碑》）旦，王祜之子。

显德五年戊午（958）　五岁

是年，苏易简（958—996）生。（《长编》卷四十，《东都事略》本传）

罗处约（958—990）生。（《小畜集》卷十九《东观集序》）

折御卿（958—995）生。（《长编》卷三八,《宋史·折德扆传附子御卿传》）

赵安仁（958—1018）生。（《宋史》本传）

冯拯（958—1023）生。（《东都事略》本传,《宋会要辑稿》礼四一之四九）

宋太祖建隆元年庚申（960） 七岁

二月,中书舍人、权知贡举扈蒙奏进士合格者杨砺等十九人。（《长编》卷一）

七月,始以知州易方镇。十一月,始以朝臣监诸州税。（王应麟《玉海》卷十八）

是年,谢涛（960—1034）生。（《范文正公集》卷十一《谢公神道碑》）

钱若水（960—1003）生。（《武夷新集》卷九《钱公墓志铭》）

魏野（960—1019）生。（魏野《东观集》卷首薛田《序》,《宋史》本传）

建隆二年辛酉（961） 八岁

正月,监修国史王溥等上《唐会要》一百卷。唐德宗时,苏冕始撰《会要》四十卷。宣宗时,崔铉等又续四十卷。王溥等于是采宣宗以降故事,共勒成一百卷。诏藏史馆。（《长编》卷二）

> 按:宣宗,《长编》误作武宗,今据晁公武《郡斋读书后志》袁州本卷二及《玉海》卷五一改正。

二月,工部尚书、权知贡举窦仪奏进士合格者张去华等十一人。

（《宋会要辑稿》选举一之一，《通考·选举考五》）宋白考取第二名。
（周必大《周益国文忠公集·平园续稿》卷四《辨登第金花帖子》）师
颁、杨澈亦中是榜进士。（《宋史》本传）

五月，令殿前、侍卫司及诸州长吏阅所部兵，骁勇者升其籍，老弱
怯懦者去之。初置剩员，以处退兵。（《长编》卷二）

> 按：李焘云："此但令诸州拣去老弱者耳。部送强壮以补两司
> 之缺，乃乾德三年八月事。《兵志》及《经武圣略》等多并言之，非
> 是。今从《实录》。"今考《通考·兵考四》与《宋史·兵志》一和
> 三亦均沿《三朝国史·兵志》及《三朝经武圣略》之误。

八月，史馆上《周世宗实录》四十卷。赐监修国史王溥、修撰官扈
蒙器币有差。（《长编》卷二）

是年，戚维以屯田员外郎为曹王府翊善。（《宋史·戚同文传》）

是年，孙何（961—1004）生。（《东都事略》及《宋史》本传）

陈彭年（961—1017）生。（《宋史》本传）

张秉（961—1016）生。（罗愿《新安志》卷六《张密学传》，明程敏
政《新安文献志》卷九四上《张秉传》）

李维（961—1031）生。（《东都事略·李沆传附弟维传》，《春明退
朝录》卷中，《玉海》卷九二）

建隆三年壬戌（962）　九岁

三月，翰林学士、权知贡举王著奏进士合格者马适等十五人。
（《长编》卷三，《宋会要辑稿》选举一之一）九月，诏及第举人不得呼知
举官为恩门、师门及自称门生。（《长编》卷三）罗从彦云："国初取士，
宗伯之司，旷而未设，但择名臣有闻望于禁掖台省者权典之。太祖尝谓

近臣曰：'闻及第举人，呼有司为恩门，自称门生，见知举官辄拜之。此甚薄俗，非推公取士之道。又搢绅间，多以所知进士致书主司，谓之公荐。朕虑误取虚誉，当悉禁之。'"（《罗豫章先生文集》卷一）

是年，寇准（962—1023）生。

按：寇准《述怀》诗云："十九中高第，弱冠司国章。"（《忠愍公诗集》卷上）《小畜集》卷十九《送寇密直西京迁葬序》云："平仲（寇准字）十九登进士第。"孙抃撰《寇忠愍公准旌忠之碑》云："年十九，一举擢进士第，时太平兴国五年也。……天圣元年闰九月七日，以疾终于贬所，年六十三。"（引自《琬琰集删存》卷一及《忠愍公诗集》卷首。逝世年月，《长编》卷一〇一、《宋史·仁宗纪》所载与碑文同）今考寇准于太平兴国五年（980）中进士，上推十九年，生年当在建隆三年（962）。碑文记其卒年在天圣元年（1023），年寿为六十三岁，则生年当在建隆二年（961）。"年六十三"当为"年六十二"之误刊。

王钦若（962—1025）生。（《宋史·仁宗纪》，《宋史》本传）

乾德元年癸亥（963）　十岁

正月，以沈义伦为京西、韩彦卿为淮南转运使。诸道置转运使始见于此。（《玉海》卷一八二《乾德转运使》）

二月，荆南平。（《长编》卷四）

是月，枢密直学士、权知贡举薛居正奏进士合格者苏德祥等八人。（《宋会要辑稿》选举一之一，《通考·选举考五》）德祥，后汉宰相苏禹圭之子。（王辟之《渑水燕谈录》卷六）

三月，湖南平。（《长编》卷四）初，唐及五代节镇皆有支郡。太祖平湖南，始令潭、朗等州直属京师，长吏得自奏事。其后大县屯兵，亦有直属京师者，兴元之三泉也。（《宋会要辑稿》职官三八之二，《长编》卷十八）

四月，初置通判，以分节度、刺史之权；或节度、刺史有缺，则以文臣权知诸州。（李埴《皇宋十朝纲要》卷一）

六月，始命常参官知县。（《玉海》卷十八，《长编》卷四，《宋会要辑稿》职官四八之二五）

七月甲寅，监修国史王溥上新修梁、后唐、晋、汉、周《五代会要》三十卷。（《长编》卷四）

　　按：《郡斋读书志》袁州本卷三下误作"建隆初上之"。

己卯，判大理寺事窦仪等上《重定刑统》三十卷，《编敕》四卷。诏刊板摹印颁行。（《长编》卷四，《玉海》卷六六，《宋史·太祖纪》）参预重定者尚有权大理少卿苏晓、大理正奚屿、大理丞张希让及刑部大理法直官陈光义、冯叔向等。（窦仪《进刑统表》，《宋会要辑稿》刑法一之一）

　　按：《宋史·刑法志一》误作"建隆初上"，《宋会要辑稿》刑法一之一误作"建隆四年八月二日上"。

九月，诏礼部贡举人，自今朝臣不得更发公荐，违者重置其罪。故事，每岁知举官将赴贡院，台阁近臣得保荐抱文艺者，号曰公荐，然去取不能无所私，至是禁止。（《长编》卷四）

十月，吏部尚书张昭上新撰《名臣事迹》五卷。（《长编》卷四）

十一月，郊祀，改元乾德。（《玉海》卷十三）

是年，梁颢（963—1004）生。（李心传《建炎以来朝野杂记》甲集卷九，《东都事略》本传。《建炎以来朝野杂记》以下简称《朝野杂记》）

是岁，柳开年十七，始读韩愈文。（《河东先生集》卷十一《昌黎集后序》）

乾德二年甲子（964）　十一岁

宰相范质、王溥、魏仁浦等再表求退，正月，以质为太子太傅，溥为太子太保，仁浦为左仆射，皆罢政事。先是，宰相见天子必命坐，有大政事则面议之，常从容赐茶而退。自余号令、除拜、刑赏、废置，但入熟状，画可降出即行之。唐及五代皆不改其制，犹有坐而论道之遗意焉。质等自以前朝旧臣，稍存形迹，且惮太祖英武，每事辄具札子进呈，退，即批所得圣旨，而同列署字以志之。由是奏御浸多，或至旰昃，赐茶之礼寻废，固弗暇于坐论矣。后遂为定式，盖自质等始也。（《长编》卷五）

是月庚寅，以枢密使赵普为门下侍郎、同中书门下平章事、集贤院大学士。壬寅，加监修国史。宋朝因唐及五代故事，命相分领三馆，首相为昭文馆大学士，其次为监修国史，其次为集贤院大学士。（《宋大诏令集》卷五一，《长编》卷五）

　　按：此处述宰相兼三大馆职，乃指元丰改官制以前之通常情况。又集贤院亦作集贤殿，见《宋会要辑稿》职官一之六八。

　　集贤殿书院，唐开元中置，宋为集贤院，见《通考·职官考五》。

三月，翰林学士承旨、礼部尚书、权知贡举陶穀奏进士合格者李景阳等八人。（《宋会要辑稿》选举一之一，《通考·选举考五》）李九龄亦中是年进士第三人。（陈振孙《直斋书录解题》卷二十。《直斋书录

解题》以下简称《书录解题》）

四月，以前博州军事判官颍贽为著作佐郎。贽应贤良方正能直言极谏科，策试称旨故也。（《长编》卷五）应制科自贽始。（《长编》卷一〇七）贽亡故后，淳化三年，王禹偁在商州团练副使任内，曾赋诗哀之。（《小畜集》卷四《五哀诗》之五）

　　按：《长编》误颍为颖，《宋会要辑稿》选举十之六、《宋史·太祖纪》亦同，今据《四部丛刊》本《小畜集》卷四及《皇朝文鉴》卷十四改正。

是岁，始令诸州自今每岁受民租及筦榷之课，除支度给用外，凡缗帛之类，悉辇送京师。（《长编》卷五）

乾德三年乙丑（965）　十二岁

正月，蜀主孟昶降宋。（《长编》卷六）

二月，知制诰、权知贡举卢多逊奏进士合格者刘察等七人。（《长编》卷六，《宋会要辑稿》选举一之一）

四月，诏开封府令京城夜市至三鼓以来，不得禁止。（《宋会要辑稿》食货六七之一）

八月，令天下长吏择本道兵骁勇者，籍其名，送都下，以补禁旅之缺。又选强壮卒，定为兵样，分送诸道。其后，又以木梃为高下之等，给散诸州军，委长吏、都监等召募教习，俟其精练，即送都下。太祖每御便殿，亲临试之。用赵普之谋也。（《长编》卷六，陈均《皇朝编年纲目备要》卷一，《宋史·太祖纪》）

是年，李宗谔（965—1013）生。（《长编》卷八十，《东都事略》本传）宗谔，李昉之次子。

乾德四年丙寅（966）　十三岁

二月，礼部员外郎、权知贡举王祜奏进士合格者李肃等六人，诸科合格者九人。太祖恐其遗才，复令于不中选人内取其优长者，第而升之。（《长编》卷七，《宋会要辑稿》选举一之一及三之二）毕士安亦中是榜进士第三名。（《忠肃集》卷十一《毕文简神道碑》，《西台集》卷十六《行状》）

按：《行状》误系毕士安中进士于乾德三年，今据《神道碑》、彭百川《太平治迹统类》卷二八及《宋史》本传、《宋史·王祜传》改正。

十一月，诏诸道州府公事并须长吏、通判签议连署，方得行下。（《长编》卷七，《宋会要辑稿》职官四七之五八）

按：《宋会要辑稿》职官脱去"乾德四年"四字。《通考·职官考十七》及《宋史·职官志七》通判条均把"乾德"误为"建隆"，"诸道州府"误为"知府"。

王禹偁为儿童时，即览白居易、元稹《长庆集》。（《小畜集》卷三《不见阳城驿序》）"总角之岁，就学于乡先生，授经之外，日讽律诗一章。"（卷二十《孟水部诗集序》）"十余岁，能属文。"（《涑水记闻》卷三引宋敏求撰《王禹偁神道碑》）"志学之年，秉笔为赋。"（《小畜集》卷二《律赋序》）其后，禹偁谪官商州，曾追忆少年时勤学情况云："偶叹劳生事，因思志学时。读书方眆奥，下笔便搜奇。赋格欺鹦鹉，儒冠薄鸂鶒。耕桑都不事，园井未曾窥。必欲缣细富，宁教杼轴纰。光阴常矻矻，交友尽偲偲。步骤依班马，根源法孔姬。收萤秋不倦，刻鹄夜忘

疲。流辈多相许,时贤亦见推。"(卷八《谪居感事》)

按:苏颂《小畜外集序》及某些宋人记载中均谓禹偁"九岁能诗",《宋史·王禹偁传》亦谓其"九岁能文"。今取宋敏求所撰《王禹偁神道碑》之说。

是年,丁谓(966—1037)生。(《长编》卷一二〇,《东都事略》本传)

乾德五年丁卯(967) 十四岁

二月,知制诰、权知贡举卢多逊奏进士合格者刘蒙叟等十人。寻复诏参知政事薛居正于中书覆试,皆合格,乃赐及第。(《长编》卷八,《宋会要辑稿》选举一之一)

三月,赵普加左仆射,充昭文馆大学士。(《长编》卷八)

按:《宋大诏令集》卷五、《皇朝编年纲目备要》卷二及《宋史·太祖纪》亦同《长编》,均作"左仆射",而徐自明《宋宰辅编年录》、《宋史·宰辅表》、《宋史·赵普传》均误刊为"右仆射"。

先是,诸道铜铸佛像悉辇赴京毁之。七月,诏勿复毁,仍令所在存奉,但毋更铸。(《长编》卷八)

开宝元年戊辰(968) 十五岁

二月,宋太祖纳皇后宋氏,忠武节度使延渥之长女也。延渥寻改名偓。(《长编》卷九,《宋史·宋偓传》)

三月,权知贡举王祐擢进士合格者柴成务等十人(或作十一人)。

翰林学士承旨陶穀子邴,名在第六。翌日,穀入致谢。太祖谓左右曰:"闻穀不能训子,邴安得登第?"遽命中书覆试,而邴复登第。因下诏曰:"造士之选,非树私恩,世禄之家,宜敦素业。如闻党与,颇容窃吹,文衡公器,岂宜斯滥!自今举人,凡关食禄之家,委礼部具析以闻,当令覆试。"(《长编》卷九,《宋会要辑稿》选举三之二)

十一月,郊祀,改元开宝。(《玉海》卷十三)

是年,孙光宪卒。光宪在荆南,官至检校秘书少监兼御史大夫。入宋后,为黄州刺史。光宪博通经史,尤勤学,聚书数千卷,或自抄写,孜孜雠校,老而不废。好著撰,自号葆光子,所著书仅有《北梦琐言》传世。(《宋史》卷四八三本传)光宪为五代宋初著名词家,《全唐诗》卷八九著录其词八十首。近人李一氓《花间集校》卷七、卷八著录其词六十一首。

是年,林逋(968—1028)生。(《宛陵集》卷六十《林和靖先生诗集序》,《隆平集》卷十五《林逋传》,《东都事略》本传,《长编》卷一〇六)

按:林逋卒于天圣六年(1028),见《长编》。享年六十一,见上引三书。而《四部丛刊》影印明钞本《林和靖诗集》卷首所载梅尧臣序作"年六十二",乃是抄误。近人多据影印明钞本,误把林逋生年定为公元967年。

开宝二年己巳(969) 十六岁

二月,枢密直学士、权知贡举赵逢奏进士合格者安德裕等七人。(《宋会要辑稿》选举一之一,《长编》卷十,《通考·选举考五》)

按:安德裕,《宋史》有传,《长编》卷十漏刊作"安德"。

是年，孙仅（969—1017）生。（《宋史》本传）仅，孙何之弟。

开宝三年庚午（970）　十七岁

三月，知制诰、权知贡举扈蒙擢进士合格者张拱等八人。（《宋会要辑稿》选举一之一）续诏取十五举未及第者司马浦等一百六人，特赐本科出身。仍诏今后勿得为例。（《长编》卷十一，《宋会要辑稿》选举三之三，《宋史·太祖纪》）特奏名恩例盖自此始。（《宋史·选举志一》）

五月，禁京城民家不得蓄兵器。（《长编》卷十一）

七月壬子，诏曰："吏员猥多，难以求其治；俸禄鲜薄，未可责以廉。与其冗员而重费，不若省官而益俸。西川管内州县官，宜以户口为率，差减其员，旧俸外，月增给五千。"丙辰，诏："天下州县官宜依西川例，省减员数。"（《长编》卷十一，《宋会要辑稿》职官六一之一）

八月，以隰州刺史李谦溥为济州团练使。（《长编》卷十一，《宋史》本传）

是年，太祖令天下诸州，凡丝绵绸绢麻布等物，所在约支二年之用，不得广科市以烦民。初，蓬州请以租丝配民织绫，给其工值。太祖不许。（《宋史》卷一七五《食货志·布帛》）

按：据上条记事推知宋初西川已有包买商存在，否则当地州官无法建议采用此种生产方式。又《长编》系"蓬州请以租丝配民织绫"一事于乾德四年末。

是年，张景（970—1018）生。景，柳开门人。（宋祁《景文集》卷五九《张公墓志铭》）

刘筠（970—1030）生。（《东都事略》本传，宋庠《元宪集》卷三五《送成上人序》，李心传《旧闻证误》卷一）

开宝四年辛未（971） 十八岁

二月，南汉平。（《长编》卷十二）

是月，知制诰、权知贡举卢多逊奏进士合格者刘寅等十人。（《宋会要辑稿》选举一之一，《长编》卷十二）

四月，进士李蔼坐毁释氏，辞不逊，黥杖，配沙门岛。（《宋史·太祖纪》）

是年，毕士安选授济州团练推官，士安为济州团练使李谦溥之外姻。（《宋史·毕士安传》，《小畜集》卷十六《李氏园亭记》，参见本编年至道三年五月条引王禹偁《应诏言事疏》）据毕士安之曾孙毕仲游所撰《丞相文简公行状》载："州民王禹偁为磨家儿，年最少，数以事至推官廨中。公问：'孺子识字乎？'曰：'识。''尝读书乎？'曰：'尝从市中学读书。''能舍而磨家事从我游乎？'曰：'幸甚。'遂留禹偁于推官廨中，使治书学为文。久之，公从州守会后园中，酒行，州守为令，属诸宾客竟席对，未有工者。公归，书其令于壁上。禹偁窃从后对，甚佳，亦书于壁。公见大惊，因假冠带，以客礼见之（原注：州守令'鹦鹉能言争似凤'，禹偁对'蜘蛛虽巧不如蚕'）。由此禹偁浸有声。"（《西台集》卷十六）其后二年，毕士安改授兖州管内观察推官，禹偁赠以《送毕从事东鲁赴任序》。（《小畜外集》卷十三。《小畜外集》以下简称《外集》）

> 按：毕士安始任济州团练推官，《行状》系之开宝三年（《神道碑》亦同），与系其中进士于乾德三年相同，均误早一岁。又《行状》记士安留禹偁于官廨中，使治书学为文云云。然禹偁送序中未有片言只语道及其事。仲游所记，恐传闻失实。仲游记士安事迹多误，《长编》卷四三咸平元年十月条附注亦曾道及。
>
> 《邵氏闻见后录》卷十七记及毕士安令王禹偁作《磨诗》，"元之不思以对：'但存心里正，无愁眼下迟。若人轻着力，便是转身

时。'文简大奇之"。又云:"至文简入相,元之已掌书命矣。"今考毕士安入相乃在景德元年八月,时王禹偁早已逝世。邵博所记,显有谬误。

开宝五年壬申（972） 十九岁

闰二月,知制诰、权知贡举扈蒙奏进士合格者安守亮等十一人,诸科十七人。太祖召对于讲武殿,始下诏放榜,新制也。(《长编》卷十三,《宋会要辑稿》选举一之一至二)守亮,开宝二年状元安德裕之子。(《旧闻证误》卷一)

按:《宋史·选举志一》载是年礼部奏合格进士、诸科亦作"二十八人",而曾巩《元丰类稿》卷四九《贡举》及《宋史·太祖纪》记是年进士、诸科及格者为三十八人。疑三十八为二十八之误刊。

四月,复以李谦溥为隰州巡检使。(《长编》卷十四夹注)

九月,禁玄象器物、天文、图谶、七曜历、太乙、雷公、六壬、遁甲等,不得藏于私家,有者并送官。(《长编》卷十三)

十月,诏边远官,岁才三周,即与除代,所司专阅其籍,勿使逾时。(《长编》卷十三)

十一月癸亥,禁释、道私习天文、地理。已巳,诏诸道举人,自今并于本贯州府取解,不得更称寄应。如从化外至者,先投牒开封府,奏请得旨,方许就试。(《长编》卷十三)

开宝六年癸酉（973） 二十岁

二月,翰林学士、权知贡举李昉奏进士合格者宋准等十一人。(《宋

会要辑稿》选举一之二,《通考·选举考三》,明李濂《汴京遗迹考》引
《宋登科记》)三月辛酉,新及第宋准等十人(疑为十一人之脱误)、诸
科二十八人诣讲武殿谢。太祖以进士武济川、"三传"刘濬材质最陋,应
对失次,黜去之。济川,李昉乡人也。太祖颇不悦。会下第人徐士廉等
击登闻鼓,诉昉用情,取舍非当。太祖乃令贡院籍终场下第者姓名,得
三百六十人。癸酉,皆召见,择其一百九十五人,并准以下及士廉等,各
赐纸札,别试诗赋,命殿中侍御史李莹、左司员外郎侯陟等为考官。乙
亥,太祖御讲武殿亲阅之,得进士宋准以下二十六人,士廉预焉。"五
经"四人,"开元礼"七人,"三礼"三十八人,"三传"二十六人,"三史"
三人,"学究"十八人,"明法"五人,皆赐及第;又赐钱二十万,以张宴
会。责昉为太常少卿,考官右赞善大夫杨可法等皆坐责。自兹殿试遂为
常式。(《长编》卷十四)柳开、李巨源亦中是榜进士。(《河东先生集》
卷十六张景撰《行状》,卷九《与朗州李巨源谏议书》)

　　按:刘濬,《皇朝编年纲目备要》卷二、《通考·选举考三》
　　及《宋史·选举志一》,均作刘睿。《宋会要辑稿》选举七之一同
　　《长编》。

　　其先,柳开尝上书窦偁,冀其为之延誉于公卿间。书中论及当时
科举情况有云:"今之所谓进士者,天下几百人。凡所能中有司之选
者,其道有三,非材、非力、非智,即不得从其列。斯三者能用其一,皆
为取名之良者矣。……夫所谓材者,文章也;力者,权势也;智者,朋党
也。……然以材而得之者,有誉而无谤。以力而得之者,有谤而无誉。
以智而得之者,谤与誉也俱泯然无所闻矣。"(《河东先生集》卷七《上
窦偁察判书》)其后,又有《与郑景宗书》,论及开宝六年殿试由来云:
"太祖皇帝开宝六年,命今仆射李公考试贡举人,取士有不能尽。是时

太祖方克意务理,思与前代英主并立,然而刑政德业世用不变于唐。春,进士徐士廉求见太祖,太祖夕召与之见。廉即具道贡举人事,请太祖试之,曰:'方今中外兵百万,提强黜弱,日决自上前,出无敢悖者。惟岁取儒为吏,官(疑为"不"字之误)下百数,常常赘庑,以其授于人而不自决致(故?)也。为国家天下,止文与武二柄取士耳,无为其下鬻恩也。'太祖即命礼部试所中、不中贡举人到(列?)于殿廷试之,得百有二十七人,赐登高第。开幸在其数。后二年,廷试如六年。明年,太祖崩,今上即位,廷试事亦如太祖。"(《河东先生集》卷八)

四月戊申,诏参知政事薛居正监修梁、后唐、晋、汉、周《五代史》。癸丑,知制诰王祜等上《重定神农本草》二十卷,太祖制序,摹印颁行。(《长编》卷十四,《玉海》卷六三)参预《本草》编修者尚有卢多逊、李昉、扈蒙等。(《苏魏公集》卷六五《补注神农本草总序》)

八月,左仆射兼门下侍郎、平章事赵普,罢为河阳三城节度使、同平章事。普独相凡十年,沈毅果断,以天下事为己任,太祖倚信之,故普得成其功。(《长编》卷十四)

　　按:《宋史·地理志一》载,河阳三城节度使治所在孟州。孟州治所在今河南孟县西。赵普罢相,诸书均系于是年八月甲辰(二十三日),惟《宋会要辑稿》职官七八之一系于七月二十三日,疑为抄误。

九月,以薛居正、沈义伦为相。(《长编》卷十四)

是年,王禹偁始客游他乡。其所撰《次韵和仲咸(冯伉字)送池秀才西游》诗自注云:"予未第前,客游十年矣。"(《外集》卷七)

〔编年文〕

《送毕从事东鲁赴任序》(《外集》卷十三)。

开宝七年甲戌（974） 二十一岁

三月，诏权停贡举。（《长编》卷十五）

闰十月，知制诰、史馆修撰扈蒙上言："昔唐文宗每开延英，召大臣论事，必命起居郎、起居舍人执笔蟥坳以纪时政，故《文宗实录》今最详备。后唐明宗亦命端明殿学士及枢密直学士轮修日历送史馆。近朝以来，此事都废。每季虽有内廷日历，枢密院录送史馆，然所记者，不过臣下对见辞谢而已。帝王言动，莫得而书。缘宰相以漏泄为虞，无因肯说；史官以疏远是隔，何由得闻！望自今，凡有裁制之事，优恤之言，发自宸衷，可书简策者，并委宰臣及参知政事每月轮知钞录，以备史官撰集。"诏从之。命参知政事卢多逊专其职。（《长编》卷十五，《宋史·扈蒙传》）

按：《资治通鉴》卷二三六载："唐顺宗永贞元年九月壬申（时宪宗已即位），监修国史韦执谊奏，始令史官撰日历。"胡三省注云："叶伯益曰：唐永贞初，韦执谊奏：'修撰私家记录非是，望令各撰日历，月终馆中撰定。'从之。此日历之所起也。"

又"委宰臣及参知政事每月轮知钞录"，《宋会要辑稿》职官六之三十、赵汝愚《国朝诸臣奏议》卷六十同《长编》，而《玉海》卷四七作"宜命宰辅每日记录"，误。

是月，监修国史薛居正等上新修《五代史》百五十卷。（《长编》卷十五）同修者有卢多逊、扈蒙、张澹、李昉、刘兼、李穆、李九龄等人（《郡斋读书后志》袁州本卷一，《玉海》卷四六），而扈蒙、李九龄实专笔削（《渑水燕谈录》卷六）。

是年，杨亿（974—1020）生。（《长编》卷二五，《太宗实录》卷三一）

按：洪遵《翰苑群书·学士年表》："杨亿，天禧四年（1020）十二月卒。"

开宝八年乙亥（975）　二十二岁

二月丁卯，以知制诰王祐权知贡举，知制诰扈蒙、左补阙梁周翰、秘书丞雷德骧并权同知贡举。命权同知贡举，始此。戊辰，太祖御讲武殿，覆试王祐等所奏合格举人王式等，因诏之曰："向者登科名级，多为势家所取，致塞孤寒之路，甚无谓也。今朕躬亲临试，以可否进退，尽革畴昔之弊矣。"式等皆顿首谢。于是内出诗赋题试之，得进士王嗣宗等三十〔一〕人，诸科纪自成等三十四人，并赐及第。自是御试与省试名次，始有升降之别。江南进士林松、雷说，试不中格，以其间道来归，并赐"三传"出身。（《长编》卷十六，《宋史·选举志一》）

按：《宋会要辑稿》选举七之二、《通考·选举考五》、《宋史·太祖纪》均作是年赐进士王嗣宗等三十一人及第。《旧闻证误》卷一同。疑《长编》脱"一"字。

十一月，江南平。（《长编》卷十六）

开宝九年丙子（976）　二十三岁

先是，济州团练使、隰州巡检使李谦溥以疾自隰州肩舆还京师，正月卒，年六十二。（《长编》卷十七，《宋史》本传）其后，端拱二年，王禹偁与毕士安曾同游李氏私邸之园亭。次年九月，撰成《李氏园亭记》一文。（《小畜集》卷十六）

三月，诏权停贡举。（《宋会要辑稿》选举一之二）

十月，太祖卒，太宗即位，宰相薛居正加左仆射，沈伦加右仆射。

伦即义伦。参知政事卢多逊为中书侍郎、平章事。(《长编》卷十七）

十二月，大赦，改是岁为太平兴国元年。(《宋史·太宗纪》)

是年，柳宜自南唐归宋，任雷泽县令。雷泽，王禹偁之故里。禹偁与柳宜交识始此。(《小畜集》卷二十《送柳宜通判全州序》)宜弟宣，时以校书郎为济州团练推官，亦与禹偁友善。(卷三十《建溪处士柳府君墓碣铭并序》)

是年，钱易（976—1026）生。易，字希白，吴越废王钱倧之子，吴越国王钱俶之侄。(《长编》卷三三，《宋史》卷三一七《钱易传》，《翰苑群书·学士年表》天圣四年条，《书录解题》卷二十，《石林燕语》卷七）

太宗太平兴国二年丁丑（977）　二十四岁

太宗初即位，以疆宇至远，吏员益众，思广振淹滞，以资其缺，顾谓侍臣曰："朕欲博求俊彦于科场中，非敢望拔十得五，止得一二，亦可为致治之具矣。"先是，诸道所发贡士凡五千三百余人，命太子中允直舍人院张洎、右补阙石熙载试进士，左赞善大夫侯陶等试诸科，户部郎中侯陟监之。于是礼部上所试合格人名，正月戊辰，太宗御讲武殿，内出诗赋题覆试进士，命翰林学士李昉、扈蒙定其优劣为（三）〔二〕等，得河南吕蒙正以下一百九人；庚午，覆试诸科，得二百七人，并赐及第。又诏礼部阅贡籍，得十五举以上进士及诸科一百八十四人，并赐出身。"九经"七人不中格，太宗怜其老，特赐同"三传"出身。凡五百人，皆先赐绿袍靴笏，赐宴开宝寺，太宗自为诗二章赐之。进士第一等四人授将作监丞，第二等并"九经"为大理评事，并通判诸州；同出身进士及诸科并送吏部免选，优等注拟，授初等职事及判、司、簿、尉。宠章殊异，历代所未有也。宰相薛居正等言取人太多，用人太骤。太宗意方欲兴文教，抑武事，弗听。(《长编》卷十八；参校洪迈《容斋续笔》卷十三《科举恩数》条，《通考·选举考五》，《宋史·选举志一》；参阅《长编》

卷二一太平兴国五年闰三月甲寅条）

　　按:《小畜集》卷十九《送张咏序》云:"宋天王（指太宗）嗣位之五载,亲选贡士,分甲乙科。"又《旧闻证误》卷一载:"太平兴国二年吕蒙正榜,第一等除将作监丞,第二等除大理评事,并通判诸州。……是时止分两等,安得有第三甲也?"

　　是榜进士尚有李至（第二名）、温仲舒（第三名）、张齐贤、王化基、臧丙、马汝士、王沔、张宏、陈恕、宋泌、吕祐之等人。（《石林燕语》卷五,《邵氏闻见录》卷七,《小畜集》卷二八《臧公墓志铭》,《长编》卷二十太平兴国四年五月条,《长编》卷三二淳化二年九月条。自王沔以下,见《宋史》本传）

　　按:马汝士,《宋史·臧丙传》作冯汝士。

　　叶梦得云:"国初取进士,循唐故事,每岁多不过三十人。太宗初即位,天下已定,有意于修文,尝语宰相薛文惠公（居正）治道长久之术,因曰:'莫若参用文武之士。'是岁御试题以训兵练将为赋,主圣臣贤为诗,盖示以参用之意。特取一百九人,自唐以来,未之有也。"（《石林燕语》卷五,参校《通考·选举考三》）

　　是年,王禹偁赴兖州谒见知州宋白未遇,归居鲁西二年。（《四库全书》本《宋文选》卷七《王禹偁文·投宋拾遗书》,《宋史·宋白传》,《长编》卷二十）

　　是年,王禹偁始在濮水与张咏结交。（何薳《春渚纪闻》卷三《乖崖剑术》）

　　先是,右拾遗李瀚言:"节镇领支郡,多俾亲吏掌其关市,颇不便于商贾,滞天下之货。望不令有所统摄,以分方面之权,尊奖王室,亦强干弱枝之术也。"是年八月,太宗纳瀚言,尽罢节镇所领支郡。(《宋会要辑稿》职官三八之二,《长编》卷十八）

　　按:《续资治通鉴》卷三记尽罢节镇领支郡事,系于太祖乾德元年,误。又聂崇岐《论宋太祖收兵权》一文附注对此事有考证。见《宋史丛考》页二七八。

是年,钱惟演(977—1034)生。(陈植锷《西昆酬唱诗人生卒年考》,载《文史》第二十一辑）

　　按:钱惟演为钱俶之子,钱易之从弟。《石林燕语》卷七载:"天圣三年,钱思公(惟演)除中书门下平章事,钱希白(易)为学士当制。希白于思公,从父兄也。兄草弟麻,当时以为盛事。"又《宋史》卷三一七《钱惟演传》标题误"从兄易"为"从弟易"。盖钱易长惟演一岁。

是年或明年,王禹偁在濮阳(濮州之郡名)被邀参加部分新进士宴会。(《小畜集》卷十一《将巡堤堰,先寄高邮蒋知军》)
是年或明年,诗人田告东游过濮州,止王禹偁舍,禹偁贻书勉进其道。其后从学者数百人,宋维翰、许衮最其高第。[《渑水燕谈录》卷四《高逸》,《宋史》卷四五七《万适传附田(诰)〔告〕传》]

　　按:田告,《宋史》误作田诰,应据王禹偁《寄汶阳田告处士》诗(《永乐大典》卷一三四五〇页十三下引《小畜〔外〕集》)及《长编》卷十三、《渑水燕谈录》改正。

是年前后，江南进士冯伉归宋，任卢氏尉。(《小畜集》卷九《和仲咸诗六首》之四自注）不久，调同州户曹掾。(卷二十《商於驿记后序》）太平兴国八年，又与王禹偁同登进士第。

太平兴国三年戊寅（978） 二十五岁

正月，命翰林学士李昉、扈蒙及李穆、郭贽、宋白、董淳、赵邻几同修《太祖实录》，直学士院汤悦及徐铉、王克贞、张泊同修《江表事迹》。(《太宗实录》卷七六，《宋会要辑稿》运历一之二九，《玉海》卷十五、卷四八）汤悦即殷崇义，避宋宣祖弘殷讳及太宗旧名光义，并姓改焉。《江表事迹》后名《江南录》，计十卷。(《郡斋读书志》袁本卷二下，《书录解题》卷五）

建隆初，三馆（昭文馆、史馆、集贤院）所藏书仅一万二千余卷。及平诸国，尽收其图籍，惟蜀、江南最多，凡得蜀书一万三千卷，江南书二万余卷，又下诏开献书之路，于是三馆篇帙稍备。太宗初即位，临幸三馆，恶其湫隘，顾左右曰："若此之陋，岂可蓄天下图籍，延四方贤俊耶！"即诏有司度左升龙门东北旧车辂院，别建三馆。轮奂壮丽，甲于内庭。是年二月，赐名崇文院。西序启便门以便临幸，尽迁旧馆之书以实之。院之东廊为昭文书库，南廊为集贤书库，西廊有四库，分经、史、子、集四部为史馆书库，六库书籍正副本凡八万卷。策府之文，焕然一变矣。(《长编》卷十九，《宋会要辑稿》职官十八之五十，《通考·经籍考一》，《玉海》卷五二）

三月，吴越国王钱俶入朝。(《宋史·太宗纪》)

四月，平海军节度使陈洪进用其幕僚南安刘昌言之计，上表献所管漳、泉二州。(《长编》卷十九，《宋史纪事本末》卷十一）

五月，吴越国王钱俶上表献所管十三州、一军。太宗命考功郎中范旻权知两浙诸州事。(《长编》卷十九）旻，范质之子。(《宋史·范质传》）以客省使翟守素为两浙诸州兵马都监。（《宋会要辑稿》职官四九之一）钱氏据两浙逾八十年，外厚贡献，内事奢僭，地狭民众，赋敛苛暴，鸡鱼卵菜，纤悉收取，斗升之遗，罪至鞭背。少者犹笞数十，多者至五百余。迄于国除，民苦其政。（《长编》卷十九，而《新五代史·吴越世家》作"多者至笞百余"，疑是）

是月，徙封钱俶为淮海国王。（《长编》卷十九）

九月，覆试礼部合格人，进士加论一首。自是常以三题为准。得渤海胡旦以下七十四人，又得诸科七十人，并赐及第。始赐宴于迎春苑，授官如二年之制。故事，礼部惟春放榜，至是秋试，非常例也。（《长编》卷十九，《通考·选举考三》）

> 按：《宋会要辑稿》选举七之三作"诸科得八十二人"。又《通考·选举考三》，马端临按："《选举志》言是年试进士加论一首，然考《登科记》所载，建隆以来，逐科试士皆是一赋、一诗、一论，凡三题，非始于是年也。"马说误。按太祖时，殿试只试诗、赋二题。（《宋会要辑稿》选举七之一）

是榜进士尚有田锡（第二名）、赵昌言（第三名）、李蕤（第四名）、崔策（第五名）、冯拯、薛映、陈象舆、桑光辅、张鉴、陈恕、董俨、李昌龄、韩丕、牛冕等人。（《范文正公集》卷十二《田公墓志铭》，《宋会要辑稿》选举二之一，僧文莹《玉壶清话》卷三、卷五，《诗话总龟》后集卷一引《蔡宽夫诗话》，《小畜集》卷二九《桑公神道碑》，自张鉴以下见《宋史》本传）史称赵昌言喜推奖后进，掌漕湖外时，李沆通判潭州，昌言谓其有台辅之量，表闻于朝；王旦宰岳州平江，昌言一见，识其远大，以女妻之；后皆为贤相。王禹偁自卑秩擢词职，亦昌言所荐也。（《宋史·赵昌言传》）故事，进士期集，尝择榜中最年少者为探花郎。是年，

冯拯二十一岁为探花。太宗以诗赐之曰:"二三千客里成事,七十四人中少年。"(《蔡宽夫诗话》)

李觉中是年"九经"科。(《宋史》本传)

太平兴国四年己卯（979） 二十六岁

五月,北汉平。(《长编》卷二十)

七月,宋太宗督诸军与辽兵大战于幽州城外高梁河,败绩。(《宋史·太宗纪》)

是年冬,王禹偁来汴京,投书宋白以求见知。(《宋文选》卷七《王禹偁文·投宋拾遗书》)

是年,吕夷简(979—1044)生。(张方平《乐全集》卷三六《吕公神道碑》,《长编》卷一五二)

穆修(979—1032)生。(《苏舜钦集》卷十五《哀穆先生文》,《东都事略·穆修传》)

〔编年文〕

《并诰》(《小畜集》卷十四)。

　　按:文内有"惟四年,王归自克并,敷告并民,作《并诰》"之语,姑系于是年。此诰乃试作之文。

《济州众等寺新修大殿碑》(卷十六)。

　　按:碑文有"建隆初,(玄应大师)爰自上国来归故乡(指巨野),仍补管内僧正。师一心住持,戮力完葺,……由是往来京师,市易材植,……积岁月几二十稔。……兹楼既成,兹殿将构。天不慭遗,师之云亡,徒弟五人,今院主大德无相,……因垂成之绩,

竭肯构之心,既成厥功,思志其美。以某邑人也,辱与先大师游,
见托论撰,申之以铭"等语,从而推知当撰于是年前后。

《别长沙彭晔序》(《外集》卷十三)。

按:此序约撰于是年或稍前。

太平兴国五年庚辰(980) 二十七岁

正月,以文明殿学士程羽权知贡举;御史中丞侯陟,中书舍人郭
贽、宋白等权同知贡举。(《宋会要辑稿》选举一之二)闰三月,太
宗御讲武殿,覆试权知贡举程羽等所奏合格进士,得铜山苏易简以
下百一十九人,又得诸科五百三十三人,并分第甲乙,赐宴,始有直
史馆陪座之制。甲科进士二十三人授将作监丞,通判藩郡;乙科授
大理评事,知令、录事;诸科授初等职事及判、司、簿、尉。(《长编》
卷二一,《容斋续笔》卷十三《科举恩数》条。后者记是榜进士为
一百二十一人)

按:《石林燕语》卷三:"国朝选人寄禄官,凡四等七资:留守、
节〔度〕、〔观〕察判官;〔节度〕掌书记,〔观察〕支使,防〔御〕、团
〔练〕判官;留守、节〔度〕、〔观〕察推官、军事判官为两使职官(指
节度军及州府两部门之幕职官)。防〔御〕、团〔练〕、军事推官,
军、监判官为初等职官。司录,县令;〔知司录〕,知县〔令〕为令、
录;〔知令、录〕。军巡判官,司理、司户、司法,簿,尉为判、司、簿、
尉。"(参校《宋史》卷一五八《选举志·铨法上》《宋会要辑稿》
职官五六之二五至二六及金中枢《北宋选人七阶试释》一文,文载
台湾出版《宋史研究集》第九辑)

是榜进士尚有张秉（第二名）、李沆、向敏中、张咏、寇准、宋湜、王旦、晁迥、谢泌、陈若拙、马亮、王砺、严储、康戬（高丽人，附国子学肄业）等人。（《新安志》卷八，《长编》卷二一，《小畜集》卷十九《送寇密直西京迁葬序》，《乖崖先生文集》附录引李焘《湖北漕司乖崖堂记》，《事实类苑》卷九张乖崖条引《名臣遗事》，《五朝名臣言行录》卷二，明陈循等撰《寰宇通志》卷九三《西安府下·科甲》，吴处厚《青箱杂记》卷五，《宋史·谢泌传》，《宋史·陈若拙传》，《宋史·李沆传》，《宋史·戚同文传》，《湘山野录·续录》，《宋诗纪事》卷六，《长编》卷四十）

张咏举进士，知鄂州崇阳县。王禹偁赠序有云："宋天王嗣位之五载，亲选贡士，分甲乙科。中甲科者，通理郡事。乙科者专任县政，尊以廷评之位，重以使者之车。县政有缺，得以擅革；县人有害，得以专易。既革且易，不康何待！……清河张咏，字复之，本宅九河间（咏本濮州鄄城人）。少有奇节，钓鱼侍膳外，读书无虚日，秉笔为文，落落有三代风。今春举进士，一上中选，将我王命，莅乎崇阳。分君之忧，使帝心休休乎！求民之瘼，使人心熙熙乎！"（《小畜集》卷十九《送张咏序》，《乖崖先生文集》附录《送张咏宰崇阳序》）

晁迥，字明远，澶州清丰人，其父始徙家彭门。（《东都事略·晁迥传》，《郡斋读书志》袁本卷四中）其后，至道三年春，王禹偁在知扬州任内赋《酬太常晁丞见寄》诗，有句云："当年布素定交情，恨不同为出谷莺。"（《小畜集》卷十一）可知王、晁两人少年时代交情颇厚。

　　按：晁迥长禹偁三岁，中进士第又先于禹偁，史称其少从禹偁学，恐有未审。又彭门指彭城（今江苏徐州），见王珪《华阳集》卷三八《晁仲衍墓志铭》。

其后，张咏尝谓人曰："吾榜中得人最多，谨重有雅望，无如李文靖（沆）；深沉有德，镇服天下，无如王公（旦）；面折庭争，素有风采，无如寇公（准）；当方面寄，则咏不敢辞。"（《五朝名臣言行录》卷二引《王文正公遗事》）明初宋濂亦云："昔人谓进士为将相科，如以宋言之，深沉有德如王旦，面折廷争如寇准，出当方面如张咏，盖不可以胜数。"（《宋学士文集》卷六《会试纪录题辞》）

是年，王禹偁省试登甲科，试题为"三杰佐汉孰优论"；殿试落选。其后，淳化三年春，禹偁谪官商州日有诗追忆当年应试失败前后情况云："叨荣偕计吏，滥吹谒春司。仆瘦途中病，驴寒雪里骑。空拳入场屋，抚目看京师。技痒初调箭，锋铦欲试锥。甲科登汉制，内殿识尧眉。数刻愁晡矣，三题亦勉之。先鸣输俊彦，上第遂参差。罢举身何托，还家命自奇。唯惭亲倚户，敢望嫂停炊。竭力求甘旨，终朝走路岐。贪希仲由米，多废董生帷。丹桂何时折，孤蓬逐吹移。知怜无国士，志气自男儿。季子貂裘敝，狂生刺字瘗。"（《小畜集》卷八《谪居感事》，卷二十《送薛昭序》，《外集》卷九《省试：三杰佐汉孰优论》）

郝太冲来京预礼部试，掷毫裂笺，忿而不就。王禹偁《送进士郝太冲序》有云："五年春三月，帝旨下有司，校群士之艺，预其试者八百人，缝掖之衣，雪晃贡部。生因叹而言曰：'大丈夫处世，当拔立群萃，求明天子之知，恶能与阘茸辈丛试于礼闱哉！'掷毫裂笺，忿而不就。王公大人为之兴叹，况同侪乎！洎予受知春卿，荐以甲科，喧喧我名，雷奋人耳。廷试不利，前功并遗。茫茫九衢，尘土相困，愤气一吐，高于虹霓。追乎郝生，有先见矣。然我朝甚明，我志俱壮，誓雪前耻，庸何恨哉！"（《外集》卷十三）

九月，监修国史沈伦等上《太祖实录》五十卷。（《长编》卷二一，《宋会要辑稿》运历一之二九）

是年，王禹偁始与田锡在邹鲁定交。（《小畜集》卷十二《酬赠田舍

人》,参本编年淳化元年条)

是年,著作郎田锡上《乐府新解》十卷,《升平诗》三十篇,除左拾遗、直史馆。(田锡《咸平集》卷十六《寄江南诸相知诗序》,卷三十《先君墓碣》,卷四《上宰相书》;《长编》卷二二太平兴国六年九月壬寅条注及《东都事略》《宋史》的《田锡传》)

是年或明年,王禹偁在广济军(又名陶丘,今山东定陶)晤及开宝二年状元、秘书丞、知广济军安德裕,德裕示之歌诗百余首,并赠以长歌。禹偁报之以《酬安秘丞歌诗集》《酬安秘丞见赠长歌》两首歌行。(《小畜集》卷十三,《宋史·安德裕传》)

> 按:后一首歌行中有"天水夕郎掌贡时,……是岁北极七个星,一时下降为门生。安仙堂堂冠其首"句,是指开宝二年赵逢知贡举,录取进士安德裕等七人事。又云:"去年始上芸香阁(指秘书省),出典陶丘滞锋锷。"今考《安德裕传》载:"太平兴国中,累迁秘书丞,知广济军。时军城新建,德裕作《军记》及《图经》三卷。"《宋史·地理志一》载:"广济军,……太平兴国二年建为军。"(乐史《太平寰宇记》卷十三及《长编》卷十八均同)又《湘山野录·续录》载:"太平兴国五年,秘书丞安德裕知广济军。"可知安德裕知广济军在太平兴国五年。

是年,魏闲(980—1063)生。闲,诗人魏野之子。(《温国文正司马公文集》卷七七《魏君墓志铭》)

〔编年文〕

《省试:三杰佐汉孰优论》(《外集》卷九),《送张咏序》(《小畜集》卷十九),《送进士郝太冲序》(《外集》卷十三),《谕交趾文》(《外集》卷八)。

按:《谕交趾文》有"皇上嗣位之五祀,国家将取交趾岁贡。贱臣王某谨顿首上言,请为文以喻之"等语,标明该文撰作年代。也可能是日后拟作。

是年前后,撰有《海说》《拾简牍遗事》《吊税人场文并序》《续戒火文》(《外集》卷八)。

〔编年诗〕

《酬安秘丞歌诗集》《酬安秘丞见赠长歌》(《小畜集》卷十三)。《赠商丘记室刘昌言》(《青箱杂记》卷六)。

太平兴国六年辛巳(981) 二十八岁

三月,诏权停贡举。(《宋会要辑稿》选举一之二)

九月,赵普除守司徒兼侍中、昭文馆大学士。(《长编》卷二二,《宋大诏令集》卷五一)此普再入相。

太平兴国七年壬午(982) 二十九岁

唐末,拓跋思恭镇夏州,以助剿黄巢故,赐姓李氏,世有夏、银、绥、宥四州之地,八传至继捧。是年五月,定难军(即夏州)留后李继捧来朝。继捧自陈诸父昆弟多相怨怼,愿留京师,遂献其所管四州八县。(《长编》卷二三,《东都事略》卷三《太宗纪》,《十朝纲要》卷二,《朝野杂记》乙集卷十九《西夏扣关》条,《宋史·地理志一》)六月,遣使发李继捧缌麻以上亲赴阙,其族弟继迁奔地斤泽,从者日众。泽距夏州东北三百里。十一月,以李继捧为彰德军节度使。(《长编》卷二五,《宋史·太宗纪》)

按:关于李继捧所献地,为"四州"或"五州"(多一静州),

文献记载多歧异。《东都事略·西夏传》《通考·舆地考八》夏州条、《长编》卷二九端拱元年五月壬申条作"五州"。疑初献时乃四州，后增置为五州。又《宋史·地理志一》误系此事于太平兴国五年。

是年，王禹偁撰成《龙兴寺记》（一作《兴隆寺记》），其文云："佛灭度后，末世一切众生并陷业障。法有轮枙而不转，魔有网结而高张。积覆篑之邪，峰乃极峻；浸滥觞之苦，波乃尾闾。是诸凡夫，烦恼不断；是诸世界，虚妄大行。地水风火，攻之于外；贪嗔爱欲，寇之于内。大则金玉满堂，垂子孙之计；小则刀锥竞利，务衣食之源。末俗于是难移，真如以之不竞。幻身有酒，宁知牛乳之方；火宅将焚，孰信鹿车之论？则有悟电泡之非久，识生死之有缘。以慈悲喜，舍为身谋；以因果报，应为己任。谓财能贾祸，我则轻之若浮云；谓福可济身，我则指之为彼岸者，其惟京兆杜公乎！公悫愿理躬，淳和赋性。出言有信，重于千乘之盟；立事去奢，笑彼三家之僭。自谓出太平之代，饱歌颂之声。兵革不闻，伏腊无惧。上则知其帝力，熙熙常陟于春台；下则依彼空门，世世期臻于净土。始念劬劳未报，风树缠哀。耕山起曾子之歌，陟岵动诗人之叹。堂虽肯构，畜五牸以成家；养孰弗能，奉三牲而何益？爰思追荐，是用修崇。出兹润屋之财，饰彼布金之地。龙兴者，东兖招提之甲也。先是，三门建于大中年间，兖、海、沂、密等州连帅刘公莒之所立也。位历数朝，时逾百纪，风雨所寇，檐楹不完。寺众羞之，思所整葺而力未支也。公乃革其旧址，立以新基；易之以金铺，构之以重阁。庀徒且亟，蒇事靡遑。丁丁伐褒谷之材，阴疏烟叶；落落辇他山之石，翠断云根。役夫憧憧，车辙辚辚。绳者墨者，陶人圬人，继踵接武，其来如云。因为揆日之期，特起凌霄之势。乃曰：'有其材而无其工，则材将弃矣。有其工而无其首，则工乃隳矣。畴其代我魁以董之？'乃得藏主大德洪昭尸其事，且戒季子航以左右之。由是无晦暝，无风雨，是剖是劂，以圬以墁。畚锸之影齐来，云生东岱；追琢之声互动，雷殷南山。板干毕兴，土木交作。惟知日入而息，岂俟定之方中？加以劳来有常，趣督忘倦。匠之哲者，则甘言重赂以诱之；役之贱者，则嘉醴芳味以悦之。工不敢怠，人岂知疲？星辰始周，功绩告备。莫不拔地若涌，掀空欲飞。金碧交光，烁亭午之日；栾栌互映，过崇朝之云。复道排虚，龙盘夭矫之状；重檐截汉，鹏运扶摇之风。峥嵘而始，谓鳌擎来从碧海；峭拔而终，疑蜃吐飞出红尘。其或春雨丝纷，秋云罗散。夏引清飙而凄楚，冬涵皓雪以溟濛。凭栏放怀，望远送目。前对孤桐之岫，杳霭凝岚；左连浮磬之川，萦回净练。足以作鲁邦之胜概，为法门之雄观者欤！事既毕，公乃庆良缘、会大众，且以香花落之，故得观瞻之众云趋，赞祝之音雷动。飞声走誉，自迩及远。缘事有成，福德无量，亦何必持长者之盖，方表修行；拾画师之金，始为利益者哉！……公欲纪兹功德，思所铭刊。猥顾菲才，俾扬善绩。其或叙如来之教法，则内典详矣；陈伯禽之土风，则《禹贡》具矣。是故书岁时而不敢略，语修建而无愧辞。秉笔成文，尤谢简栖之作；拂石为碣，永留宝积之名。太平兴国七年记。"（《雍正山东通志》卷三五《艺文志》，参校《道光巨野县志》卷十八《艺文志·龙兴寺记》）

　　按："简栖之作"乃指南齐人王简栖所撰《头陀寺碑》，碑文今存《昭明文选》卷五九。又《困学纪闻》卷二十载："王巾，字简栖，作《头陀寺碑》。《说文通释》以为王中。"

〔编年文〕
《龙兴寺新修三门记》，碑原在今山东兖州龙兴寺。碑文为司徒俨行书，时间署太平兴国七年十三月。按是年闰十二月，故云十三月也。

（清孙星衍《寰宇访碑录》卷六）

《兴隆寺记》。兴隆寺在兖州城东北隅。（《寰宇通志》卷七三《兖州府上·寺观》）

　　　　按：以上两文，名异而实同。《小畜集》、残本《外集》未载。

《送勃海吴倩序》（《外集》卷十三）。

　　　　按：此序撰于禹偁登第之前一二年。

太平兴国八年癸未（983）　三十岁

　　两京、诸道州府贡士一万二百六十人。正月，命中书舍人宋白权知贡举；知制诰贾黄中、吕蒙正、李至，直史馆王沔、韩丕、宋准，司封员外郎李穆，监察御史李范，秘书丞杨砺等九人权同知贡举。宋白等上所试合格奏名进士王禹偁以下若干人。（《长编》卷二四，《宋会要辑稿》选举一之二）

　　三月，覆试礼部贡举人，擢长沙王世则以下百七十五人，诸科五百一十六人，并赐及第；进士五十四人，诸科百十七人，同出身。赐宴琼林苑，其后遂为定制。甲科进士十八人，以大理评事知县，余皆授判、司、簿、尉。（《长编》卷二四，《容斋续笔》卷十三《科举恩数》条）殿试分三甲取人，始于是年。（《淳熙三山志》卷二六《人物类·科名》，《宋会要辑稿》选举一之六，《通考·选举考三》）

　　王禹偁省试第一人，试题为"四科取士何先论"。殿试中乙科进士，试题为"六合为家赋""鹦鹉上林诗""文武双兴论"。（《通考·选举考五》，《宋会要辑稿》选举七之四，《小畜集》卷十九《送鞠仲谋序》，《外集》卷九《省试：四科取士何先论》，《青箱杂记》卷二）

禹偁举进士时,馆于著作郎臧丙家。(《小畜集》卷二八《臧公墓志铭》)

其后,淳化三年,禹偁谪官商州团练副使任内,曾有诗寄宋白,追叙在省试时受知情景云:"贱子在广场,知见殊流辈。进士数且千,驰骛称俊迈。人人握灵蛇,许我珠无颣。超拔冠多士,权贵不得碍。"(卷三《寄献鄜州行军司马宋侍郎》)

中是年进士者尚有姚铉、罗处约、李巽、朱九龄、冯伉、薛昭、翟骧、戚纶、王子舆、高绅、韩见素、李士衡、吴铉、刘文杲、韦襄、郑文宝、李虚己、梁鼎、卞衮、刘昌言、卢琰、杨覃、和嵘、崔遵度、曾致尧、李建中等。(《书录解题》卷十五,《小畜集》卷十九《东观集序》《送李巽序》,卷七《寄砀山主簿朱九龄》,卷二十《商於驿记后序》《送薛昭序》《送翟骧序》,卷二五《荐戚纶上翰林学士钱若水启》,卷二九《王府君墓志铭》,卷八《中牟县旅舍喜同年高绅著作见访》,卷十一《送刑部韩员外同年致仕归华山》及《长编》卷四三,《范文正公集》卷十一《李公神道碑》,《太宗实录》卷二六,韩元吉《南涧甲乙稿》卷二十《刘令君墓志铭》,《乐全集》卷三九《韦府君墓志铭》。自郑文宝以下,见《宋史》本传)

七月,禹偁奉命任成武县主簿。(《送鞫仲谋序》,《涑水记闻》卷三,《宋史》本传,时间据《太宗实录》卷二六)是时,知成武县事为崔惟宁。(《小畜集》卷十八《答丁谓书》)

按:成武,《东都事略·王禹偁传》误作武城。成武乃隋县,北宋时,隶单州(《通考·舆地考六》单州条),今山东西南之成武县。武城县,汉曰东武城县,北宋初,隶贝州(《通考·舆地考三》恩州条),今山东西北之武城县。

主簿之官,据朱熹云:"县之有主簿,秩从九品,县一人,掌县之簿书,凡户租之版,出纳之会,符檄之委,狱讼之成,皆总而治之。"

（《晦庵先生朱文公文集》卷七七《建宁府建阳县主簿厅记》）

禹偁到任未久，友人鞠仲谋来访，禹偁贻之以序。（《送鞠仲谋序》）

姚铉，合肥人，中是榜进士第三名。其后，大中祥符四年，编成《唐文粹》一百卷。（《书录解题》卷十五，《玉海》卷五四）《四库全书总目·集部·总集类一》评曰：“是编文赋惟取古体，而四六之文不录；诗歌亦惟取古体，而五七言近体不录。……盖诗文俪偶皆莫盛于唐，盛极而衰，流为俗体，亦莫杂于唐。铉欲力挽其末流，故其体例如是。于欧、梅未出以前，毅然矫五代之弊，与穆修、柳开相应者，实自铉始。”

　　按：《宋史·姚铉传》谓铉于太平兴国八年中进士甲科，天禧四年（1020）卒，终年五十三。据此，则铉生于开宝元年（968），十六岁进士及第。然是年新进士中以朱九龄年仅弱冠为“二百同年最少年”（详下文引禹偁诗句），本传所记年岁恐误。

罗处约，年二十六，中进士，奉命任宿州临涣县主簿。（《小畜集》卷十九《东观集序》，《外集》卷十三《桂阳罗君游太湖洞庭诗序》）

朱九龄，年仅弱冠，为是榜进士中年岁最少者，奉命任砀山主簿。是年冬或明年春，禹偁曾有寄九龄诗云：“闲思蓬岛会群仙，二百同年最少年。利市襕衫抛白纻，风流名纸写红笺。歌楼夜宴停银烛，柳巷春泥污锦鞯。今日折腰尘土里，共君追想好凄然。”（《小畜集》卷七《寄砀山主簿朱九龄》）淳化元年秋又有诗送九龄云：“之子有俊才，弱冠中正鹄。……行年未三十，气壮颜如玉。”（卷四《送朱九龄》）

　　按：红笺名纸之典故，据五代王仁裕《开元天宝遗事》卷上载：“长安有平康坊，妓女所居之地，京都侠少萃集于此，兼每年新进士以红笺名纸游谒其中。时人谓此坊为风流薮泽。"又孙光宪《北梦琐言》卷九载:"古之制字卷纸题名姓,号曰名纸。"宋赵彦卫《云麓漫钞》卷二:红笺即金花帖子(以泥金书帖子,故名),亦称榜帖,乃新进士的题名录。所谓泥金即用金箔和胶水制成的金色颜料。

刘昌言,泉州南安人,太平兴国二年,随陈洪进入朝汴京。三年夏,任徐州推官。三年秋及五年春试进士皆落第。五年,调归德军掌书记。八年中进士后,迁保信、武胜二镇判官。(《东都事略》《宋史》本传,《长编》卷十八、卷十九)五年,刘昌言在归德军掌书记任内,王禹偁有赠诗,略云:"年来复有事堪嗟,载笔商丘鬓欲华。酒好未陪红杏宴,诗狂多忆刺桐花。"刺桐花惟闽中有之。(《青箱杂记》卷六)

崔遵度,淄州淄川人,中进士后,任和州主簿。王禹偁《赠崔遵度及第》诗有云:"且留重戴士风多。"(《东都事略》《宋史》本传,《青箱杂记》卷二)

　　按:重戴为古代一种帽式。《青箱杂记》卷二载:"国初犹袭唐风,士子皆曳袍重戴。""国初举子犹重戴。"

吴铉,杭州余杭人,中进士后,是年七月奉命为大理评事,史馆勘书。(《太宗实录》卷二六)

曾致尧,建昌军南丰人,中进士后,任符离主簿。其孙曾巩为唐宋八大家之一。(《欧阳文忠公集·居士集》卷二一《曾公(致尧)神道碑》,《临川先生集》卷九三《曾公(易占)墓志铭》)

初,太祖诏卢多逊录时政,月送史馆。多逊迄不能成书。是年八月,右补阙、直史馆胡旦言:"自唐、五代以来,中书、枢密院皆置时政记,中书即委末厅宰相,枢密院即委枢密直学士,每月编修送史馆。周显德中,宰相李穀又奏枢密院置内庭日历。自后因循缺废,史臣无凭撰集。望令枢密院仍置内庭日历。委文臣任副使者与学士轮次记录送史馆。"太宗采其言,辛亥,诏:"自今军国政要,并委参知政事李昉撰录,枢密院令副使一人纂集,每季终送史馆。"昉因请以所修时政记,每月先奏御,后付有司。从之。时政记奏御,自昉始。(《长编》卷二四,《太宗实录》卷二六)

　　按:《资治通鉴》卷二○五载:"则天后长寿二年(693)正月,姚璹奏请令宰相撰时政记,月送史馆。从之。时政记自此始。"

　　《宋会要辑稿》职官六之三十载:"时虽有时政记之名,但题云'送史馆事件'。至景德元年始题云'时政记'。"而《麟台故事残本》卷三《国史》作"端拱初,改为'时政记'"。

　　十月,宰相赵普罢为邓州刺史、武胜军节度使。(《太宗实录》卷二六,《宋史·赵普传》)

　　十一月,以参知政事宋琪、李昉并同中书门下平章事。(《太宗实录》卷二七)

　　先是,史馆新纂《太平总类》一千卷成,是年十二月,诏改名《太平御览》。(《宋大诏令集》卷一五○,《玉海》卷五四,《太宗实录》卷二七)参预编修者有李昉、扈蒙、李穆、汤悦、徐铉、张洎、宋白、陈鄂、吴淑、舒雅、吕文仲、王克贞、董淳、赵邻几、张宏等人。此书自太平兴国二年三月受诏编集,以前代《修文殿御览》(北齐祖珽等编修,三百六十卷,已佚)、《艺文类聚》(唐欧阳询等编修,一百卷)、《文思博要》(唐高士廉等编修,一千二百卷,已佚)及诸书参详条次修纂。(《玉海》卷五四,《宋史·张宏传》,《宋史·吕文仲传》)其引用书名,特因前代类书之旧,非宋初尚有其书。若《四民月令》一书,唐人避太宗讳,改"民"为"人",《太平御览》亦竟仍而不改。书名如此,引文可知。(近人刘文典《三余札记》卷一)引书达一千五百九十一种。(近人李裕民《四库提要订误》页一七〇)

先是,太平兴国三年八月,李昉等又编成《太平广记》五百卷。该书与《太平御览》同时编修(《玉海》卷五四),内收汉、魏至宋初小说、笔记、野史达四百七十余种(近人邓嗣禹编《太平广记引得序》)。

是年,高锡卒。锡在太祖朝,尝任知制诰,与梁周翰、柳开、范杲等为文习尚淳古,齐名友善,当时有"高、梁、柳、范"之称。(《宋史·高锡传》,《宋史·梁周翰传》)潘阆有《闻高舍人锡下世》诗云:"早掌纶言世尽知,岂期谪宦至于斯。生前是客能投卷,死后何人为撰碑。逸佚万端应已矣,文章千古恐无之。野夫旧句多蒙赏,昨日闲思泪暗垂。"(《逍遥集》)其后,淳化三年,王禹偁在谪官商州时,曾撰《五哀诗》,其中第二首哀悼高锡,有云:"文自咸通后,流散不复雅。因仍历五代,秉笔多艳冶。高公在紫微,滥觞诱学者。自此遂彬彬,不荡亦不野。"(《小畜集》卷四)颇推重高锡在宋初文坛上改革文体之功绩。

按:紫微乃阁名,因紫微星而得名,在翰林学士院内。宋人每称翰林学士、知制诰为紫微郎。

〔编年文〕

《省试:四科取士何先论》(《外集》卷九),《双鹦志》(卷八),《送翟骧序》(《小畜集》卷二十),《送鞠仲谋序》(卷十九)。

〔编年诗〕

《成武县作》(《小畜集》卷七)。

〔辑佚诗〕

官成武主簿作五首

释褐来成武，始知为政难。每签逃户状，羞作字人宦。
冷砌莓苔遍，荒城草木寒。宦情销已矣，时梦钓鱼滩。

释褐来成武，徒劳自感伤。位卑松在涧，俸薄叶经霜。
径拥寒莎绿，门横古木苍。冠缨尘已满，未敢濯沧浪。

释褐来成武，经春自愧多。晨炊犹接续，时雨未滂沱。
拂榻惊巢燕，陈书起蛀蛾。惠民无政术，尸禄竟如何。

释褐来成武，闲思应举时。投人天下遍，瘦马雪中骑。
秋卷何年中，春愁到处随。如今名已遂，争敢话官卑。

释褐来成武，携家别故乡。北堂微禄及，南亩旧田荒。
篱菊飞秋蝶，庭莎叫夜螀。无人慰孤寂，窗月自凄凉。

（《雍正山东通志》卷三五之一下）

雍熙元年甲申（984）　三十一岁

春，殿中侍御史柴成务受命知苏州事。（《外集》卷十三《送柴侍御赴阙序》，《宋大诏令集》卷一八一《遣使按行遥堤诏》）

秋，王禹偁以大理评事，知苏州长洲县。（《小畜集》卷八《谪居感事》注，《涑水记闻》卷三引宋敏求撰《神道碑》）

　　按：禹偁《答丁谓书》云："吾为主簿一年，奔走事县令。"（《小畜集》卷十八）又《赴长洲县作》云："移任长洲县，穷秋入水乡。"

（范成大《吴郡志》卷三七）禹偁于去岁七月奉命为成武主簿，莅长洲任当在今年深秋。大理评事为正八品。（《宋史·职官志八》）

此次禹偁携妻儿南行，兴意颇浓，有诗云："移任长洲县，扁舟兴有余。篷高时见月，棹稳不妨书。雨碧芦枝亚，霜红蓼穗疏。此行纤墨绶，不是为鲈鱼。"（《小畜集》卷七《赴长洲县作》第一首。参阅该诗第二首第二句）不久，其父亦来长洲寓居。淳化三年，禹偁追记其事有"姑苏名邦，号为繁富，鱼酒甚美，俸禄甚优"之语。（《小畜集》卷十八《与李宗谔书》）

时禹偁同年进士罗处约亦知吴县，相与日赋五题，苏杭间人多传诵。（《长编》卷二九，《宋史·王禹偁传》）后禹偁追述其事云："仆早岁与思纯（处约字）在苏同为县令，每日私试五题，约以应制，必取两制官。"（《外集》卷七《哭罗三》诗自注）

　　按：唐宋时，担任知制诰或翰林学士之职，须先经中书门下召试麻制、答蕃书、批答各一道，诗、赋各一首，号曰五题。（苏易简《续翰林志》上）

时富阳人谢涛居姑苏，与王禹偁、罗处约往来论学。王、罗二人相谓曰："与济之扬榷天人，盖吾曹敌也。"自兹谢涛名重于时。（《范文正公集》卷十一《谢公神道碑》）谢涛，字济之，乃著名诗人梅尧臣之妻父，官终太子宾客，世称雅善品藻文章。（朱弁《曲洧旧闻》卷四）

十一月丁卯，郊祀，改元雍熙。（《太宗实录》卷三一，《长编》卷二五）

是月，以建州浦城童子杨亿为秘书省正字，时年十一。亿字大年，六岁学吟诗，七岁能属文，太宗闻其名，诏江南转运使张去华就试词艺,遣赴阙。连三日得对,试诗赋五篇,皆援笔立成,词彩靡丽。太宗深为叹赏,诏褒之,有"精彩神助,文字生知"之语。命中使送至中书,又赋《喜朝京阙》诗五言六韵一章,略不杼思,顷刻而成,故有是命。(《长编》卷二五,《太宗实录》卷三一,石介《徂徕石先生文集》卷十九《祥符诏书记》,《湘山野录》卷上,《宋史·杨亿传》)

十二月,以淮海国王钱俶为汉南国王。(《太宗实录》卷三一)

是年,禹偁撰《橄榄》诗云:"江东多果实,橄榄称珍奇。北人将就酒,食之先颦眉。皮核苦且涩,历口复弃遗。良久有回味,始觉甘如饴。我今何所喻,喻彼忠臣词。直道逆君耳,斥逐投天涯。世乱思其言,噬脐焉能追?寄语采诗者,无轻橄榄诗。"(《小畜集》卷六)

〔编年文〕

《单州成武县行宫上梁文》(《外集》卷八),《单州成武县主簿厅记》(《小畜集》卷十六)。

〔辑佚文〕

剑池铭并序

虎丘剑池,泉石之奇者也。《吴地记》引秦皇之事以为诡说,考诸旧史则无闻焉,矧儒家者流不可语怪,因为铭以辩之。铭曰:茂苑之侧,震泽之湄。岩岩虎丘,沈沈剑池。峻不可以仰视,深不可以下窥。我疑乎太极作怪,化工好奇。水物设险,山妪忌(郑虎臣《吴都文粹》卷四作"妄")危。陷其泉也,盖取诸坎。磔其石也,以象乎离。艮有止兆,蒙无亨期。构此屯难,成乎险巇。直恐夏后,弗能导之。岂惟秦皇,而能肇兹。盖其始也,一气发泄,两仪分别。争融斗结,击搏而裂。断壁双揭,摩云不彻。翠秀青残,挫锐而中绝。寒流下咽,奔山未决。雪壅雷收,拗怒而曲折。蹙束湍濑,呀槎洞穴。鳅翻成窟,龙战有血。匪自人力,盖从天设。谁谓一拳,登之惟艰。谁谓一勺,挹之不竭。池实自然,剑何妄传?我欲涉道,如池之渊。我欲立节,如石之坚。位以道取,名以节全。濡笔池心,勒铭山巅。破众惑焉,言余志焉。

(《吴郡志》卷十六)

　　按:此铭撰年未详,因是年禹偁有《游虎丘寺》诗,姑置于此。

〔编年诗〕

　　《寄砀山主簿朱九龄》《寄鱼台主簿傅翱》《寄宁陵陈长官》《寄金乡张赞善》(以上均在成武县主簿任内作),《赴长洲县作二首》《惠山寺留题》《游虎丘寺》《寄献润州赵舍人二首》《寄毗陵刘博士》《谢柴侍御(成务)送鹤》《官舍书怀呈罗思纯》《除夜寄罗评事同年三首》。(《小畜集》卷七)

　　《真娘墓》《游虎丘》《吴王墓》《橄榄》《为恶》(卷六)。

　　按:《为恶》诗,撰年未详,姑系于此年。又《游虎丘》诗,《吴郡志》卷十六著录,题为《游虎丘,观白傅旧题因而有作》,且多出七绝一首,诗云:"徒劳官职在天涯,一望家园一泪垂。不是虎丘多胜概,拂衣归去已多时。"

　　惠山寺在无锡城西。

　　虎丘山,在苏州城西北九里。(《寰宇通志》卷十三《苏州府·山川》条)

〔辑佚诗〕

　　《赴长洲县作》诗五首,《小畜集》卷七仅录二首,而《吴郡志》卷三七则全部著录,今移录集内未收之三首于下:

　　移任长洲县,孤帆冒雨行。全家随逆旅,一夜泊江城。

　　身世漂沦极,功名早晚成。惟当泥尊酒,得丧任浮生。

移任长洲县,穷秋入水乡。江涵千顷月,船载一篷霜。
竹密藏鱼跃,云疏漏雁行。故园渐迢递,烟浪白茫茫。

　　　按:鱼跃,原作鱼市,据《宋诗纪事》卷四及《宋诗钞补》改。

移任长洲县,沿流渐入吴。见碑时下岸,逢店自征酤。
野庙连荒冢,江禽似画图。高堂从别后,应梦宿菰蒲。

雍熙二年乙酉(985) 三十二岁

是年,王禹偁在长洲任内。

正月,以翰林学士贾黄中权知贡举;右散骑常侍徐铉,知制诰赵昌言、韩丕、苏易简、宋准,礼部郎中张洎,直史馆范杲、宋湜、战贻庆等九人权同知贡举。贾黄中等上所试合格奏名进士陈充以下四百五十八人。(《宋会要辑稿》选举一之二)

三月己未,覆试礼部贡举人,得进士须城梁颢等百七十九人;庚申,得诸科三百一十八人;并唱名赐及第。唱名自此始。宰相李昉之子宗谔、参知政事吕蒙正之从弟蒙亨、盐铁使王明之子扶、度支使许仲宣之子待问,举进士试皆入等。太宗曰:"此并势家,与孤寒竞进,纵以艺升,人亦谓朕为有私也!"皆罢之。时大臣献言尚有遗材,壬戌,复试,又得进士洪湛等七十六人;癸亥,复试,又得诸科三百二人;并赐及第。是年贡举亦分三等,赐宴于琼林苑。及第第一等进士授节度、观察推官,宠之以诗,遂为定制。(《长编》卷二六,《太宗实录》卷三二、卷三三,《容斋续笔》卷十三《科举恩数》条、《下第再试》条)

梁颢中状元,年二十三。(《朝野杂记》甲集卷九,《容斋四笔》卷十四)《宋史·梁颢传》云:"梁颢,字太素,郓州须城人。王禹偁始与乡贡,颢依以为学,尝以疑义质于禹偁,禹偁拒之不答。颢发愤读书,不期月复有所质,禹偁大加器赏。"

是年进士尚有钱若水、赵安仁、陈彭年、刘师道、刘综、鞠仲谋、陈世卿(鞠仲谋见《宋史·鞠常传》,其余见《宋史》本传)、陶岳(《五代史补·毛晋跋》)、李维(《武夷新集》卷七《送集贤李学士员外知歙州序》)、贾守谦(《宋史·贾黄中传》)、聂茂元(《武夷新集》卷七《温州聂从事云堂集序》)。

苏州有南园,乃吴越广陵王钱元璙之旧园也。南园为一郡胜处,老树合抱,流水奇石参差其间,禹偁于政事之暇,常携客至其地醉饮,曾有诗云:"天子优贤是有唐,鉴湖恩赐贺知章。他年我若功成去,乞取南园作醉乡。"(《小畜集》卷七《南园偶题》,叶梦得《石林诗话》卷下,《吴郡志》卷十四,《吴都文粹》卷三)后为守者因以"醉乡"名其堂。(祝穆《方舆胜览》卷二《平江府·古迹》条)南宋时,禹偁诗石尚存。(《吴郡志》卷十四)

五月,以商州团练使翟守素知延州。(《太宗实录》卷三三)

八月十五夜,禹偁撰《中秋月》诗云:"何处见清辉?登楼正午时。莫辞终夕看,动是隔年期。冷湿流萤草,光凝宿鹤枝。不禁鸡唱晓,轻别下天涯。"(《小畜集》卷七)

> 按:胡仔《苕溪渔隐丛话》后集卷二三评此诗云:"古人赋中秋诗,例皆咏月而已,少有著题者,惟王元之云:'莫辞终夕看,动是隔年期。'盖庶几焉。"

是年,禹偁有《上许殿丞论榷酒书》,略云:"某自前岁策名起家,作吏于成武,无功无过,偶历一考,而国家有长洲之命。越江而来,莅事亦未旬浃,亦尝聚簿书以阅之,则见长洲之民著版图分地利者,止七八千家,岁出租钱余一万七千缗,秋输赋米复不下十万石,重以盐法通商又有加焉。某以为赋舆之重，出苏台五邑之右，是阁下旧治之地，不待一小吏言而后知也。今又闻朝廷以浙、江榷酤于民不便，比岁多犯禁者，是用择能臣以厘革之。……某窃听舆言，以为阁下将取一郡榷酒之数分于编户，然后听其自酿而沽诸。是亦割赤子之肉，饫幸民之腹也，某实惑焉。且钱氏据十三郡垂百年[①]，以琛赆为名而肆烦苛之政，邀勤王之誉而残民自奉者久矣。……洎圣人有作，钱氏不得已而纳其土焉。均定以来，无名之租息，比诸江北，其弊犹多。今若又以榷酒之数，益编户之赋，何异负重致远者未有息肩之地而更加石焉，何以堪之？谅阁下必不尔为！况阁下居士大夫之位，读古圣人之书，赫乎大名，晖映朝右，自当以兴利除害为己任，又非小吏之所及也。然屋漏在上，知之者在下。阁下试思之，使江东之地百万家以至子孙受阁下之赐者，在此时矣。"（《小畜集》卷十八）

　　按：旧史于吴越钱氏多加虚美，近时不少学者沿而勿改，禹偁此书颇能发人深省，故特表而出之。
　　至道三年前后，禹偁撰《柳府君墓碣铭》一文，其中有云："既冠，属王审知据福建，以公补沙县丞。时审知残民自奉，人多衣纸。"（《小畜集》卷三十）此文与《旧五代史》卷一三四《王审知传》载"起自陇亩，以至富贵，每以节俭自处。选任良吏，省刑惜费，轻徭薄敛，与民休息。三十年间，一境晏然"云云，迥乎不同。

十二月，宋琪罢相。（《太宗实录》卷三四）
〔编年文〕
《上许殿丞论榷酒书》（《小畜集》卷十八），《送许制归曹南序》（《外集》卷十三）。

〔编年诗〕

《陆羽泉茶》《投柴殿院（成务）三十韵》《东邻竹》《南园偶题》《戏赠嘉兴朱宰同年（九龄）》《春日官舍偶题》《寄献翰林宋舍人（白）》《吴江县寺留题》《献转运使雷谏议（德骧）二首》《罗思纯鹤毙，为四韵吊之》《即席送许制之曹南省兄衮》《中元夜宿余杭（即阳山）仙泉寺留题》《赠草庵禅师》《言怀》《题响屧廊壁》《中秋月》《赠采访使阊门穆舍人》《泛吴松江》《献转运副使太常李博士》（《小畜集》卷七）。

按：阳山，在长洲西北三十里，又名秦余杭山。（《方舆胜览》卷二《平江府·山川》条）

响屧廊在灵岩寺。吴王以楩梓籍地，西施行则有声。皮日休诗："响屧廊中金玉步。"（《寰宇通志》卷十三《苏州府·古迹》条）又白居易有《题灵岩寺》诗，自注云："寺即吴馆娃宫，鸣屧廊、砚池、采香径遗迹在焉。"（《白氏长庆集》卷二一）

雍熙三年丙戌（986）　三十三岁

正月，王禹偁撰成《长洲县令厅记》，略云："长洲之名，见《吴都赋》。贞观中，分吴县以建之，垂二百年，宰邑名氏，《县志》阙焉。钱氏享国几一百稔，专建属吏，莫得而知。皇上嗣位之二载，汉南王归于我国家，始设官以理焉。袁仁镳首之，王禹偁次之。其土污潴，其俗轻浮。地无柔桑，野无宿麦。饪鱼饭稻，衣葛服卉。人无廉隅，户无储蓄。好祀非鬼，好淫内典。学校之风久废，诗书之教未行。兼并者僭而骄，贫窭者欺而堕。田赋且重，民力甚虚；租调失期，流亡继踵。或岁一不稔，则鞭楚盈庭而不能集事矣，至有市男女以塞责者，甚可哀也。……禹偁非循良之才，莅凋瘵之邑，仍以旧贯，民安仰哉！会到任之明年，大有年也。先是，司漕运者转民岁租，更送他郡，苦舟楫之役，糜堰埭之费者久矣。至是,始听民以本属郡输之,从便宜也,亦小康之有萌矣。是岁狱讼靡繁,赋调中考,因鸠敛民瘼,评议政体,总而刊之,存诸厅事,待贤者以举之,所谓能言而不能行者也。时大宋雍熙三年正月九日,守大理评事知县事王禹偁记。"(《小畜集》卷十六,以《吴郡志》卷三七所引校补)又《吴郡志》按语云:"此记兵火不存,绍兴十年知县石瑆重刻石,吴骐隶书。"

　　按:长洲,唐武则天万岁通天元年(696)分吴县置,见《旧唐书·地理志三》及《吴郡志》卷三七引黄由《企贤堂记》。王禹偁记述有误。

正月,太宗诏幽州吏民,略云:"眷此北燕之地,本为中国之民,晋、汉以来,戎夷窃据,迄今不复,垂五十年。……岂可使幽燕奥壤犹为被发之乡,冠带遗民尚杂茹毛之俗?爰兴师律,以正封疆。"(《太宗实录》卷三五,《宋会要辑稿》兵七之十)

二月,西夏李继迁降于契丹,契丹以为定难军节度使、都督夏州诸军事。(《辽史·圣宗纪》,《续资治通鉴》卷十三)

三月,诏权停贡举。(《长编》卷二七)

宋廷遣曹彬等分道率师北伐契丹。三、四月间,曹彬等连战皆捷,深入敌境。五月庚午,曹彬之师大败于岐沟关,退屯易州。丙子,召曹彬、崔彦进、米信归阙,令田重进屯定州,潘美还代州,徙云、应、寰、朔吏民及吐浑部族分置河东、京西。(《宋史·太宗纪》)

时宋廷虽已诏曹彬等班师,然武胜军节度使兼侍中赵普未及知,曾上疏请班师。(《长编》卷二七,《邵氏闻见录》卷六)明年二月,赵普移镇山南东道节度使。(《续资治通鉴长编纪事本末》卷十《赵普复相》,

《宋史·赵普传》)

七月,授签书枢密院事张齐贤给事中,知代州。(《长编》卷二七)

是月,国子博士李觉上言:"今地各有主,户或无田产。富者有弥望之田,贫者无卓锥之地。有力者无田可种,有田者无力可耕。富者益以多畜,贫者无能自存。欲望令天下荒田,本主不能耕佃者,任有力者播种,一岁之后,均输其租。"(《长编》卷二七)

秋间,禹偁往访苏州胥山上之伍子胥祠,曾有诗云:"朝驱下越坂,夕饮当吴门。停车访古迹,霭霭林烟昏。青山海上来,势若游龙奔。星临斗牛卷,气与东南吞。九折排怒涛,壮哉天地根。落日见海色,长风卷浮云。山椒戴遗祠,兴废今犹存。残香吊木客,倒树哀清猿。我来久沉抱,重此英烈魂。嗟吁属镂锋,冥尔国士冤。峨峨姑苏台,榛棘晚露繁。深居麋鹿游,此事谁能论?因之毛发竖,落叶秋纷纷。"(《万历钱塘县志·纪制·忠清庙》)

> 按:此诗明清地方志引录,多属之王禹偁所撰,并列入杭州忠清庙条。考禹偁生平未曾到过杭州,又细味该诗内容,当为其游苏州伍子胥祠而作。关于胥山伍子胥祠(庙),可参阅《吴郡志》卷十二、卷四八记事。
>
> 明末田汝成《西湖游览志》卷十二《吴山忠清庙》条作"王偁诗",文字亦稍有不同,如"星临斗牛卷"作"星临斗牛域","壮哉天地根"作"吐吸天地根"。

左拾遗王化基抗疏自荐,太宗览之,谓宰相曰:"化基自结人主,诚可赏也。"又曰:"李沆、宋湜皆佳士。"即命中书并化基召试。十月,以著作郎、直史馆李沆、宋湜,左拾遗王化基并除右补阙、知制诰,各赐钱百万（文）。太宗又以沆素贫，负人息钱，别赐三十万偿之。太宗尤重内外制之任，每命一词臣，必咨访宰相，求才实兼美者，先召与语，观其器识，然后授之。尝谓左右曰："词臣之选，古今所重。朕早闻人言，朝廷命一知制诰，六姻相贺，以谓一佛出世，岂容易哉？"（《长编》卷二七，《罗豫章先生文集》卷五，《宋会要辑稿》职官六之六五）

　　　　按：观此，知当时朝野极重词臣之选，而宋太宗挥霍民膏民脂亦可于此窥见一斑。王禹偁日后上《御戎十策》曾指摘及之。

十一月，右散骑常侍徐铉等上新定《说文》三十卷，凡经典相承传写及时俗要用，而《说文》不载者，皆附益之。令摹印颁行。（《长编》卷二七）参预编修者尚有著作郎句中正与翰林书学葛湍、王惟恭等。（徐铉《徐公文集》卷二三《重修说文序》）

十二月，翰林学士宋白等上《文苑英华》一千卷。（《长编》卷二七）该书乃太平兴国七年九月下诏编修，参预编修者先后有李昉、扈蒙、徐铉、宋白、贾黄中、吕蒙正、李至、李穆、杨徽之、李范、杨砺、吴淑、吕文仲、胡汀、战贻庆、杜镐、舒雅、苏易简、王祐、范杲、宋湜、王旦、赵昌言等人。以杨微之尤精风雅，特命编诗为百八十卷。其后，景德四年八月，真宗又诏三馆分校《文苑英华》，以前所编次未尽允惬，遂令文臣择前贤文章重加编录，芟繁补缺换易之，卷数如旧，摹印颁行。大中祥符二年，命覆校皆当，备载于纂修事始之后。（《宋会要辑稿》崇儒五之一，《欧阳文忠公集》卷二二《王公神道碑》，《玉海》卷五四，《宋史·赵昌言传》，《苏魏公集》卷五一《杨公神道碑》，《困学纪闻》卷十七）大中祥符八年，宫城火，《文苑英华》重校本全毁。（《宋会要辑稿》崇儒四之三）

是年，王禹偁撰《酬处才上人》歌，寓非佛之意。(《小畜集》卷十二)

　　按：此歌置于《和张校书吴县厅前冬日双开牡丹》歌之前，歌末自注"时为长洲令"，故判为是年冬日之前作。下年冬日，禹偁已奉召赴阙。此两首歌行或可能作于雍熙二年。

是年或明年初，禹偁在长洲任内，曾应太子中舍、知萧山县事李允之请，为撰《潘阆咏潮图赞并序》。序有云："处士潘阆……弱冠之年，世有诗名，……今内翰广平宋公白赠诗云：'宋朝归圣主，潘阆是诗人。'其见许也如是。"(《外集》卷十，《小畜集》卷七《送李中舍罢萧山赴阙》)

〔编年文〕

《长洲县令厅记》《昆山县新修文宣王庙记》(《小畜集》卷十六)。

　　按：《庙记》署"雍熙三年"撰，但《吴郡志》卷四引此记作"时大宋雍熙四年三月十九日将仕郎守大理评事知长洲县事王禹偁撰"。疑雍熙四年为立碑之年。

《拟陈王判开封府制》(《外集》卷十二)。

是年前后，禹偁在长洲任内，尚撰有《拟裴寂祷华山文》《拟封田千秋为富民侯制》《拟追封建成元吉为息王巢王制》《拟拜屈突通为兵部尚书制》《拟贬萧瑀出家诏》《拟封淮海国王可汗南国王册文》《拟罢苏州贡橘诏》《拟给补阙拾遗谏纸诏》《拟赐天下雍熙三年新历诏》《拟批答高丽国贺正表》《拟除开封县令可郑州刺史制》(《外集》卷十二)；《代伯益上夏启书》《拟留侯与四皓书》《拟侯君集平高昌纪功碑》《拟李靖破颉利可汗露布》《补李揆谏改葬杨妃疏》《拟长孙无忌让代袭刺史表》（卷十一）。

《潘阆咏潮图赞并序》（卷十）。

〔辑佚文〕

红梅花赋

凡物异于常者，非祥即怪也。夫梅花之白，犹乌羽之黑，人首其黔矣。吴苑有梅，亦红其色，余未知其祥怪邪，姑异而赋之。其辞曰：

水国方腊，江天未春。何青帝之作怪，放红梅而媚人。修柯焰发，碎朵霞匀。认夭桃以何早，谓红杏以非邻。烧空有艳，照水无尘。仙人之绛雪团来，烟苞向暖。王母之霞浆染出，露蕊含津。樱欲然而取类，火生木以非真。上界之霓旌乍降，行春之双旆初陈。谁歌麝脐，散幽香而不断。谁浇猩血，泼繁英而尚新。尽觉渥丹而非素，休论返朴以还淳。

至若雪濂濂，风习习，风欺雪打枝枝湿[1]。徐福舟中五百人，鳌顶未逢皆掩泣。又若烟漠漠，露瀼瀼，露洗烟笼树树芳。汉皇宫里三千女，鲸钟听后齐严妆。足使万木羞耻，千花伏藏。掩素娥之抱朴，陋白帝之含章。榆燧晓散，兰灯夜张。宜玎珰之筵畔，耐燕脂之脸傍。蜀水春时，濯文君之锦段。骊山宴处，舞妃子之霓裳。向暖如醉，凌寒似伤。虽与物以无竞，亦令人之发狂。宋玉窥来，难展施朱之手。何郎折去，应惭傅粉之光。先疑寡耦，媚可齐房。入何人之玉笛，泛谁氏之瑶觞？含情可狎，不谁难量。吟成陆凯之诗，未知标格。羞破寿阳之面，懒出闺房。天使异众，人嫌弗常。苟群萃之不异，在声名之莫彰。

梅之白兮终碌碌，梅之红兮何扬扬。在物犹尔，惟人是比。木之华兮人之文彩，木之实兮人之措履。苟华实之不符，在颜色而何似。苟履

---

[1] 原误刊为"风欺雷打枝枝湿"，今照上下文结构改正。

行之克修，虽猖狂而无耻。矧乎梅之材兮可以为画梁之用，梅之实兮可以荐金鼎之味。谅构厦以克荷，在和羹而且止。梅兮梅兮，岂限乎红白而已！

（《永乐大典》卷二八〇九，页一下引《小畜〔外〕集》）

按：从"吴苑有梅""水国方腊"等句，推定此赋撰于知长洲县任内冬十二月。

〔编年诗〕

《苏州寒食日送人归觐》《春晚游太和宫》《再泛吴江》《笋三首》《官舍书怀呈郡守（柴成务）》《赠毋中舍》《赠赞宁大师》《题钱塘县罗江东手植海棠》①《武平寺留题》（《小畜集》卷七）。

《酬处才上人》《和张校书吴县厅前冬日双开牡丹》②（卷十二）。

〔辑佚诗〕

《吴郡志》卷十八《松江》条下，著录禹偁诗四首，其中两首，集内失载。其一为《松江亭》，诗云："登临陡觉挹尘埃，时有清风飒满怀。蜡蛛一条连古岸，玻璃万顷自天来。寒光浩渺轻烟阔，绿玉参差远岫排。南指闽山犹万里，远人归兴正无涯。"其二未标题名，诗云："中郎亭树据江乡，雅称诗翁赋醉章。莼菜鲈鱼好时节，晚风斜日旧烟光。一杯有味功名小，万事无心岁月长。安得便抛尘网去，钓舟闲倚画栏旁。"

按：松江乃川名，在苏州南四十五里，又名吴江，或吴松江。此

---

① 罗江东指罗隐，吴越钱镠时，为钱塘令，尝手植海棠一本于庭前。旧治在钱塘门内三十步。见王象之《舆地纪胜》卷二《古迹》及韩淲《涧泉日记》卷下。

② 歌中有"长洲懒吏先举杯"句，姑置于是年。

两首诗当作于是年前后。《吴都文粹》引录后一首,文字稍有差异。

《吴郡志》卷三十《牡丹》条下,著录禹偁诗两首,其中一首,集内失载。题为《长洲种牡丹》,诗云:"偶学豪家种牡丹,数枝擎露出朱栏。晚来低面开檀口,似笑穷愁病长官。"该诗当在长洲任内作。

雍熙四年丁亥(987) 三十四岁

是年,王禹偁在长洲任内,越州童子刘少逸,年十一,文辞敏捷清新,成诗三百篇,随其师潘阆来苏州求见,禹偁解榻以延之,唱诗以验之,大加赞赏,并为其《与时贤联句诗》作序。(《外集》卷十三《神童刘少逸与时贤联句诗序》,《长编》卷三十)是后,禹偁与潘阆交好甚密(《郡斋读书志》袁本卷四中),尝有赠诗云:"烂醉狂歌出上都,秋风时节忆鲈鱼。江城卖药长将鹤,古寺看碑不下驴。一片野心云出岫,几茎吟发雪侵梳。箕应冷笑文场客,岁岁求人荐子虚。"(《永乐大典》卷一三四五〇,页十三下引《小畜〔外〕集·寄潘阆处士》)

> 按:残本《小畜外集》已逸去此诗。此处"江城"指钱塘、会稽,参见《潘阆咏潮图赞并序》。又沈括《梦溪笔谈》卷二五载:"潘阆,……咸平间有诗名。"实则潘阆在太宗时已有诗名,沈括所记未审。

四月,苏州知州柴成务三年任满,将赴阙。王禹偁为文以贻之,略云:"皇家承累朝之弊,削诸侯之权,自两都五府而下,至于羁縻州郡,率以儒臣承其乏,抑战功而重民政也。江东之郡,吴为大。厥赋惟上,其民实繁。纳土以来,名臣迭处。天王九年(指太平兴国九年即雍熙元年)春,平阳柴公自治书御史出典斯郡。"又曰:"今之为郡也,上有督责，事无便宜。才虽有余，道或未尽。是以体盈虚之理，息奔竞之心。不衒吏才，不沽时誉。冲澹自守，光尘必同。识者又知其吏隐也。"（《外集》卷十三《送柴侍御赴阙序》）翌日，诏以两浙转运使就加之，禹偁又为文以赠之，略曰："今国家之利，吴、会居多，郡县繁雄，土疆绵亘。上自常、润，下及温、福，有水田之赋，有海物之资，杂羽毛竹箭之材，兼橘柚鱼盐之贡。东南所产，军国赖之。苟非贤明，孰制繁剧？漕运之地，固难其人。雍熙纪元之四年夏四月，苏州郡守平阳柴公受代江城，将归宪府。翌日，诏以转运使就加之。朝端谓之得人，江东知其受赐。"（《外集》卷十三《送柴转运赴职序》）柴成务尝与王禹偁评前贤诏诰，以陆贽为首出，若《奉天罪己诏》，元稹、白居易之徒，可坐在庑下云云。（《小畜集》卷八《贺柴舍人新入西掖》自注）

七月，诏置三班院。先是，供奉官、殿直、殿前承旨悉隶宣徽院，至是以其众多，别置三班院以领之。（《太宗实录》卷四一，《续资治通鉴》卷十三）其后，淳化二年正月，改殿前承旨为三班奉职。（《长编》卷三二）

　　　按：三班院乃安插公卿子弟之所，其中供职者多缘任子或其他恩幸以进，王禹偁对此颇多指斥。

秋，王禹偁撰成《为长洲令自叙》一文，略云："禹偁，名利之流也。一身之计，有亲族妻子焉，虽内无妾，外无仆，不可去者凡百指；晨有炊爨，夕有脂烛，伏腊庆吊居其外；月得俸金，大半长物，是以从官三年，徒行而已。一邑之政，有租庸税调焉，土甚瘠而民不懈，吏好欺而赋愈重，廉其身而浊者忌之，直其气而曲者恶之，恳无知音，动有变量。去年稼多不登，编户艰食，赋敛之数，有乖其期，而民部（按指户部）督成于郡，郡侯归罪于县，鞭笞之人，日不下数百辈，菜色在面而血流于肤，读书为儒，胡宁忍此！因出吏部考课历，纳质于巨商，得钱一万七千〔缗〕，市白粲而代输之，始可免责。春夏以来，民有归其直者，盖三分有其二焉。"（明钱穀《吴都文粹续集补遗》。此叙集内失载）此文反映王禹偁对人民之同情态度及其行动。

禹偁在知长洲任内，因病起抄书，得目疾。（《小畜集》卷十八《答张扶书》）

八月，太宗闻王禹偁、罗处约名，召赴阙。（《小畜集》卷八《谪居感事》、卷十八《答郑褒书》，《长编》卷二九）其后，禹偁有诗追忆当年在苏州情况云："吴郡包山侧，长洲巨海湄。万家呼父母，百里抚茕嫠。敢起徒劳叹，长忧窃禄嗤。宦途甘碌碌，官业亦孜孜。政事还多暇，优游甚不羁。村寻鲁望宅，寺认馆娃基（禹偁自注：甫里有陆鲁望宅，灵岩寺馆娃故宫）。西子留香径，吴王有剑池（自注：采香径在灵岩寺，剑池在虎丘寺）。狂歌殊不厌，酒兴最相宜。草织登山履，蒲纫挽舫纮。果酸尝橄榄，花好插蔷薇。震泽柑包火，松江鲙缕丝。三年无异政，一箧有新词。多恋南园卧，俄从北阙追。"（《谪居感事》）

> 按：包山即洞庭山，在太湖中。（《吴郡志》卷十五）灵岩寺在苏州城西灵岩山，宋孙觌《智积菩萨殿记》：梁以吴馆娃宫故地为寺。虎丘寺在苏州城西北虎丘山，晋王珣及弟王珉舍宅为之，唐宋以来名贤题咏甚多。（《吴郡志》卷三二，《寰宇通志》卷十三《苏州府·寺观》。参看《晋书》卷六五《王导传附传》）

九月，直史馆胡旦言："建隆至今，日历不备。"诏于史馆西庑修之。（《玉海》卷四七）

是月，以起居舍人田锡守本官、知制诰。（《太宗实录》卷四二）

是月辛巳（二十一日），诏以来年正月有事于东郊，行籍田之礼。

命翰林学士宋白、贾黄中、苏易简同详定籍田仪注。(《长编》卷二八，《太宗实录》卷四二)

　　按:《宋大诏令集》卷一三四误系之辛丑。九月无辛丑日，当为辛巳之误。《宋会要辑稿》礼十九之十九系之二十七日(丁亥)亦误。

秋冬间，王禹偁离长洲，友人潘阆(? —1009)有《送王长洲禹偁赴阙》诗云:"蒿兰不并香，泾渭安同流? 小人有千险，君子生百忧。名重圣主征，道光史策收。一鹗秋空飞，鸟雀徒啾啾。"(《逍遥集》第一首诗)对王禹偁推崇备至。

　　按:四库馆臣在诗末附注云:"按此时王禹偁从滁州贬所复召，阆作是诗送之。"今考禹偁离滁州后，即赴扬州任所，当时并未奉召赴阙，且标题称禹偁为王长洲，附注误矣。又潘阆卒年，见《舆地纪胜》卷二《人物》引钱易撰《墓铭》。

十月，翰林学士贾黄中等上《神医普救方》一千卷，诏颁行之。(《长编》卷二八)是书系太平兴国六年十月下诏编录。(《玉海》卷六三)参预编集者有李宗讷、刘锡、吴淑、吕文仲、杜镐、舒雅等。(《宋史·李昉附宗讷传》)

冬间，王禹偁在京都开封撰成《待漏院记》云:"……朝廷自国初因旧制，设宰臣待漏院于丹凤门之右，示勤政也。至若北阙向曙，东方未明，相君启行，煌煌火城。相君至止，哕哕銮声。金门未辟，玉漏犹滴。彻盖下车，于焉以息。待漏之际，相君其有思乎? 其或兆民未安，思所泰之;四夷未附，思所来之。兵革未息，何以弭之? 田畴多芜，何以辟之？贤人在野，我将进之；佞臣立朝，我将斥之。六气不和，灾眚荐至，愿避位以禳之；五刑未措，欺诈日生，请修德以厘之。忧心忡忡，待旦而入。九门既启，四聪其迩。相君言焉，时君纳焉。皇风于是乎清夷，苍生以之而富庶。若然，总百官，食万钱，非幸也，宜也。其或私仇未复，思所逐之；旧恩未报，思所荣之。子女玉帛，何以致之？车马器玩，何以取之？奸人附势，我将陟之；直士抗言，我将黜之。三时告灾，上有忧色，构巧词以悦之；群吏弄法，君闻怨言，进谄容以媚之。私心慆慆，假寐而坐。九门既开，重瞳屡回。相君言焉，时君惑焉。政柄于是乎瘝哉，帝位以之而危矣！若然，则死下狱，投远方，非不幸也，亦宜也。是知一国之政，万人之命，悬于宰相，可不慎欤！复有无毁无誉，旅进旅退，窃位而苟禄，备员而全身者，亦无所取焉。棘寺小吏王禹偁为文，请志院壁，用规于执政者。"（《小畜集》卷十六，《皇朝文鉴》卷十七）

　　按：此记乃王禹偁之重要政论，撰年虽未标明，但从记内有"棘寺小吏王禹偁为文"之句以及端拱元年正月禹偁所撰《谢除右拾遗直史馆启》有"……棘寺骤归于谏署。职兼馆殿，地极清华"（《小畜集》卷二五）等句，推知此记当撰于雍熙四年冬。盖棘寺小吏为禹偁当年官"大理评事"之别称；棘寺骤归于谏署，乃指明年（端拱元年）正月，禹偁由大理评事升任右拾遗（谏官）；职兼馆殿，是指兼任"直史馆"之职。

　　又"火城"乃指众多之列烛，见唐人李肇《国史补》卷下。

　　十一月，兵部侍郎王祐卒，年六十四。（《太宗实录》卷四二）卒前一月余，在知开封府任内，以病请告家居。太宗谓王祐文章清节兼著，特拜兵部侍郎。（《宋史》本传，《长编》卷二八）其后，淳化三年，王禹偁在商州团练副使任内，曾撰诗哀之。（《小畜集》卷四《五哀诗》之一）

雍熙初,贡举人集阙下者殆逾万计,礼部考合格奏名尚不减千人。太宗自旦及夕,临轩阅试,累日方毕。宰相屡请以春官之职归于有司。是年十二月,乃诏"自今岁命春官知贡举,如唐室故事"。(《长编》卷二八,《续资治通鉴》卷十三)

十二月丁巳,大雨雪,近臣称贺。(《太宗实录》卷四二)

〔编年文〕

《送乐良秀才谒梁中谏序》《送柴侍御赴阙序》《送柴转运赴职序》《桂阳罗君(处约)游太湖洞庭诗序》《神童刘少逸与时贤联句诗序》(《外集》卷十三)。

在长洲任内,禹偁尚撰有《送上官知十序》(《小畜集》卷二十),《新修太和宫记》(《吴郡志》卷三一、《吴都文粹》卷七均有著录,《小畜集·拾遗》已收入),《拟试内制五题》共八副(《小畜集》卷二六、卷二七)。其中卷二六《放五坊鹰犬诏》,据《长编》卷二九端拱元年十月癸未条记事,或作于端拱元年冬。

〔编年诗〕

《赠湖州张从事》《送李中舍(允)罢萧山赴阙》《寄主客安员外(德裕)十韵》《和郡僚题李中舍公署》《送奉常李丞赴阙》《题张处士溪居》(《小畜集》卷七)。

按:上六首诗在是年春间作。

〔辑佚诗〕

禹偁在长洲任内所撰诗,集内失载者,尚有下列六首:

洞庭山一首

吴山无此秀,乘暇一游之。万顷湖光里,千家橘熟时。平看月早上,远览鸟归迟。近古谁真赏,白云应得知。

(《吴郡志》卷十五,而《范文正公集》卷五作范仲淹诗)

忆旧游，寄致仕了倩寺丞一首

桥映家家柳，泾通处处莲。海山微出地，湖水远同天。草没潮泥上，沙明蟹火然。应随白太守，十只洞庭船。

（《吴郡志》卷四九）

尽怪吴苏地，琼花冷不销。时贤临水国，天气似中朝。密逐江云堕，轻随海吹（风？）飘。影沈松坞乱，片响苇蓬焦。粉拂龙头舫，绷铺雁齿桥。煮茶收岁计，宜稻采民谣。拔笋芽先出，欺梅蕊自凋。谁言未盈尺，犹称不封条。郡守齐黄霸，明君迈帝尧。县官惜歌咏，翻恐笑渔樵。

（《吴郡志》卷四九）

按：上诗未标题目。

长洲遣兴二首

七十浮生已半生，徒劳何日见功名？折腰米贱堪羞死，负郭田荒好力耕。庭鹤惯侵孤坐影，邻鸡应信夜吟声。年来更待贤良诏，咫尺松江未濯缨。

妻儿莫笑甑中尘，只患功名不患贫。自觉有文行古道，可能无位泰生民。烟村旧业劳归梦，雪屋孤灯照病身。投老绿袍未休去，九重天子用平人。

（《吴郡志》卷三七）

按：从上诗"七十浮生已半生"句，推知撰年当在雍熙四年，时禹偁三十四岁，是年秋，禹偁已奉诏赴开封。

听罗评事话太湖洞庭之景，因赋十韵

思纯十日水乡游，归见同年说不休。湖阔尽疑吞泽国，洞深皆道彻

宣州。杉松自宿千年鹤,橘柚堪轻万户侯。销夏古湾长积雪,隔帆危柱几经秋。离离鱼网垂村巷,漠漠茶烟出寺楼。云叶拥僧迎墨绶,浪花和鹭裹仙舟。传书事往人难问,炼药池空水自流。明月峰高欺少室,桃花坞好似瀛洲。许浑有句君应笑,张祜无诗我不愁。直似如今抛印去,雨蓑风艇狎群鸥。

（《永乐大典》卷二二六〇,页十一上引《小畜〔外〕集》）

按:残本《外集》已逸去此诗。

端拱元年戊子（988） 三十五岁

正月庚申（初二）,太宗御制喜雪五言二十韵,赐宰相李昉等,令属和。（《太宗实录》卷四三）

王禹偁、罗处约应中书试"诏臣僚和御制〔贺〕雪诗序",奏篇称旨。丙寅（初八）,以大理评事王禹偁为右拾遗,罗处约为著作郎,并直史馆,赐绯衣;旧止赐涂金银带,特命以文犀带宠之。（苏颂《小畜外集序》,《长编》卷二九,《涑水记闻》卷三）当时,禹偁撰有《谢除右拾遗直史馆启》,呈宰相李昉。（《小畜集》卷二五）其后,禹偁有诗追忆当时情况云:"载笔居三馆,登朝忝拾遗。紫泥天上降,朱绂御前披。侍从殊为贵,图书颇自怡。史才愧班固,谏笔谢辛毗。拟把微躯杀,惭将厚禄尸。"（《小畜集》卷八《谪居感事》）

按:诗序题目原脱"贺"字,今据《谢除右拾遗直史馆启》补入。宋初,拾遗为八品官,见《小畜集》卷十八《上太保侍中（赵普）书》、卷四《送冯尊师》、卷十《幕次闲吟》。

《太宗实录》卷四三、《宋会要辑稿》选举三一之二四、《长编》卷二九末条及《小畜集》卷十九《东观集序》、《宋史·罗处约传》均记罗处约是年除官"著作郎"（亦称大著作）;独《长编》卷二九正月条作"著作佐郎",今不取。著作郎、著作佐郎乃秘书省之属僚,掌修纂日历、国史。

当时与王禹偁、罗处约同直史馆等职者尚有柴成务、宋镐(《宋会要辑稿》职官十八之五十)、冯起(《小畜集》卷八《寄冯舍人》自注)、王世则(卷七《送馆中王正言使交趾》)、安德裕(卷十八《上史馆吕相公书》)、温仲舒(《长编》卷三十,《小畜集》卷七《贺温正言赐紫》)、夏侯嘉正、杜镐(《宋史·王禹偁传》)、宋泌(宋湜之兄)、牛冕(《太宗实录》卷四四,《长编》卷二九)、谢泌(《宋史》本传)等十余人。

是月乙亥(十七日),太宗于东郊飨神农氏坛,以后稷氏配,遂耕籍田。大赦,改元端拱。丙子,太宗赋东郊籍田五七言诗各一首赐侍臣。(《太宗实录》卷四三)王禹偁亦撰成《籍田赋》,其序云:"臣谨按周制:孟春之月,天子亲载耒耜,躬耕籍田,……自周德下衰,礼文残缺,故宣王之时有虢公之谏。秦皇定霸,鲜克由礼。汉祖隆兴,日不暇给。孝文、孝景[①]始复行焉。……皇家享国三十载,陛下嗣统十四年[②],武功以成,文理以定,乃下明诏,耕于东郊。……"(《小畜集》卷一)

二月乙未,改左、右补阙为左、右司谏,左、右拾遗为左、右正言。(《太宗实录》卷四三,《长编》卷二九)

是月,李昉罢相。(《长编》卷二九)昉独相逾两年。以山南东道节度使赵普为太保兼侍中、昭文馆大学士,参知政事吕蒙正为中书侍郎兼

---

① 《小畜集》各本多脱"孝文"二字,今据经锄堂本《小畜集》及《皇朝文鉴》卷一补入。参见《汉书·文帝纪》《汉书·景帝纪》。

② 宋代史籍均系太宗躬耕籍田于端拱元年正月;《小畜集》卷二八《郭公墓志铭》《宋公神道碑》,卷十九《送丁谓序》及《外集》卷十三《赠别鲍秀才序》亦同。田锡《咸平集》卷二一《籍田颂并序》亦作"国家嗣位之十三载,……籍田可复于躬耕"。是年上距太祖建隆元年(960)仅二十九年,上距太宗太平兴国元年(976)仅十三年,故禹偁《籍田赋序》中之"皇家享国三十载"与"陛下嗣统十四年"皆误增一岁。

户部尚书、同中书门下平章事、监修国史。(《宋大诏令集》卷五一,参见《长编》卷二九)去年十二月,赵普已来朝。(《长编》卷二八)是为赵普第三度入相。王禹偁结识赵普,约在是年。苏颂在《小畜外集序》中言及禹偁"策名从事,中书令赵韩王荐其文章"。(《苏魏公集》卷六六)

三月甲子,太宗下诏申儆百官,求直言。是时,王禹偁告假返扬州江都接家眷,回京城后,即献《端拱箴》一篇,以寓规讽。(《外集》卷十三《赠别鲍秀才序》,《长编》卷二九)其进表略云:"皇帝陛下,志在任贤,动必师古,大开言路,精择谏臣。改补阙、拾遗之名①,设司谏、正言之位。必须端士,方称美官。臣且何人,亦当此任。三月中,伏奉明诏,用训庶僚,于中两省之班行,有异百官之督责。必容謇谔,无取因循。是时臣方议迎亲,已谐告假。陛下矜其贫乏,锡以缗钱。恩麻曲被于一家,用度有充于千里。况臣曾为县吏,每督民租,为尺布斗粟之逋,行灭耳鞭刑之法,因知府库,皆出生灵。空有泪以感恩,惭无功而受赐。洎再趋象魏,时见冕旒。猥尘书殿之资,久蠹太官之膳。曾无绩效,空玷清华。且官在谏垣,未尝有一言裨补。职当史笔,未尝有一字刊修。《语》所谓'饱食终日无所用心'者,臣之谓矣。"(《小畜集》卷二一)

《端拱箴》有云:"无侈乘舆,无奢宫宇,当念贫民,室无环堵。无崇台榭,无广陂池,当念流民,地无立锥。……勿谓丰财,经费不节,须知府库,聚民膏血。勿谓强兵,征伐不息,须知干戈,害民稼穑。……孰为君子,先人后己,信而用之,斯为至理。孰为小人,害物谋身,察而斥之,斯为至仁。……计口授田,兼并何有,是谓仁政,及于黔首。约人署吏,侵渔则少,是谓能官,惠于无告。"(《外集》卷十)

---

① 原作"改拾遗、补阙之名",今联系下句及上文二月乙未条乙正。

　　按：王禹偁《应（真宗）诏言事疏》云："臣才虽无闻，谏则有素。先皇帝时，初拜右正言、直史馆，即日进《端拱箴》一篇。"（《皇朝文鉴》卷四二）后人著书修史，多沿此说。如《玉海》卷五九载："端拱元年，右拾遗、直史馆王禹偁初拜，即日献《端拱箴》一篇，极陈规讽。"《宋史·王禹偁传》及《续资治通鉴》端拱元年正月丙寅条亦有同样记事。今考上引禹偁当年进表及《长编》端拱元年三月甲子条所载，则知此箴乃上于是年三月中旬之后。又据禹偁《赠别鲍秀才序》云："皇家耕籍之岁，仆始自廷评擢补谏官，分直于太史氏。越三月，以家寄江都，告假迎侍，亦既遂请，沿江而东。"可见禹偁于三月中旬方告假返江都迎亲，回京城当在三月之后，故此箴必在是年夏季奏上。

　　三月下旬，翰林学士、礼部侍郎、权知贡举宋白等言准敕放进士程宿以下二十八人，诸科一百人。榜既出，谤议蜂起，或击登闻鼓求别试。太宗意其遗材。闰五月，召下第人覆试于崇政殿，得进士马国祥以下及诸科凡七百余人。白凡三掌贡士，所取如苏易简、王禹偁辈皆知名，而罢黜者众，因致谤议。时知制诰李沆亦同知贡举，谤议独所不及。（《太宗实录》卷四四，《长编》卷二九，《宋会要辑稿》选举七之四至五）李昉之子宗谔中是榜进士，年纪最少，王禹偁贺诗有"秘省官清住帝乡，春来春榜探花郎"之句。（《小畜集》卷七《贺李宗谔先辈除校书郎》）查道（第十一名）、陈尧佐（第十六名）、龚识（第十四名）、卢积亦举是榜进士。（《宋史·查道传》，《新安志》卷八《进士题名》，《渑水燕谈录》卷七，《芦浦笔记》卷五《金花帖子》条引《登科记》，《游宦纪闻》卷二，《宋史·卢积传》）王扶以第二名及第。（周必大《周益国文忠公集·平园续稿》卷四《辨登第金花帖子》）

　　五月，诏置秘阁于崇文院中堂，择三馆之书万余卷及内出古画墨迹藏其中。凡史馆先贮天文、占候、谶纬、方术书五千一十二卷,图画百十四轴,尽付秘阁。(《麟台故事》卷一《沿革》)以吏部侍郎李至兼秘书监,右司谏、直史馆宋泌兼直秘阁,右赞善大夫、史馆检讨杜镐兼校理。三馆与秘阁始合为一,故谓之馆阁。(《石林燕语》卷二,《宋朝事实》卷九《官职》,《长编》卷二九)

按:史馆所贮天文等书卷数,《宋会要辑稿》职官十八之四七及《宋史·职官志二》记载与《麟台故事》相同;而《长编》卷三一作"五千一十卷",疑脱"二"字。又图画轴数,《宋会要辑稿》职官十八之四七及《玉海》卷二七均作"百四十轴"。

宋泌官职,据《小畜集》卷十八《上史馆吕相公书》及《宋会要辑稿》职官十八之五一记载,乃是"左司谏"。

太宗数以敕书招谕李继迁,继迁终不肯降,益侵盗边境。宰相赵普建议,欲复委李继捧以夏台故地,令图之。继捧时为感德军节度使,即召赴阙。五月辛未,赐继捧国姓,改名保忠。壬申,授定难军节度使,所管五州钱帛、刍粟、田园等并赐之。壬午,保忠辞之镇,赐赉甚厚。(《长编》卷二九,《太宗实录》卷四四,《宋史·太宗纪》)

按:《宋史·地理志一》,《续资治通鉴》卷十二误系此事于雍熙元年。

太宗既擢进士马国祥等,犹恐遗材,复命右正言王世则等召下第进士及诸科于武成王庙重试,得合格数百人。六月,太宗覆试诗赋,又拔进士叶齐以下三十一人,诸科八十九人,并赐及第。(《长编》卷二九,《太宗实录》卷四四)

　　是秋，殿中丞王旦通判郑州，王禹偁送之以序。其后，王旦又通判濠州。淳化初，禹偁向朝廷荐其材可转运使。（《小畜集》卷十九《送王旦序》，《欧阳文忠公集·居士集》卷二二《王公神道碑》，叶适《水心文集》卷十《平江县王文正公祠堂记》，《宋史·王旦传》）

　　十月初，太宗分赐近臣御草书《急就章》，并朱邸旧集歌，王禹偁受赐一份，深以为荣。（《小畜集》卷十二《谢宣赐御草书急就章，并朱邸旧集歌》）直至三载后，贬官商州任内，尚赋诗纪念。（卷八《急就章》）

　　是月，杭州灵隐寺赞宁和尚撰成《大宋高僧传》三十卷，表上之。该传系太平兴国七年十月奉敕撰，所载接唐僧道宣《续高僧传》，始于唐高宗时，迄宋之雍熙四年。（《宋高僧传》卷首《进表》，《四库全书总目》卷一四五《释家类》，近人陈垣《中国佛教史籍概论》页三五）

　　　　按：赞宁家世行事，见《小畜集》卷二十《左街僧录通惠大师文集序》。序中谓赞宁于太平兴国八年奉诏修《大宋高僧传》，误。"通惠"，《宋高僧传·进表》作"通慧"。

　　是年冬，王禹偁有《寄赞宁上人》诗云："支公兼有董狐才，史传修成乙夜开。天子远酬丹诏去，高僧不出白云来。眉毫久别应垂雪，心印休传本似灰。若念重瞳欲相见，未妨西上一浮杯。"（《小畜集》卷七，题下自注云"时上人进新修《高僧传》，有诏赴阙"）

　　十一月，契丹南下攻掠，宋定州都部署李继隆、监军袁继忠破之于唐河。（《长编》卷二九，《武夷新集》卷十《李公墓志铭》）

　　　　按：《宋史·太宗纪》作"郭守文破契丹于唐河"，乃沿《太宗实录》《三朝国史》之误。李焘对此事已有辨正。

十二月，以李继迁为银州刺史。(《宋史·太宗纪》)

是年，王禹偁修成端拱元年春季《日历》。(《小畜集》卷二二《请撰大行皇帝实录表》)当时禹偁曾上书宰相、监修国史吕蒙正有"相公以某馆中诸生，召坐与语，某窃不自料，遂以书日历为请"云云。(卷十八《上史馆吕相公书》)知此次修撰日历，乃禹偁所建议。

是年冬，国子博士李觉以本官直史馆。王禹偁上言："觉但能通经，不当辄居史职。"觉仿韩愈《毛颖传》作《竹颖传》以献，太宗嘉之，故寝禹偁之奏。(《宋史·李觉传》)

岁暮，王禹偁撰《对雪》诗一篇，述兵民之苦，言平生之志。诗云："帝乡岁云暮，衡门昼长闭。五日免常参，三馆无公事。读书夜卧迟，多成日高睡。睡起毛骨寒，窗牖琼花坠。披衣出户看，飘飘满天地。岂敢患贫居，聊将贺丰岁。月俸虽无余，晨炊且相继。薪刍未缺供，酒肴亦能备。数杯奉亲老，一酌均兄弟。妻子不饥寒，相聚歌时瑞。因思河朔民，输税供边鄙，车重数十斛，路遥几百里，羸蹄冻不行，死辙冰难曳，夜来何处宿，阒寂荒陂里！又思边塞兵，荷戈御胡骑，城上卓旌旗，楼中望烽燧，弓劲添气力，甲寒侵骨髓，今日何处行，牢落穷沙际！自念亦何人，偷安得如是！深为苍生蠹，仍尸谏官位。謇谔无一言，岂得为直士？褒贬无一词，岂得为良史？不耕一亩田，不持一只矢。多惭富人术，且乏安边议。空作对雪吟，勤勤谢知己。"(《小畜集》卷四)

　　按：是诗乃"歌诗合为事而作"之典范，实开宋诗革新之先声。诗中不独勇于揭示现实，且严于针砭自身，求之宋人诗集中，亦罕见其匹！又淳化四年，禹偁撰《对雪示嘉祐》歌行，亦同其种精神。

是年，王禹偁上《三谏书序》，略云："臣遭遇大明，叨窃名器，更直多暇，闭门读书，见前代理乱之源，览昔贤谏诤之语，念空文之未泯，痛直道之难行,放逐以终,而词气不屈,布在方册,千古如生,苟举而行之,则其道未坠。因采掇古人章疏可救今时弊病者,凡三篇。其一,以搢绅浮竞,风俗浇漓,率多躁进之徒,鲜闻笃行之士,不移旧辙,渐紊彝伦,臣故献刘寔《崇让论》。其二,以齐民颇耗,象教弥兴,兰若过多,缁徒孔炽,蠹人害政,莫甚于斯,臣故献韩愈《论佛骨表》。其三,以选举因循,官常隳紊,署置不已,俸禄难充,但蠹疲民,罕闻良吏,臣故献杜佑《并省官吏疏》。斯皆事可遵行,言非迂阔,亦欲使昔贤遗恨发自微臣,前代遗文兴于圣主者也。每篇之末,臣别有起请条目,指陈时病,稽合前文,庶引古以证今,必朝行而暮复。又自立问难,缀于终篇,断在不疑,以绝浮议。”(卷十九)

　　按:此序为王禹偁建议政治改革之始。

〔编年文〕

《中书试:诏臣僚和御制〔贺〕雪诗序》(《小畜集》卷十九),《谢除右拾遗直史馆启》(卷二五),《籍田赋》(卷一),《送荣礼丞赴宋都序》《赠别鲍秀才序》(《外集》卷十三),《端拱箴》(卷十),《进端拱箴表》(《小畜集》卷二一),《上史馆吕相公(蒙正)书》(卷十八),《送王旦序》《送李巽序》《三谏书序》(卷十九),《进乾明节祝圣诗表》(卷二一),《代王侍郎(沔)让官表》(卷二四,撰年参阅《宋史·宰辅表》)。

　　按:《送李巽序》中有“神德平吴之六年,皇上嗣统之三载,始随计偕,求试于大宗伯”等语。今考宋太祖神德皇帝平南唐在开宝八年(975)十一月,次年十月宋太宗即位,改元太平兴国,故知“平吴(指南唐)之六年”应为太平兴国五年,是年李巽与王禹偁曾参加进士科之试。文中"三载"乃"五载"之误刊。

《有巢氏碑》《记孝》《录海人书》《译对》(卷十四),《霍光论》《既往不咎论》《死丧速贫朽论》《朋党论》《霍王元轨传论》《李君羡传论》《郑善果非正人论》《先君后臣论》《杨震论》(卷十五)。

> 按:以上杂文四篇、史论九篇,禹偁在直史馆时作,至迟不晚于淳化二年。《录海人书》一篇,在形式上和内容上,皆模拟陶潜《桃花源记》。

〔编年诗〕

《初拜拾遗游琼林苑》《馆中春直偶题》《寄赞宁上人》《岁暮偶书寄苏台旧僚友》《朝退偶题》《送王司谏(仲华)赴淮南转运》(参阅《太宗实录》卷四五端拱元年五月庚辰条)、《送郝校书从事相州》、《献仆射相公(李昉)二首》《贺李宗谔先辈除校书郎》[①]《送夏侯正言(嘉正)襄阳迎亲》《送鞠评事(仲谋)宰兰溪》(卷七),《还扬州许书记家集》《谢宣赐御草书急就章,并朱邸旧集歌》(卷十二),《对雪》(卷四)。

端拱二年己丑(989) 三十六岁

正月癸巳(十一日),诏文武群臣各陈备边御戎之策。(《长编》卷三十)甲辰(二十二日),契丹破易州。(《辽史》卷十二《圣宗纪》)右正言、直史馆王禹偁上奏曰:"伏以中国之病匈奴,其来久矣。臣今独

---

① 唐人极重进士举,"通称谓之秀才,投刺谓之乡贡,得第谓之前进士,互相推敬谓之先辈,俱捷谓之同年"。(李肇《国史补》卷下)又据清阮葵生云:"先辈决非前辈,先辈犹言前名。"(《茶余客话》卷二《先辈一词考略》)故知先辈乃唐宋时对已及第进士之敬称,意谓其曾中科举高第。

引汉之文帝时事迹，以为警戒，望留意垂览，则天下幸甚。盖以汉之十二帝，言圣明者，文、景也；言昏乱者，哀、平也。然而文、景之世，军臣单于最为强盛，肆行侵掠，候骑至雍，火照甘泉；哀、平之时，呼韩邪单于每岁来朝，委质称臣，边烽罢警：此岂系于历数而不由于道德邪？臣以为不然矣。且汉文当军臣强盛之时，而外能任人，内能修德，使不为深患者，是由于德也。哀、平当呼韩邪衰弱之际，虽外无良将，内无贤臣，而使之来朝者，是系于时也。今国家之广大不下汉朝，陛下之圣明岂让文帝？犬戎之强盛未及军臣单于时，至如挠乱边土，触犯天威，岂有候骑至雍而火照甘泉之患乎？在外任其人，而内修其德矣。以臣计之，外任其人、内修其德之道，各有五焉。谨列如左：

“外任其人有五者：一曰兵势患在不合，将臣患在无权。陛下固未能专委一人，则请于缘边要害之地为三军以备之，若有唐受降城之类。如国家有兵三十万，则每军十万人，使互相救援，责以成功，有功者行赏，无功者明诛，则犬戎不能南下矣。二曰侦逻边事，罢用小臣。用小臣，则边情有所隐而不尽知也。伏见往来边上者多阘茸小臣，虽有爱君之名而无爱君之实，恐边疆涂炭而不尽奏，边民哀苦而不尽言。诚能用老成大僚，往来宣抚，锡以温颜，使尽情无隐，则边事济矣。三曰行间谍以离之，因衅隙以取之。臣风闻犬戎中妇人任政，荒淫不法，谓宜委边上重臣募边民谙练蕃情者，间谍蕃中酋长，啗以厚利，推以深恩。蕃人好利而无义，待其离心，因可取也。四曰以夷狄攻夷狄，中国之利也。今国家西有赵保忠、折御卿为国心腹，亦宜敕此二帅率麟、府、银、夏、绥五州，张其犄角，声言直取胜州，则犬戎惧而北保矣。此实不用，但张其势而已。五曰下哀痛之诏以感激边民。顷岁吊伐燕蓟，盖以本是汉疆，晋朝以来方入戎虏，既四海一统，诚宜取之。而边民蚩蚩，不知圣意，皆谓贪其土地，致犬戎南牧。陛下宜下哀痛之诏，告谕边民，则三尺童子皆奋臂而击之矣。然后得蕃人一级者赐之帛，得胡地一马者还其价，得酋帅者与之散官。如此，则人百其勇而士一其心也。

"内修其德有五者：一曰并省官吏，惜经费也。昔唐、虞建官惟百，夏、商官倍，亦克用乂。周设六官，僚属渐广。秦并六国，郡县益多，食禄者日增，力田者日耗。降及汉、魏，以至隋、唐，员数有加，职名无减。清介者止于俸料，贪浊者又恣侵渔。是以约人署官，斯为中矣。今百官之内，三班之中，若备言冗食，恐有烦听览。只如臣旧知苏州长洲县七千余家，自钱氏纳土以来，朝廷命官，七年无县尉，使主簿兼领之，未尝缺一事；三年增置县尉，主簿又存之，未尝立一功。以臣计之，天下大率如是。臣请黜陟庶僚，并省群吏，贤者得以陈力，不肖者得以归耕。诚能省官三千员，减俸数千万①，以供边备、宽民赋，亦平戎之大计也。二曰艰难选举，抑儒臣而激武臣也。自陛下统御，力崇儒术，亲主文闱，志在得人，未尝求备。上自文士，下及腐儒，大则十数年之间便居富贵，小则数月之内亟预官常。或一行可观，一言可采，宠锡之数，动逾千万，不独破十家之产，抑亦起三军之心。臣亦其人，固自言耳！但恐擐甲之士有使鹤之言，望减儒冠之赐，以均战士之恩。三曰信用大臣，参决机务。盖分阃外之事者在乎将帅，用堂上之兵者在乎相臣。宜资帷幄之谋，以决安危之策。方今君臣亲爱，宰执贤明，振古以来，未之有此。然而限以常礼，隔以朝仪，情恐未通，言恐不尽。臣每见千官就列，万乘临轩，中书、枢密、三司历阶而进，礼成而退，为定制也。望陛下坐朝之暇，听政之余，频召大臣共议边事，定而后行，无容小臣间厕，即系单于之颈，断匈奴之臂，必有人矣。四曰不贵虚名，戒无益也。臣以为圣人无名，神人无功，迹用不彰，品物自化，道德既丧，功名始生。五帝犹能不伐，三代多或自矜。讨蛮夷则重困生灵，得土地则空标史策，祸败之本，何莫由斯！今万国骏奔，四民康乐，惟兹北狄，未服中

---

① 数千万，原作"数十万"，今据洪迈《容斋四笔》卷十四《王元之论官冗》条改正。又《小畜集》卷十八《荐丁谓与薛太保书》云："位至尚书，则月俸五万。"可为旁证。

原。以臣思之，恐宗庙之灵，天地之意，虑陛下骄于大宝，怠于万机，用广圣谟，以为警戒。诚宜作备边之计，示忧民之心，不必轻用雄师，深入虏境，竭苍生之众力，矜青史之虚名。如此，则天道顺、人心悦，年岁之间可缓而图也。五曰禁止游惰，厚民力也。夫牧民者，君也；聚人者，财也；产财用者，土地也；辟土地者，人民也。人民众则土地辟，土地辟则财用足，财用足则国家安矣。方今虽务农桑，尚多凉薄，耕织者鲜，衣食者众。加以飞刍挽粟之劳，妨凿井耕田之力，若无条禁，曷御凶荒？臣请访问有司，则输税之家可见矣，食禄之人可知矣，军人受食者可数矣，僧道蠹人者可明矣。复有台寺小吏、府监杂工，总其数而计之，聚其人而校之，臣恐以三分勤耕苦织之人，赡七分坐待衣食之辈，欲求民泰，不亦难乎！况今郡县虽多，要荒且远，除河北备边之外，民力可用者，惟东至登、莱，西尽秦、凤，南抵淮、泗而已。此数十州者，乃中土之根本，不可不惜也。望陛下少度僧尼，少崇寺观，劝风俗，务田农，则人力强而边用实也。若辇运劳于外，游惰耗于内，人力日削，边用日多，不幸有水旱之灾，则寇不独在外而在乎内也。惟陛下熟计之！"太宗览奏，深加叹赏。宰相赵普尤器之。（赵汝愚《国朝诸臣奏议》卷一二九《上太宗答诏论边事疏》，《长编》卷三十，明黄淮等编《历代名臣奏议》卷三二二页一至四，参考《小畜集》卷八《谪居感事》自注）此奏为著名之《御戎十策》（《涑水记闻》卷三引宋敏求撰《神道碑》），或《御戎十事》（参本编年至道三年五月条）。

　　按：《长编》署王禹偁上此策时之官衔为"右拾遗"，乃是"右正言"之误。《御戎十策》为王禹偁最重要政论之一，《小畜集》、残本《外集》均未登载。

　　同时，上备边御戎之策者，尚有吏部尚书宋琪，右正言、直史馆

温仲舒,户部郎中张洎,知制诰田锡等人。(《宋会要辑稿》蕃夷一之十四,《长编》卷三十)

　　按:《三朝国史》中之《王禹偁传》《张洎传》及《三朝经武圣略》俱作端拱初上备边御戎策。《东都事略》《宋史》中之《王禹偁传》皆仍其说。《长编》对此事曾有考订曰:"《洎传》及《经武圣略》皆云端拱初。按《洎集·议边状》云:'奉十一日御札,令群臣奏章。'按《实录》,端拱元年无其事,此年(指端拱二年)〔正月〕癸巳,乃有此诏。癸巳,正月十一日也。诏语又与《洎集》所载御札略同。然则洎此奏必在此年此月,不在端拱初矣。"又曰:"禹偁疏亦因癸巳诏书,乃上。本传云在端拱初,误矣。"

　　又淳化三年暮春,王禹偁撰《谪居感事》诗,其中有"安边上章疏"句,自注云:"端拱三年,诏百官各言边事,因上封章极言,为上容纳。"按端拱无三年,乃端拱二年之误刊。

禹偁奏陈《御戎十策》后数日,又上书宰相赵普有云:"某待罪三馆,于今一年。……昨奉御札,以边事未宁,许百官各上封事,为谏官者得不内愧于心乎! 某因诣上阁,陈所见十事:其五事言外任其人,其五事言内修其德,且引汉文帝时事迹以为比类。所恨不知兵事,不游边土,则外任其人之事,皆臆说也,适足资帷幄之戏笑矣。且念少苦寒贱,又尝为州县官,人间利病亦粗知之,则内修其德之说,皆实事也,用之则朝行而夕效矣。然某道孤势危,辞理切直,心甚惧焉。非大丞相论思之际,救援开释之,以来天下言路,则斥而逐之,犹九牛之一毛也。"(《小畜集》卷十八《上太保侍中书》)

　　按:读此书知禹偁上《御戎十策》确在端拱二年奉御札之后,

且禹偁对内修其德之五项建议颇自负。

王禹偁与夏侯嘉正、罗处约、杜镐表请同校"三史"书。(《宋史·王禹偁传》)其后，淳化五年七月，诏选官分校，秘阁校理杜镐、舒雅、吴淑，直秘阁潘慎修校《史记》，朱昂再校。直昭文馆陈充、史馆检讨阮思道、直昭文馆尹少连、直史馆赵况、直集贤院赵安仁、直史馆孙何校前、后《汉书》。既毕，遣内侍裴愈赍本就杭州镂板。(《麟台故事》卷二《校雠》，《宋会要辑稿》崇儒四之一，《玉海》卷四三)史书之有刻本始此。

禹偁直东观时，曾阅五代史总三百六十卷(按：指五代实录，见《玉海》卷四八《建隆五代通录》条)，为其后咸平年间谪官黄州时撰著《五代史阙文》奠定基础。(《小畜集》卷四《怀贤诗序》；《五代史阙文·序》，卷末《王朴》条)

先是，翰林学士、知贡举苏易简等固请御试。三月，太宗御崇政殿试合格举人，得进士阆中陈尧叟、晋江曾会等一百八十六人，并赐及第；诸科博平孙奭等四百五十人，亦赐及第；七十三人同出身。赐宴，始令两制、三馆文臣皆预。赐尧叟等箴一首。尧叟及会并授光禄寺丞、直史馆，第三人姚揆以下分授职事、州县官。(《长编》卷三十，《容斋续笔》卷十三《科举恩数》条。而《宋会要辑稿》选举七之五及《通考·选举考五》记是年诸科人数为四百七十八人，疑《长编》记孙奭等四百五十人为四百五人之误刊)

越州进士刘少逸者，年十三，中礼部之选，既覆试，又别试御题，赋诗数章，皆有旨趣，授校书郎，令于三馆读书。(《长编》卷三十)王禹偁闻之大喜，以诗赞之，有"待学韩退之，矜夸李长吉"之句。(《渑水燕谈录》卷四)

是年，苏颂祖父仲昌首次赴京参加进士试，曾往谒王禹偁。(《苏

魏公集》卷五《怀维扬帅守九贤》诗注,参见苏象先《丞相魏公谭训》卷二《家世》)

三月,太宗亲试贡士,召禹偁使作歌,禹偁援笔立就。太宗谓侍臣曰:"此歌不逾月遍天下矣。"即拜左司谏、知制诰。(苏颂《小畜外集序》,《长编》卷三十,《东都事略》本传。歌辞见《小畜集》卷十二)

> 按:司谏为七品官。(《小畜集》卷十八《上太保侍中书》)宋时宰执之下,即以两制为华选,翰林学士与知制诰对掌内外制,地望清华。大宴,知制诰与尚书丞郎同行。朝会班,知制诰在秘书监、光禄、卫尉、太仆、大理诸卿之上。史所载"宁登瀛不为卿,宁抱椠不为监"之谚,正谓此尔!(清钱大昕《二十二史考异》卷七七《王曾传》)
>
> 北门(指翰林学士)掌内制,西掖(指知制诰或中书舍人)掌外制,谓之两制。(《周益国文忠公集·省斋文稿》卷二十《周茂振海陵集序》)

五月戊戌(十九日),太宗命起居舍人宋惟幹(或作"维翰""维幹")等四十二人分诣诸道,按决刑狱。(《长编》卷三十)罗处约"乘使车,将帝命,按狱讼于江浙,采风谣于湘潭"。(《小畜集》卷十九《东观集序》)临行时,王禹偁有《送罗著作两浙按狱》《送罗著作奉使湖湘》两诗贻之。(《小畜集》卷七)

六月,《雍熙广韵》成,凡一百卷,句中正、吴铉、杨文举编撰。(《宋大诏令集》卷一五〇,《长编》卷三十)

初,左正言、直史馆寇准,承诏极言北边利害。太宗器之。七月,拜虞部郎中、枢密直学士。(《长编》卷三十)赐金紫,寻兼判吏部东铨。(《小畜集》卷十九《送寇密直西京迁葬序》,孙抃《寇忠愍公准旌

忠之碑》)

七月，北面沿边都巡检尹继伦率军于唐河击败契丹南下劫掠宋军粮运之数万骑兵，主帅耶律休哥身受重创逃走，契丹自是不敢大入寇。(《长编》卷三十，《玉壶清话》卷七，《宋史·太宗纪》)

七月，授考功员外郎毕士安以本官知制诰。王禹偁奉命行词，略云："文炳国华，行敦天爵。老于儒学，久次周行。且事继母以孝闻，典郡符而治最。谨厚周密，博达谦恭。求之古人，未易多得。"(《西台集》卷十六《文简公行状》，《长编》卷三十)是时，知制诰六人。(《春明退朝录》卷上)

七月，以知代州张齐贤为刑部侍郎、枢密副使。(《宋史·太宗纪》)

先是，太宗遣使取杭州释迦佛舍利塔置阙下，度开宝寺西北隅地，造浮图十一级以藏之，上下三百六十尺，所费亿万计，前后逾八年。八月癸亥，工毕，巨丽精巧，近代所无。知制诰田锡尝上疏谏，其言有切直者，则曰："众以为金碧荧煌，臣以为涂膏衃血。"(《长编》卷三十)开宝寺塔乃浙东匠人喻皓设计建成。(《杨文公谈苑》条一三六，《玉壶清话》卷二)

按：《玉壶清话》及他书多谓开宝寺塔"八角十三层"。

秋冬，京畿大旱，河南、莱、登、深、冀旱甚，民多饥死。(《宋史·五行志四》)十月，太宗以旱灾赐宰相赵普、吕蒙正等罪己御札。(《宋大诏令集》卷一五一)知制诰王禹偁上疏，略云："臣尝读《墨子》有《七患》一篇，言岁旱凶饥之事。虽本小说，似有裨于时政。大抵一谷不收谓之馑，二谷不收谓之旱，三谷不收谓之凶，四谷不收谓之馈，五谷不收谓之饥。馑则大夫以下皆损其禄五分之一，旱则损其二，凶则损其三，馈则损其四，饥则尽无禄，廪食而已。今旱云不沾，宿麦未苗，既无九年之蓄，可忧百姓之饥。望陛下特降诏书，直云：'君臣之间，政教有阙，自乘舆服御以下至百官奉料，非宿卫军士、边庭将帅，悉第减之。上答天谴，下厌人心，候雨足如故。'臣朝行中，家最贫，奉最薄，亦愿首减奉以赎耗蠹之咎。外州岁市紫茜、皮翎、筋骨之类，亦望权停一年；事材、八作、文思、紫云工巧之技①，亦罢其作。近城掘土侵冢墓者，瘗之；外州配隶之众非赃盗者，释之。然后戒州县吏以古昔猛虎渡江、飞蝗越境之事，境内山川灵庙，并委祈祷。其余军民刑政之弊，非臣所知者，望委宰相裁议颁行。但感人心，召和气，变灾为福，惟圣人行之。"（《长编》卷三十，参校《历代名臣奏议》卷二四三页十二至十三）

知制诰田锡亦上疏，略云："今岁以来，天见星妖，秋深雷震，继以旱暵之沴，可虞饥馑之灾。此实阴阳失和，调燮倒置，上侵下之职而烛理未尽，下知上之失而规过未能，所以成兹咎征。……今以宿麦未种，甘雨未零，人心不宁，农望已失。或闻小小寇盗，聚散靡常，嗷嗷蒸黎，忧畏实甚。"疏奏，太宗及宰相皆不悦。十二月，罢锡知制诰，以户部郎中出知陈州。（《长编》卷三十，《东都事略·田锡传》，《咸平集》卷二四《陈州谢恩表》）

按：田锡与王禹偁皆当时著名之直臣。

中书门下言："所录时政记，缘皇帝每御前殿，枢密院以下先上，宰

---

① 宋朝京师置有事材场、东西八作司、文思院与后苑造作所等管理各种官营作坊之官署。（《宋会要辑稿》职官二九之二及三六之七二）八作为泥作、赤白作、桐油作、石作、瓦作、竹作、砖作、井作。（同上，三十之七）文思院掌金银犀玉工巧之物，金彩绘素装钿之饰，以供舆辇册宝法物及凡器服之用。（同上，二九之一）后苑造作所，宋初在紫云楼下。（同上，三六之七二）

相未上,所有宣谕圣语,裁制嘉言,无由闻知,虑成漏略。欲望自今差枢密副使二人逐旋抄录,送中书。"遂诏枢密副使张宏、张齐贤同共抄录,自后枢密院事皆送中书,同修为一书而授史官。副使或知院二员同掌之。(《长编》卷三十,参校《宋会要辑稿》职官六之三十)

是年,李至判国子监,请复郑玄所注《礼记·月令》古本,下两制、馆职议。胡旦等皆以为然,独王禹偁持不可,事遂寝。(《石林燕语》卷八)

> 按:开元中,唐玄宗删定《礼记·月令》,李林甫作注,刊行于世。宋廷祭祀仪制等多本唐注,而私本则用郑注。亦见《石林燕语》卷八,并参《长编》卷八五大中祥符八年九月己未条。王禹偁之反复古精神于此可见。

十二月,王禹偁奉敕为开宝皇后之父宋偓撰神道碑。(《小畜集》卷二八)

是年或稍后,王禹偁与散骑常侍徐铉、太常少卿孔承恭奉太宗命校正《道藏经》写本。(《长编》卷八六大中祥符九年三月己酉条)

是年,禹偁次子嘉言(989—1035)生。(刘攽《彭城集》卷三七《王公墓志铭》)

范仲淹(989—1052)生。(《范文正公集》附录《年谱》)

陈抟卒。(《杨文公谈苑》条一三〇,《宋史》卷四五七《陈抟传》)

〔编年文〕

《御戎十策》(《长编》卷三十,《国朝诸臣奏议》卷一二九,《历代名臣奏议》卷三二二),《上太保侍中(赵普)书》(《小畜集》卷十八),《谢除左司谏知制诰启》(卷二五),《回寇密直(准)谢官启》(卷二五,参卷十九《送寇密直西京迁葬序》确定撰年),《右卫上将军赠侍中宋公神道碑》(卷二八),《唐河店妪传》(卷十四)。

　　按:此传撰于是年或淳化初,在易州即上谷陷于契丹之后作。
易州陷于契丹在端拱二年正月,见《辽史》卷十二《圣宗纪》统和
七年正月甲辰条。

《王赟授殿中侍御史诰》(《皇朝文鉴》卷三七,又见《小畜集拾遗》
引录)。

　　按:王赟乃太宗、真宗时人,吴越纳土后,曾奉命前往两浙均
赋。(龚明之《中吴纪闻》卷一)此诰撰年未详,姑置于王禹偁初
除知制诰之年。

《徐昶授楚州宝应县主簿诰》(刘克庄《后村先生大全集》卷
一一一《题跋·徐氏二诰》条著录),《为宰臣上尊号表》(《小畜集》卷
二一,代赵普等作),《谢降御札表》《贺雨表》《贺罢谒庙大礼表》《贺
御楼肆赦表》《乞归私第养疾表》《为乾明节不任拜起陈情表》《乞差
官通摄谒庙大礼使表》《贺雪表》(卷二三,以上皆代赵普作)。《因岁
旱凶饥请节减财政开支疏》(《长编》卷三十,原无题名,今酌加)。《圣
人无名赋》(《小畜集》卷二)。

　　按:赋中有"今我后尚黄老以君临,……抑徽号于睿圣"语,
考《宋史·太宗纪》载:"端拱二年十二月庚申,诏令四方所上表只
称皇帝,群臣请复尊号,不许。"(参《宋会要辑稿》帝系一之四)
又王禹偁在淳化元年撰《送寇密直西京迁葬序》中有"皇上省徽号
之明年"语,所谓"省徽号"之年即指端拱二年而言。故推知禹偁

此赋盖撰于是年十二月。

〔辑佚文〕

祭韦氏夫人文

呜呼！阴偶阳奇，天地拘百六之数；劳生休死，古今同七十之期。适往虽关于冥契，攀号实动于孝思。凡人有丧，犹匍匐兮必救。无母何恃，固劬劳兮孔悲。惟灵，贞纯内蕴，柔顺外驰。以上容兮己任，盖令淑兮天资。祖德有光，豕韦与五百之数；妇道斯备，采蘋列二南之诗。在昔，羔雁成礼，室家用宜。环珮之音合节，保阿之训无遗。事舅姑兮嗃嗃，穆亲族兮熙熙。俨如宾之容，式符于阃则；称未亡之日，躬修于母仪。仁或亲兮我发必断，邻或善兮我居必移。故得花砖启封，焕耀从夫之贵；桂枝并折，旌酬训子之规。或青宫兮赞导，或墨绶兮抚绥。立朝者诲之以直道，字人者戒之以无私。庆高门兮若是，跻上寿兮何疑？嗟人生之无定，信天道之难知。年来兮霜满洞庭，犹思怀橘；日下兮人回上国，已报焚芝。心肝摧兮若剖割，涕泗乱兮如绠縻。魂魄兮已沉蒿里，哀号兮莫睹灵辒。钟鼎珍羞，家庙徒陈于异代；封崇典册，泉扃止漏于他时。有富贵兮不能及也，念鞠育兮何日忘之？顾泣血兮罔极，谅终天兮已而。某钦慕德门，交游令子。同年幸忝于丹墀，结绶仍连于百里。食而舍肉，方健羡于颍封；今也则亡，又同悲于渭水。聊薄奠以是陈，庶英魂兮降此。伏惟尚飨！

> （《五百家播芳大全文粹》卷一〇一，参校《永乐大典》卷一四〇五〇页一下引《小畜〔外〕集》）

按：韦氏乃罗处约之母。从文中"年来兮霜满洞庭，犹思怀橘；日下兮人回上国，已报焚芝"等语，推知该祭文应撰于王禹偁、罗处约自苏州召回朝廷任职之后不久。又罗氏曾于端拱二年夏奉命出使两浙、湖湘,而次年(淳化元年)冬则已卒于开封,故此文撰年殆在端拱二年前后,姑置于是年。

〔编年诗〕

《送查校书(道)从事彭门》《送史馆赵寺丞(安仁)出宰咸阳》《送罗著作(处约)奉使湖湘》《送罗著作两浙按狱》[1]《贺温正言(仲舒)赐紫》《送光禄王寺丞通判徐方》《谢同年黄法曹送道服》《送冯学士(起)入蜀》[2](以上均见《小畜集》卷七)。

《应制:皇帝试贡士歌》《谢政事王侍郎(沔)伏日送冰》(卷十二,后一首撰年参阅《宋史·宰辅表》)。

《拍板谣》《对酒吟》《战城南》《苦热行》(《小畜集》卷十三)。

> 按:上列四首歌行,撰年未详。《战城南》歌行中有"大漠由来生丑虏,见日设拜尊中土。自古控御全在仁,何必穷兵兼黩武"之句,因今年王禹偁上《御戎十策》,故推定上列歌行约撰于是年前后。《拍板谣》中有"麻姑亲采扶桑木""吴宫女儿手如笋",《对酒吟》中有"麻姑又采东海桑""安得沧溟尽为酒"等句,该两首或撰于雍熙年间知长洲任内。

淳化元年庚寅(990)　三十七岁

正月戊寅朔,太宗御朝元殿受册尊号,曲赦京城系囚,改元淳化。(《长编》卷三一)王禹偁摄中书侍郎,捧玉册玉宝。(《小畜集》卷八《谪居感事》自注)

---

① 据《小畜集》卷十九《东观集序》记事,罗处约拜著作郎之明年,奉使两浙、湖湘;又据《长编》卷三十端拱二年五月戊戌(十九日)条,太宗命起居舍人宋惟幹等四十二人分诣诸道,按决刑狱。因此推定禹偁赠诗撰于端拱二年五月。

② 撰年据《小畜集》卷八《寄冯舍人》自注及《宋会要辑稿》职官三之十三推定。

己卯（初二），诏改乾明节（即太宗生日十月七日纪念节）为寿宁节（《宋会要辑稿》礼五七之十六），禹偁又押诸方表案。不久，加封禹偁柱国，谢恩日，太宗面赐金紫。（《谪居感事》自注）

按：旧制，勋官自上柱国至武骑尉，凡十二等。五代以来，初叙勋即授柱国。淳化元年正月丙申（十九日），诏京官、幕职、州县官始武骑尉，朝官始骑都尉，历级而升。见《长编》卷三一。

庚寅（十三日），令户部郎中柴成务、兵部员外郎赵化成使高丽，左正言宋镐、右正言王世则使交州。（《长编》卷三一）春夏间，临行时，王禹偁有《送柴郎中使高丽》《送馆中王正言使交趾》诗各一首。（《小畜集》卷七，《宋史·高丽传》，《宋史·交阯传》）

去年秋，宰相赵普以病免朝谒，止日赴中书视事，有大政则召对。及冬，病益甚，乃请告。太宗车驾屡幸其第省问，赐予加等。今年正月，普遂称疾笃，四上表求致政。表皆王禹偁代作。（《长编》卷三一，《小畜集》卷二三）

按：四上表，《长编》误作"三上表"，今据《小畜集》所载表文改正。

正月戊戌（二十一日），赵普罢相，授守太保兼中书令，行河南尹兼功德使，充西京留守。（《小畜集》卷二三著录代赵普作《让西京留守表》，参《宋大诏令集》卷六五）

按：《宋大诏令集》《长编》《宋宰辅编年录》《宋史·宰辅表》皆误系赵普罢相于正月戊子（十一日）。

三月,赵普赴任。王禹偁以诗送行。(《小畜集》卷七《送赵令公西京留守》)

按:赵普赴任时间,参见《小畜集》卷二三著录代赵普作《谢许肩舆入内表》。在此期间,赵普所上表章,皆王禹偁代作。

春间,田锡赴陈州任。王禹偁先后有《送田舍人出牧淮阳》《和陈州田舍人留别》《寄田舍人》等诗七首贻之,其末首云:"出处升沉不足悲,羡君操履是男儿。左迁郡印辞纶阁,直谏书囊在殿帷。未有金谐征贾谊,可无章疏雪微之。朝行孤立知音少,闲步苍苔一泪垂。"(《小畜集》卷七)又有《酬赠田舍人》歌一首,其中叙及两人交谊云:"忆昔逢君在邹鲁,翰林丈人[①]东道主。一言得意便定交,数日论文暗相许。迩来倏忽十余年,共上赤霄连步武。禁中更直承明庐[②],深喜蒹葭依玉树。两制惟君最清慎,笔力辞锋有余刃。方期夜直金銮坡[③],谁知共理淮阳郡。"(卷十二)

四月,王禹偁奉诏祭祀太一宫,事毕复命,走马过农村,赋诗有云:"扬鞭入村落,缓辔聊逡巡。麦田少时雨,蚕月无闲人。自惭怀禄仕,蠹此力穑民。"(《小畜集》卷四《太一宫祭回,马上偶作》)

五月,铸"淳化元宝"钱,太宗亲书其文,作真、行、草三体。自后,

---

① 明钞本作"丈人",别本误作"文人"。翰林丈人乃指宋白。

② 《梦溪笔谈》卷一载:"唐翰林院在禁中,乃人主燕居之所。玉堂、承明、金銮殿皆在其间。"宋因唐制,以玉堂为翰林学士入直处所之代词,以承明殿为知制诰入直处所之代词。唐翰林学士原称北门学士,故后人多以北门为学士院之代词。宋之承明殿在宫城南面西大门(右掖门)内,中书省(宰相治事之所)在朝堂西,是为政事堂,中书舍人治事处所之舍人院又在中书省之西南,故均通称西掖。宋人又称西掖为西垣,或西阁、纶阁。又承明庐原为汉代侍臣直宿所居之屋,见《汉书·严助传》张晏注及《昭明文选》卷二一应璩《百一诗》"三入承明庐"李善注。

③ 金銮坡,借指学士院。见《石林燕语》卷五。

每改元，必更铸，皆曰元宝，而冠以年号。（《长编》卷三一，《宋史·食货志下二》）其后，淳化三年，王禹偁曾有《御书钱》诗。所谓"御书钱"者，即指太宗御书之铜钱也。

八月癸亥，秘书监李至上疏言："秘阁自创置之后，载经寒暑，而官司所处未有定制。望降明诏，令与三馆并列，叙其先后，著为永式。"太宗可其奏，列秘阁次于三馆。丁卯，以起居舍人、直史馆吕祐之，左司谏、直史馆赵昂，金部员外郎、直史馆安德裕，虞部员外郎、直史馆句中正，并直昭文馆；戊辰，以太子中允和崚直集贤院。先是但有直史馆，至是始备三馆之职。（《长编》卷三一，《宋会要辑稿》职官十八之五一）

枢密直学士寇准荐钱若水、王扶、程肃、陈充、钱熙五人文学高第，召试学士院，若水最优。十月，擢若水为秘书丞、直史馆。（《长编》卷三一，《宋史·钱若水传》）同时，王禹偁撰有《授王扶大理评事忠武军节度掌书记制》。（《外集》卷十二，参《琬琰集删存》卷三《潘美传》）

冬间，孙何再到阙下，始过王禹偁门，告归日，禹偁贻之以文，略云："天之文，日月五星。地之文，百谷草木。人之文，六籍五常。舍是而称文者，吾未知其可也。咸通以来，斯文不竞，革弊复古，宜其有闻。国家乘五代之末，接千岁之统，创业守文，垂三十载，圣人之化成矣，君子之儒兴矣。然而服勤古道，钻仰经旨，造次颠沛，不违仁义，拳拳然以立言为己任，盖亦鲜矣。富春孙生[①]有是夫！先是，余自东观移直凤阁[②]，同舍紫微郎广平宋公尝谓余曰：'子知进士孙何者耶？[③]今之擅场而独步者也。'余因征其文，未获。会有以生之编集惠余者，凡数十篇，

---

①　孙何，蔡州汝阳人，富春乃其郡望也。

②　指端拱二年自右正言、直史馆改拜左司谏、知制诰事。东观为史馆之代词，凤阁为中书省之代词，知制诰原为中书省之属僚，故王禹偁用凤阁之名以代知制诰入直处所之实。

③　紫微郎，此处指翰林学士。宋公是对宋白之尊称。此处"进士"乃指乡贡进士，即贡举人，与登进士第之进士不同。

皆师戴六经,排斥百氏,落落然真韩柳之徒也。……余是以喜识其面而愿交其心者有日矣。今年冬,生再到阙下,始过吾门,博我新文,且先将以书,犹若寻常贡举人,恂恂然执先后礼,何其待我之薄也。"(《小畜集》卷十九《送孙何序》)

其后,至道二年,禹偁应孙何之请,为其父孙庸撰墓志铭,又追叙昔年赏识孙何、孙仅兄弟文才之情况云:"先是,某为左司谏、知制诰,有以何之文相售者,见其文有韩柳风格,因夸于同列,荐于宰执间。居数月,何始来候,吾又得仅之文一编。时给事中兼右庶子毕公(士安)与吾同典诰命,适来吾家,因出仅文以示之,读未竟,乃大呼曰:'吓死老夫矣。'其为名贤推服也如此。"(卷二九《孙府君墓志铭》)

孙何嗜学与丁谓齐名,王禹偁尤所题奖,以为自唐韩、柳后二百年有孙、丁也。时人谓之"孙丁"。(《东都事略·孙何传》)

　　按:上引《孙何传》原误作"三百年",今据《宋史·丁谓传》及《吴郡志》卷二五改正。

十一月,罗处约卒,权厝东京薰风门外。(《小畜集》卷十九《东观集序》,卷八《哭同年罗著作》)明年,王禹偁序其文集,略云:"处约九岁能赋诗,十三通经义,尤长于《易》,故所为文必臻乎道。……不幸以淳化元年十一月卧疾终于家,年三十三,亦贾谊、李贺之俦也。友人翰林学士、尚书祠部郎中、知制诰苏易简,左司谏、知制诰王某,以布素之分,哭之恸,收其遗文,洒泪编次,勒成十卷。以其终于史职,目为《东观集》。"又云:"李唐……三百年间,圣贤相会。事业之大者,贞观、开元;文章之盛者,贞元、长庆而已。咸通而下,不足征也。"(《东观集序》)又明年(淳化三年)七月,翰林学士承旨苏易简

进《东观集》于朝，诏付史馆。（《哭同年罗著作》，《宋会要辑稿》崇儒五之十九）

　　按：《宋史·罗处约传》谓处约卒于淳化三年，误。《玉海》卷五五系苏易简进《东观集》于淳化二年七月，亦误。

十二月，契丹封李继迁为夏国王。（《辽史·圣宗纪》）

是年，王禹偁奉敕撰《重修北岳庙碑》。（《小畜集》卷八《谪居感事》自注，卷十六《重修北岳庙碑》）明年八月九日立碑。碑原在今河北曲阳县北岳庙内，碑文为黄仲英正书。（清孙星衍《寰宇访碑录》卷六，陆耀遹等纂《金石续编》卷十三）

是年，王禹偁为去年亡故之宣徽南院使、镇州都部署郭守文撰墓志铭。（《小畜集》卷二八）

禹偁昆仲三人。是年，禹偁为其幼弟禹圭娶妇。淳化三年，禹偁《与李宗谔书》云："家弟少失母爱，叙婚甚晚。前年某忝职阁下，始能为娶一妇。"（卷十八）

是年，张先（990—1078）生。（谈钥《嘉泰吴兴志》卷十七，近人夏承焘《唐宋词人年谱·张子野年谱》。而周密《齐东野语》卷十五《张氏十咏图》条引录陈振孙跋作张先之生，"当在淳化辛卯〔二年〕"）

〔编年文〕

《贺册尊号表》《求致仕第一表》《第二表》《第三表》《第四表》《慰公主薨表》《让西京留守表》《第二表》《第三表》《第四表》《谢降御札并宰臣就第传宣不允陈让留守乞候病愈日赴任表》《谢许肩舆入内表》《谢宣差长男送赴西京表》《谢宣旨令次男西京侍疾表》（《小畜集》卷二三），《西京谢上表》《为寿宁节不任朝觐奏事状》《奏侄男表》《谢赐侄男大理评事表》《缴连寿宁节功德疏表》（卷二四）。

按：以上皆代赵普作。

《送寇密直西京迁葬序》《送孙何序》《送戚维序》（卷十九）。

按：《送戚维序》撰年，参见卷四《送戚维戚纶之阆州亳州》。

《诏臣僚和御制赏花诗序》（卷二十）。

按：自雍熙三年之后，太宗常以暮春召近臣赏花钓鱼于苑中，三馆之职皆预。见《通考·王礼考二》。

《回尹黄裳启》（卷二五）。

按：启有"近者金阙献书，召试王褒之颂；石渠载笔，更伸班固之才"等语。据《宋会要辑稿》选举三一之二四："淳化元年三月十九日，学士院试监察御史尹黄裳颂，诏为左正言、直史馆。以献诗赋杂文，故命试。"

《送薛昭序》《送李葆序》《送柳宜通判全州序》（卷二十）。

按："葆"字各本写法不同，此据《宋会要辑稿》选举二之一。该序或撰于端拱间。

《为宰臣谢御书钱样表》《谢赐御书字样钱表》《谢赐御制逍遥咏

秘藏诠表》（卷二一）。

　　按：以上三篇撰年，据《长编》卷三一记事考定。

《重修北岳庙碑》《李氏园亭记》（卷十六），《宣徽南院使镇州都部署郭公墓志铭》（卷二八），《答张知白书》（卷十八）。

　　按：《答张知白书》或撰于淳化二年。

《授王扶大理评事忠武军节度掌书记制》《条制三司不得将可断公事闻奏敕》（《外集》卷十二）。

〔编年诗〕

《送姚著作（铉）之任宣城》（《小畜集》卷十二，春间撰），《送田舍人出牧淮阳》、《送夏侯正言（嘉正）奉使江南》、《送馆中王正言使交趾》、《七夕应制》、《送柴郎中使高丽》、《和陈州田舍人留别五首》、《贺将作孔监（承恭）致仕》（参阅《宋史》本传，《长编》卷三一）、《送密直温学士（仲舒）西京迁葬》、《寄田舍人》、《送赵令公西京留守》、《送同年刘司谏（昌言）通判西都》、《贺范舍人（杲）再入西掖》（卷七），《酬赠田舍人》（卷十二），《太一宫祭回，马上偶作，寄韩德纯道士》《送筇杖与刘湛然道士》《送戚维戚纶之阆州亳州》《送陈侯之任同州》《送朱九龄》（卷四）。

　　按：《送朱九龄》诗，可参阅卷七《戏赠嘉兴朱宰同年》。

淳化二年辛卯（991）　三十八岁

　　正月，宋廷遣商州团练使翟守素率兵援赵保忠于夏州。（《宋史·太宗纪》）

是年,王禹偁在西掖,始见白发,有《阁下咏怀》诗云:"正向承明恋直庐,年来华发已侵梳(自注:予年三十八,始见白发)。官清自比乘轩鹤,心小还同畏网鱼。西掖永怀王阁老,北门堪叹扈尚书。会当辞禄东陵去,数亩瓜田一柄锄。"(《小畜集》卷七)

　　按:王阁老乃王祜,扈尚书乃扈蒙,事迹见《宋史》本传。

去年冬,丁谓携文百篇至京师。(《小畜集》卷十八《荐丁谓与薛太保书》)今春,丁谓来访,告归日,禹偁赠之以序,有云:"主上躬耕之岁,仆始自长洲宰被召入见,由大理评事得右正言,分直东观。既岁满,入西掖掌诰,且二年矣。由是今之举进士者,以文相售,岁不下数百人。……去年得富春生孙何文数十篇,格高意远,大得六经旨趣。仆因声于同列间。或曰:'有济阳丁谓[1]者,何之同志也,其文与何不相上下。'仆未之信也。会有以生之文示仆者,视之,则前言不诬矣。是秋[2],何来访,仆既与之交,又得生之履行甚熟,且渴其惠顾于我也。今春生果来,益以新文二篇,为书以投我,其间有律诗、今体赋文,非向所号进士者能及也。其诗效杜子美,深入其间。其文数章,皆意不常而语不俗,若杂于韩、柳集中,使能文之士读之,不之辨也。由是两制间咸愿识其面而交其心矣。翰林贾公[3]尤加叹服。是知道之尊人也,岂位也乎哉?学之富人也,岂资也乎哉?今之不勤于道,不力于学,而望人之知者,宜视丁氏子之道何如哉?"(卷十九《送丁谓序》)其后,禹偁又有赠孙何、丁谓诗云:"二百年[4]来文不振,直从韩柳到孙丁。如今便可

---

[1]　丁谓,苏州长洲人,家颍川,济阳乃其郡望。

[2]　《送孙何序》记何来访在冬天,此处作"是秋",恐为误记。

[3]　贾公乃贾黄中。

[4]　原作"三百年",今据《宋史·丁谓传》改正。又《丁谓传》:"少与孙何友善,同袖文谒王禹偁。"据禹偁所述,孙、丁未尝同时进谒,《丁谓传》这条记事有误。

令修史，二子文章似六经。"（《涑水记闻》卷二）

三月，禹偁为书致故宰相薛居正之养子、左千牛卫大将军、知扬州事薛惟吉，推荐丁谓之才学，书略云："有进士丁谓者，今之巨儒也。其道师于六经，泛于群史，而斥乎诸子。其文类韩柳，其诗类杜甫，其性孤特，其行介洁，亦三贤之俦也。……去年冬，携文百篇游辇毂下，两制司言之臣，览之振骇，佥谓今之举公未有出乎右者。仆与之游甚熟，问其居则曰'家颍川'。问其业则曰'衣食之具仅不给妻子'。斯亦圣朝之遗贤，吾道之深耻也。……唯阁下以名相之子，得大将军官，而能市义礼贤，读书好古，知丁谓者非侯而谁？是以裁书荐才，不远千里。至止之日，幸解榻焉。"（《小畜集》卷十八《荐丁谓与薛太保书》）

> 按：薛惟吉其人，参阅卷十二《还扬州许书记家集》，《长编》卷二二太平兴国六年六月条及《太宗实录》卷七七至道二年四月条。又《涑水记闻》卷二记孙、丁中进士第后，翰林学士王禹偁始见其文云云，盖未之深考。

暮春，王禹偁侍宴琼林苑，独得宋太宗褒扬。（《小畜集》卷八《初出京过琼林苑》，参见《涑水记闻》卷三及苏颂《小畜外集序》，而《渑水燕谈录》卷七记此事有失误处）

四月，左司谏、知制诰王禹偁上言："请自今群官诣宰相及枢密使，并须朝罢于都堂（即政事堂）请见，不得于本厅延揖宾客，以防请托。"初，王沔与张齐贤同掌枢务，颇不协。齐贤出守代州，沔遂为副使、参知政事。陈恕管盐铁，性苛察，亦尝与沔忤。于是，齐贤与恕并参知政事，沔不自安，虑群官有以中书旧事告齐贤等，得禹偁奏大喜，即白太宗施行之，为左正言、直史馆谢泌所驳而止。（《长编》卷三二，《东都事略·王沔传》，参见《宋史·宰辅表》）其后，二府乞以朝退时聚厅见

客,以杜请谒。从之。卒如禹偁言。(《渑水燕谈录》卷五)

> 按:《宋会要辑稿》职官一之六九误书王禹偁之官为右司谏。

七月,党项李继迁闻宋商州团练使翟守素将兵来讨,恐惧,奉表归顺。授继迁银州观察使,赐以国姓,名曰保吉。保吉又荐其亲弟继冲,太宗亦赐姓,改名保宁,授绥州团练使;封其母罔氏西河郡太夫人。制词均为王禹偁所草。(浙本《长编》卷三二)后继迁送来润笔费马五十匹,禹偁却而不受。(《长编》卷三七)

> 按:欧阳修《归田录》卷一及《涑水记闻》卷三均误记此次草李继迁制词为禹偁任翰林学士期间事。
> 又沈括云:"内外制凡草制除官,自给谏、待制以上,皆有润笔物。太宗时,立润笔钱数,降诏刻石于舍人院。每除官,则移文督之。在院官,下至吏人院驺,皆分沾。元丰中,改立官制,内外制皆有添给,罢润笔之物。"(《梦溪笔谈》卷二)

八月,并州言戎人(契丹部属)七十三户四百余口内附。太宗因谓近臣曰:"国家若无外忧,必有内患。外忧不过边事,皆可预防;惟奸邪无状,若为内患,深可惧也。帝王用心,常须谨此。"(《长编》卷三二,参阅《罗豫章先生文集》卷二)

是秋,商州团练使、石州驻泊翟守素奉命归商州。(《小畜集》卷二九《故商州团练使翟公墓志铭》)

王禹偁在知制诰任内,因延誉孙何、丁谓之文才,举人中有业荒而行悖者,聚而造谤焉。又以禹偁平居议论常道浮图之蠹人,且于端拱二年上疏论及此事,乃伪为禹偁《沙汰释氏疏》及孙何《无佛论》,故京城巨僧侧目尤甚。(《小畜集》卷十八《答郑褒书》,《长编》卷三十,《石林燕语》卷十)由于禹偁直言敢谏,"兼磨断佞剑,拟树直言旗";又草制诰之词,多不虚饰,更为同僚所怨。(《小畜集》卷八《谪居感事》)庐州尼道安诬陷左散骑常侍徐铉与妻甥姜氏奸,姜氏乃道安之嫂。八月,王禹偁执法为徐铉雪诬,抗疏论道安告奸不实罪。(《宋史·王禹偁传》,《宋史·徐铉传》,《宋史·张去华传》)

　　按:是时,禹偁兼判大理寺事,见《谪居感事》诗自注及《皇朝文鉴》卷四二《应诏言事疏》、《宋会要辑稿》职官六四之八。又端拱元年,徐铉由右散骑常侍改左散骑常侍。

　　九月戊戌(初二),王禹偁解知制诰,翌日,贬为商州团练副使。(《小畜集》卷十六《四皓庙碑》,《长编》卷三二淳化二年八月己卯条附注)其后,禹偁在《酬种放征君一百韵》诗中曾叙及此次贬途中艰苦情况云:"太岁在辛卯,九月万木落。是时太阴亏,占云臣道剥。王生出紫微,谴逐走商洛。扶亲又抱子,迤逦过京索。弊车载书史,病马悬囊橐。西都不敢住,空负香山约①。阌乡正南路,秦岭峭如削。肩舆碍巨石,十步三四却。妻孥亦徒步,碛砾不容脚。山店盖木皮,烟火浑熏灼。夜深闻赞虎,全家屡惊愕。山泉何萦回,切冽无桥杓。卸鞍引羸蹄,解袜事芒屩。晨澜发可鉴,朝涉胫如斫。商山六百里,天设皆岩崿。上洛在其中②,狴牢曾未若。逐臣自可死,何必在远恶?刺史③不我顾,古寺聊淹泊。卜居杂民氓,致养无精蘩。知道由自宽,有亲强为乐。"

---

　　①　禹偁自比唐诗人元稹之被贬谪,参见《小畜集》卷三《不见阳城驿》。
　　②　商州又称上洛郡,辖上洛、商洛、洛南、丰阳、上津五县,治所在上洛。见王存《元丰九域志》卷三《永兴军路》。
　　③　刺史指商州团练使翟守素。

（《小畜集》卷三）

九月己亥，吕蒙正罢相，以李昉、张齐贤为相。（《长编》卷三二）是为李昉再入相。吕蒙正独相近两年。

王禹偁过中牟县，同年高绅来旅舍访问，并同行西上；过郑州时，知州张秉亦来访逆旅，三人同饮，禹偁与张秉撰有七绝联句一首，高绅为之作小序。（《小畜集》卷八）

十月三日，王禹偁到任（《小畜集》卷九《登高》），馆于妙高禅院（卷八《思追前事感而成章》）。团练副使俸禄甚微薄，禹偁《自咏》诗有"官散且无过，俸微犹助贫"（卷九）之句，故典园十亩，种菜自给。其后，淳化四年曾赋诗云："菜助三餐急，园愁五月枯。废畦添粪壤，胼手捽荒芜。前日种子下，今朝雨点粗。吟诗深自慰，天似悯穷途。"（卷九《种菜了雨下》）"十亩春畦两眼泉，置来应得弄潺湲。三年谪宦供厨菜（自注：此园典三年），数月朝行赁宅钱。空愧先师轻学圃，未如平子便归田。此身久蓄耕山计，不敢抛官为左迁。"（卷九《偶置小园，因题二首》之一）

　　按：宋时有节度副使、团练副使，皆为责授官，不得签书公事。（《二十二史考异》卷七一）谪官之俸禄，禹偁集内有不同说法。上引《自咏》诗作"俸微"，又《永乐大典》卷一三四五〇页十三上引《小畜〔外〕集·赠种放处士》诗有"犹顾贰车禄，縻縶丹河滨"。《小畜集》卷九《解梁官舍》诗有"舍人谪官谁言命，副使量移岂是恩？月有俸钱堆长物，日无公事掩闲门"。而《外集》卷七《次韵和仲咸对雪散吟三十韵》诗自注作"副使俸惟茶一色"；《小畜集》卷八《御书钱》诗作"谪官无俸突无烟"，《对雪感怀，呈翟使君（守素）、冯中允同年（伉）》诗作"敢言无俸禄"，《寄献仆射相公（李昉）》诗作"谪官无俸不胜贫"，卷三《感流亡》诗亦云"左宦无俸禄"。无俸禄当为夸张之辞，应以"俸微犹助贫"为实录。

禹偁以仕途失意，生活困苦，行动不自由，"六里山川多逐客（自注：近代朝士左迁，多在此郡），贰车官职是笼禽"（《小畜集》卷八《春日登楼》，淳化三年三月作）；又逢妻子患病，"稚子啼我前，孺人病我左"（卷三《七夕》，淳化三年七月七日作），"瘦妻容惨戚，稚子泪涟洏"（卷八《谪居感事》，淳化三年暮春作），更催禹偁衰老，"予到商州，始有白髭"（《谪居感事》自注），"玄发半凋落"（《七夕》）。

与禹偁谪官同时，知制诰、判刑部宋湜，秘书丞、权大理正李寿，左赞善大夫、刑部详覆赵曦，开封府判官、左谏议大夫张去华，左散骑常侍徐铉，亦坐尼道安事，皆免所居官，仍削一任。宋湜降为均州团练副使。（《宋会要辑稿》职官六四之八）禹偁于明年暮春曾有《携稚子东园刈菜，因书触目，兼寄均州宋四阁长》诗，略云："缅怀宋阁老，同日出京都。谪宦不携家，留妻事老姑。"（《小畜集》卷三，参阅卷十《赠礼部宋员外阁老》自注及《宋史·宋湜传》）翰林学士、礼部侍郎宋白亦得罪，贬鄜州行军司马。（卷三《寄献鄜州行军司马宋侍郎》，《翰苑群书·学士年表》，《宋史·宋白传》）

十月，翰林学士承旨苏易简撰成《续翰林志》二卷，以献。太宗嘉之，赐诗二章。易简愿以所赐诗刻石，昭示无穷。太宗复为真、草、行三体书书其诗，命待诏吴文赏刻之，因遍赐近臣。又飞白书"玉堂之署"四大字，令中书召易简付之，榜于厅额。太宗曰："此永为翰林中美事。"易简曰："自有翰林，未有如今日之荣也。"（《长篇》卷三二）

按：唐李肇曾摭唐代翰林中供奉仪则，制诰书诏之式，撰成《翰林志》一卷。苏易简录宋代翰林院事以续之。（《郡斋读书志》袁本卷二下）以上两书已为洪遵编入《翰苑群书》中，今存。

同月，以直史馆李宗谔直昭文馆，避其父李昉监修国史也。（《宋会要辑稿》职官十八之五一）

同月，赵保忠降于契丹，契丹封为西平王，复姓名曰李继捧。（《辽史·圣宗纪》）

十一月，以考功员外郎、知制诰毕士安为翰林学士。（《长编》卷三二）王禹偁有《贺毕翰林（新入）》诗。吕祐之、钱若水、王旦新任知制诰，禹偁有《贺三舍人新入西掖》诗。（《小畜集》卷八）

十二月，翰林学士承旨苏易简于本院会学士韩丕、毕士安，秘书监李至，史馆修撰杨徽之、梁周翰，知制诰柴成务、吕祐之、钱若水、王旦，直秘阁潘慎修，翰林侍书王著，侍读吕文仲等，观御飞白书"玉堂之署"四字并三体书诗石。太宗闻之，赐上尊酒，太官设盛馔，至等各赋诗以记其事。宰相李昉、张齐贤，参知政事贾黄中、李沆亦赋诗以贻易简，易简悉以奏御。太宗谓宰相曰："苏易简以卿等诗什来上，斯足以见儒墨之盛，学士之贵也。可别录一本进入，以其本赐易简。"（《长编》卷三二）

　　按：苏易简等唱和诗什，取名《禁林宴会集》。其中均为七律诗，今存洪遵《翰苑群书》中。宋初，白居易诗体（指唱和诗）盛行，现存宋人唱和诗什，以此集为最早。

十二月，王禹偁赋《对雪感怀，呈翟使君、冯中允同年》诗，有云："谪官谁还往，贫家自献酬。敢言无俸禄，且喜润田畴。凤阁名虽黜，貂冠命亦优。山中甘散秩，膝下奉晨羞。默默惟思过，陶陶亦自由。摇头咏诗什，合眼入衾裯。只恨方于枘，何尝曲似钩？……梦中非蛱蝶，世上本蜉蝣。祸福如亡马，机关喻狎鸥。甘贫慕原宪，齐物学庄周。"（卷八）语多牢骚，且有庄周消极思想。又撰《岁暮感怀，贻冯同年中允三首》诗,其二云:"岁暮客商山,谪居多昼眠。梦回红药树①,身落紫微天。不得亲公事,如何望俸钱？荒城共谁语,除却访同年。"(卷八)

冬末,王禹偁撰成《畲田词》五首,有序云:"上洛郡南六百里,属邑有丰阳、上津,皆深山穷谷,不通辙迹。其民刀耕火种,大底先斫山田,虽悬崖绝岭,树木尽仆,俟其干且燥,乃行火焉,火尚炽,即以种播之。然后酿黍稷,烹鸡豚,先约曰:'某家某日,有事于畲田。'虽数百里,如期而集,锄斧随焉。至,则行酒啖炙,鼓噪而作,盖劚而掩其土也。掩毕则生不复耘矣。援桴者有勉励督课之语,若歌曲然。且其俗更互力田,人人自勉。仆爱其有义,作《畲田词》五首,以侑其气,亦欲采诗官闻之,传于执政者,苟择良二千石暨贤百里,使化天下之民如斯民之义,庶乎污莱尽辟矣。其词俚,欲山氓之易晓也。"(卷八)

按:《畲田词》着意描绘商州农村生活,歌颂山民更互力田之美俗,语调平易,别树风格。

冬间或明春,王禹偁撰成《四皓庙碑》。(卷十六)宋时,此文刻石立于商州四皓庙,后毁。元成宗大德九年(1305)十一月重立石。(清王昶《金石萃编》卷一二五)

按:东园公、绮里季、夏黄公、甪(音禄)里先生四人避秦不仕,隐居商洛山,世谓之四皓。汉高祖时,尝应招出为太子客,寻归隐以终。(《寰宇通志》卷九三《西安府下·人物》)四皓墓在商县西四里,墓前有祠,宋王禹偁作记。(卷二九《西安府上·陵墓》)

---

① 红药即芍药。南齐时,中书省阶前种植红药树,后遂以红药为词臣之代语,与紫微或紫薇之义相似。参见《小畜集》卷十一《芍药诗序》。

　　四皓姓字、籍贯,详见《史记·留侯世家》唐司马贞《索隐》。晋皇甫谧《高士传》云:"夏黄公姓崔名廓,字少通,齐人,隐居修道,号夏黄公。"又郑樵《通志·隐逸传》以地下出土文物考证园公为圈公之误。

　　是年,僧赞宁撰成《僧史略》三卷进呈,诏充史馆编修。(《僧史略》卷首《序》,《湘山野录》卷下,元僧觉岸《释氏稽古略》卷四)

　　　　按:《僧史略》仅有"三卷",见《僧史略》卷首《序》及《崇文总目》卷四《释书类上》、《宋史·艺文志四》。而《湘山野录》作"十卷",误。

　　是年,晏殊(991—1055)生。(《宋史·晏殊传》,《麟台故事》卷一)

　　宋绶(991—1040)生。(《宋史·宋绶传》)

　　〔编年文〕

　　《送丁谓序》(《小畜集》卷十九),《荐丁谓与薛太保书》(卷十八)。

　　《谢手诏别录赐生辰国信表》《谢传宣抚问表》(卷二四)。

　　　　按:以上两篇表文乃代赵普作,据《宋史·赵普传》撰于淳化二年七月。

　　《用刑论》(卷十五,知制诰兼判大理寺事时撰,约在淳化元、二年间)。

　　《东观集序》(卷十九),《记马》(卷十四,参见卷二八《臧公墓志铭》)。

按：以上七篇皆在京城知制诰任内作。

《与冯伉书》（卷十八，九月作），《四皓庙碑》（卷十六）。

〔编年诗〕

《阁下咏怀》《阁下暮春》《舍人院竹》《省中苦雨二首》（《小畜集》卷七），《初出京过琼林苑》《中牟县旅舍喜同年高绅著作见访》《郑州与张秉监察联句》《荥阳怀古》《过鸿沟》《旅次新安》《硖石县旅舍》《稠桑坡车覆》《阌乡旅夜》《初入山闻提壶鸟》《听泉》《初到商州，馆于妙高禅院，佛屋壁上见草圣数行，读之，乃数年前应制所作〈皇帝试贡士歌〉，思追前事，感而成章》《弊帷诗》《和冯中允仙娥峰》《龙凤茶》（卷八）。

按：弊帷，古时指埋马之具，见《礼记·檀弓下》。这里用来指马死。

《不见阳城驿》《除夕》（卷三），《对雪感怀，呈翟使君、冯中允同年》《岁暮感怀，赠冯同年中允三首》《畬田词》《雪后登灵果寺阁》《独游南静川》《贺毕翰林（新入）》《贺三舍人新入西掖》《送舍弟赴举，因寄两制诸大僚》（卷八）。

《书孙仅甘棠集后》（卷九）。

按：撰年据卷十一《赠状元先辈孙仅》诗自注。

《商州进士张齐说将赴春闱，以诗别冯中允，冯君酬和，予亦次韵继之》《再赋一章用伸赠别》（《外集》卷七）。

按：宋朝贡举皆秋天取解，冬集礼部，春考试。见《宋史·选举志》。王禹偁谪官商州期间，礼部试仅淳化三年春天举行一次，故推知上两首诗作于淳化二年冬。

《春日》（《外集》卷七）。

按：此处所谓"春日"，乃指淳化二年农历十二月二十八日或二十九日之"立春日"。又《小畜集》卷九《立春日细雨》之"立春日"，是指淳化四年正月初十日或十一日。

〔辑佚诗〕
栽木芙蓉

忆在长洲县，手植芙蓉花。春栽秋成树，枝叶青婆娑。八月寒露下，朵朵开红葩。轻团蜀江锦，碎剪赤城霞。香侵宾朋坐，艳拂人吏衙。凌霜伴松菊，满地如桑麻。岁寒万木脱，斫笋留根查。春雷一声动，又长新枝柯。良因地脉宜，岂在人力多？今来帝城里，赁宅如蜂窠。阶前栽数根，换土拥新沙。浇溉汲御沟，盖覆堆野莎。经春不出土，入夏方有芽。穷秋竟憔悴，花小尤不嘉。地气移物性，自念良可嗟。还同山野人，强为簪组加。妨贤将致诮，薄俸未充家。所以多病身，少年双鬓华。紫微虽云贵，白发将奈何？会当求出郡，卧理寻烟萝。奉亲冀丰足，委身任蹉跎。终焉太平世，散地恣狂歌。

（《永乐大典》卷五四○，页五上引《小畜外集》）

按：上诗不见于残本《小畜外集》，从诗中"忆在长洲县""今来帝城里""穷秋竟憔悴""紫微虽云贵，白发将奈何"等句推断，当撰于淳化二年秋天贬官赴商州之前。

淳化三年壬辰（992） 三十九岁

正月十五日，元宵节，王禹偁夜不成寐，读《庄子·逍遥游》，赋诗云："去年正月十五夜，乾元门上奉乘舆。今年正月十五夜，商洛郡中为贰车。谪宦门栏偏冷落，山城灯火苦萧疏。炉灰画尽不成寐，赖有逍遥一帙书。"（《小畜集》卷八《上元夜作》）

诸道贡举人万七千三百，皆集阙下。正月辛丑，命翰林学士承旨苏易简权知贡举；翰林学士毕士安，知制诰吕祐之、钱若水、王旦权同知贡举。既受诏，径赴贡院，以避请求。后遂为常制。（《长编》卷三三，《宋会要辑稿》选举一之三至四）

春间，西京留守赵普病势转深，累表乞致仕。三月乙未朔，乃册拜守太师，进封魏国公，就便颐养。太医中使，不绝于路。（《宋朝事实》卷三《御制》条引太宗撰《神道碑》，《宋史·太宗纪》，《宋会要辑稿》职官一之十）

三月戊戌，太宗御崇政殿，履试合格进士，始令糊名考校，得孙何以下凡三百二人，并赐及第；五十一人同出身。孙何省试、殿试俱第一。（《长编》卷三三，《东都事略·孙何传》）又此次御试赋题为"卮言日出"，孙何等不知所出，相率扣殿槛乞太宗指示之，太宗为陈大义。（《容斋随笔》卷三《进士试题》条）

按："卮言日出"，语出《庄子·寓言》。卮言，荒唐谬悠之言。

丁谓中是年进士第四名（《东都事略·丁谓传》），王钦若第十一名，张士逊第二百六十名（《通考·选举考三》）。王禹偁之友人谢涛亦擢是年进士第，除梓州榷盐院判官。（尹洙《河南先生文集》卷十二《谢公行状》）朱台符（第二名）、路振（第三名）、任随（第五名）、王陟、吴敏、乐黄目、凌咸、钱昆、龚纬、陆玄圭亦登是年进士第。（吴曾

《能改斋漫录》卷一《试诗赋题示出处》,《宋会要辑稿》选举二之三,《吴郡志》卷二八,《宋史》本传,《永乐大典》卷二三六八页二下引《苏州府志》,《康熙重修江西省志·科目志》)

是月,赐太常寺奉礼郎杨亿进士及第。亿时年十九。(《宋会要辑稿》选举九之一,原误为年十二,据《长编》卷二五载其年岁改)

辛丑,又覆试诸科,擢七百八十四人,并赐及第;百八十人出身。(《长编》卷三三)

癸卯,赐孙何等御制箴一首。丙午,琼林宴日,又赐御制诗三首。己酉,又赐《礼记·儒行篇》为座右之戒。丙辰,进士孙何以下四人授将作监丞或大理评事,充诸州通判;其余及诸科授职事、州县官。(《玉海》卷三一,《长编》卷三三,《宋会要辑稿》选举二之三)

戊午,诏赐高丽宾贡进士王彬、崔罕等四十人及第,并授秘书省秘书郎、校书郎,遣还本国。(《宋会要辑稿》选举二之三,《宋史·太宗纪》,《宋史·高丽传》)

清明日,王禹偁脱衣换得商山酒,独酌,读屈原《离骚》以解愁怀。(《小畜集》卷八《清明日独酌》)有时亦读司马迁《史记》。(卷八《读史记列传》)禹偁前在京城时,假日已多披羽衣道服,如今更是长着不离身了。(卷八《道服》)

三月,王禹偁撰《春居杂兴》诗二首,第一首云:“两株桃杏映篱斜,妆点商山副使家。何事春风容不得? 和莺吹折数枝花。”(《小畜集》卷八)

　　按:陆游评此诗云:“语虽极工,然大风折树而莺犹不去,于理未通,当更求之。”见《老学庵笔记·续笔记》。

暮春,王禹偁撰《谪居感事》诗一百六十韵,述生平事迹与抱负,

其中有"生涯只在诗"以及"松柏寒仍翠,琼瑶涅不缁"等句。(卷八)

　　按:此诗乃五言律中最长之作品,叙事抒情,皆臻上乘。其撰
　　作年月,从诗中"初来闻旅雁,不觉见黄鹂""野花红烂漫,山草碧
　　襟袘"等句推知。

三月,禹偁撰《赋得南山行,送冯中允之辛谷冶按狱》歌行一首,有云:"冯君凤驾一何速,捧檄银坑按辛谷。……片言折狱亦胡为?必也无讼方君子。吾徒事业本稽古,得行其志当刑措。画衣画地免烦苛,抵璧捐金返淳素。"(卷十二)

　　按:捐金抵璧,出自晋葛洪《抱朴子·安贫》:"上智不贵难得
　　之财,故唐虞捐金而抵璧。"意即抛弃金子,扔掉宝玉。

先是,禹偁在知制诰兼判大理寺任内曾撰《用刑论》,有云:"予自幼服儒教,味经术,尝不喜法家流,少恩而深刻。"(卷十五)今年春,又撰《吾志》诗有云:"吾生非不辰,吾志复不卑。致君望尧舜,学业根孔姬。"(卷三,参见卷二《仲尼为素王赋》)足证禹偁受儒家学说影响颇深,其胸怀抱负亦差同杜甫。

三月,禹偁上疏请求"移近乡园,少得俸入,乐病亲,聚穷族",并致书李宗谔乞为之助力。(卷十八《与李宗谔书》,参见卷八《得昭文李学士书,报以二绝》)

是春,禹偁有《读汉文纪》诗云:"西汉十二帝,孝文最称贤。百金惜人力,露台草芊眠。千里却骏骨,鸾旗影迁延。上林慎夫人,衣短无花钿。细柳周将军,不拜容橐鞬。霸业固以盛,帝道或未全。贾生多谪宦,邓通终铸钱。谩道膝前席,不如衣后穿。使我千古下,览

之一泫然。赖有佞幸传,贤哉司马迁。"(卷三)可见禹偁以贾谊自况其处境。

王禹偁闻孙何得状元,甚喜,寄诗贺之曰:"昨朝邸吏报商山,闻道孙生得状元。为贺圣朝文物盛,喜于初入紫微垣。"(卷八《闻进士孙何及第因寄》)

三月或稍后,禹偁撰成《次韵和仲咸感怀贻道友二首》云:"莫道穷通事若何,遇花逢酒且狂歌。人情易逐炎凉改,官路难防陷阱多。只合收心抛世网,不须推命说天罗。如今玉石休分别,免被无辜刖卞和。""好齐生死与穷通,古往今来事略同。轩后谩留烧药鼎,汉皇虚筑望仙宫。鉴中容鬓看看老,梦里荣枯旋旋空。不逐冥鸿天外去,可怜焦烂扑灯虫。"(《外集》卷七)语多悲观消沉,于世态炎凉,宦途坎坷,感触颇深。又有《谪居》诗云:"亲老复婴孩,吾生自可哀。无田得归去,有俸是嗟来。直道虽已矣,壮心犹在哉!端居寡俦侣,怀抱向谁开?"(《小畜集》卷八)失意惆怅之中,尚露振作情绪。

五月己亥,颁行印本《太平圣惠方》一百卷。每州择明医术者一人补医博士,令掌之。听吏民传写。(《长编》卷三三,《宋大诏令集》卷一二九)是书乃太平兴国三年下诏命医官各上家传方书,由王怀隐、王祐、郑彦、陈昭遇校正编类。(《郡斋读书后志》袁本卷二,《书录解题》卷十三。下诏时间据《玉海》卷六三)

　　按:郑彦,《宋史·方技·王怀隐传》作"郑奇",误。

五月丁未,知陈州田锡责授海州团练副使。(《宋大诏令集》卷二○三)王禹偁曾撰诗寄之。(《小畜集》卷九《寄海州副使田舍人》)

五月,左千牛卫上将军曹翰卒,年六十九。(《宋史》本传,《宋会要辑稿》礼四四之十三)王禹偁为之撰《金吾》诗,记述其平生作尽坏事,

"所在肆贪残，乘时恃勋伐。皇家平金陵，九江聚遗孽。弥年城乃陷^①，不使鸡犬活。老小数千人^②，一怒尽流血"。而曹翰以富贵寿考终，"晚年得执金^③，富贵居朝阙。娱乐有清商，康强无白发。享年六十九，固不为夭折。……子孙十数人，解珮就衰绖。赠典颇优崇，视朝为之辍"。并借此事力辟佛教因果报应说之虚妄，"哀荣既如是，报应何足说？……福善与祸淫，斯言仅虚设"。(《小畜集》卷四)禹偁身为宋臣，敢于揭露其皇家大将屠城之暴行，殊属难能可贵！

五月甲寅，诏增修秘阁。先是(端拱元年五月)，度崇文院之中堂为秘阁之址，而层宇未立，书籍止置偏厅庑内。至是始修之。八月壬戌朔，秘阁成。(《麟台故事》卷一《沿革》，《长编》卷三三)内诸司舍屋，惟秘阁最宏壮。阁下穹隆高敞，相传谓之"木天"。(《梦溪笔谈》卷二四)

七月，王禹偁撰《七夕》诗，有"去年七月七，直庐闲独坐。西日下紫微(明钞本作'垣')，东窗晕青琐。露柳蜩忽鸣，风帘燕频过"之句(《小畜集》卷三)，造语甚工，颇富画意。

七月乙巳(十四日)，太师赵普卒，年七十一。太宗为之撰神道碑(《长编》卷三三，《宋朝事实》卷三《御制》条)。王禹偁撰挽歌十首以悼之，其十有云："商山副使偏垂泪，未报当年国士知。"(《小畜集》卷九)

按：《宋史·太宗纪》系赵普卒于七月己酉，误。己酉，十八日，太宗始闻讣也。

七月，禹偁赋《新秋即事三首》，有句云："宦途流落似长沙，赖有

① 曹翰围江州凡五月而陷，见《宋史·曹翰传》，《长编》卷十七开宝九年四月条。
② 《长编》卷十七作"数万人"。
③ 执金指判金吾街仗司事。

诗情遣岁华。"（卷九）以诗消遣谪居岁月，并自许生平似贾谊。（参阅卷九《自咏》《春郊独步》，卷十《偶题三首》之一）

先是，起居舍人、陕西转运使宋维翰奏种放隐居终南，乞量才录用。（卷三《酬种放征君一百韵》，而《长编》卷三三作"宋维幹"，夏竦《文庄集》卷二、《宋史·种放传》作"宋惟幹"）八月，诏征之，放辞以疾，不至。放七岁能属文，与其母偕隐终南山豹林谷中，结草茅为庐，以进习为业，学者多从之，得束脩以养母。（《宋会要辑稿》选举三四之三二，《长编》卷三三，《事实类苑》卷四二引《杨文公谈苑》）是年，王禹偁有诗三首赠种放。（《小畜集》卷九）种放亦以诗报之。明年秋，禹偁自解州还京师，又撰成《酬种放征君一百韵》，诗中叙及年来谪官狼狈情状，并申述当时感触，有云："行年过半世，功业欠圭勺。无术铸五兵，使民兴钱镈。无材统六师，逐寇开沙漠。空言说王道，肆目看人瘼。多惭指佞草，虚效倾心藿。一览大雅文，起予亦何博。况兹山野性，谟画昧方略。搔首谢朝簪，行将返耕凿。"（卷三）

王禹偁谪官商州后，尝云："予自谪居，多看白公诗。"又云："前赋《春居杂兴》诗二首，间半岁，不复省视，因长男嘉祐读《杜工部集》，见语意颇有相类者，咎于予，且意予窃之也。予喜而作诗，聊以自贺。"诗曰："命屈由来道日新，诗家权柄敌陶钧。任无功业调金鼎，且有篇章到古人。本与乐天为后进，敢期子美是前身。从今莫厌闲官职，主管风骚胜要津。"（卷九）其爱慕子美、乐天之诗歌，情见乎辞！此后，学杜诗更为用心。

八月，商州团练使翟守素卒，禹偁为赋挽歌三首。（卷九）明年四月，禹偁为撰墓志铭。（卷二九）

八月，王禹偁作《村行》诗一首云："马穿山径菊初黄，信马悠悠野兴长。万壑有声含晚籁，数峰无语立斜阳。棠梨叶落胭脂色，荞麦花开白雪香。何事吟余忽惆怅，村桥原树似吾乡。"（卷九）写景抒情，引人入胜！

　　九月，商州通判冯伉始受命为知州。（卷九《仲咸就加郡印，因以四韵贺而勉之》，卷十八《与冯伉书》，卷二十《商於驿记后序》《冯氏家集前序》，《外集》卷七《知州厅杏花昨日烂漫，……戏题二韵》）唐末以来百余年间，商州无文臣为刺史者。（《小畜集》卷八《登郡南楼望山，感而有作》）有之，自冯伉始。冯伉邀王禹偁移居副使官舍。（《外集》卷七《移入官舍，偶题四韵呈仲咸》）

　　九月己未，太宗幸新修秘阁。太宗登阁观群书整齐，喜形于色，谓侍臣曰："丧乱以来，经籍散失，周孔之教将坠于地。朕即位之后，多方收拾，抄写购募，今方及数万卷，千古治乱之道并在其中矣。"即召侍臣赐座命酒，仍召三馆学士预焉。（《事实类苑》卷二引《蓬山志》，《长编》卷三三）

　　是年，商州多灾。七月，禹偁赋《雷》诗有云："商山春夏旱，旱雷不降雨。及秋又霖霪，雷声时一举。"（《小畜集》卷六）九月，禹偁赋《自嘲》诗云："三月降霜花木死，九秋飞雪麦禾灾。虫蝗水旱霖霪雨，尽逐商山副使来。"（卷九）《秋霖》诗有云："秋霖过百日，岁望终何如？……时政苟云失，生民亦何辜？""山云百日雨，山水十丈波。田畴与道路，一夕成江河。巨石大于瓮，吹转如蓬窠。夏旱既损麦，秋潦复无禾。津梁尽倾坏，商贩绝经过。斗米二百金，吾生将奈何！"（卷六）冬间，又有《蔬食示舍弟禹圭并〔长子〕嘉祐》诗，教勉子弟节俭度凶岁。诗云："吾为士大夫，汝为隶子弟。身未列官常，庶人亦何异？无故不食珍，礼文明所记。况非膏粱家，左宦乏资费。商山复水旱，谷价方腾贵。更恐到前春①，藜藿亦不继。吾闻柳公绰，近代居贵位。每逢水旱年，所食唯一器。丰稔即加笾，列鼎又何愧？且吾官冗

────────

①　前春，他本皆作"明春"。似以"前春"为胜。参卷十《赋得纸送朱严》诗，有"前春悬作榜，应见淡书名"之句。

散，适为时所弃。汝家本寒贱，自昔无生计。菜茹各须甘，努力度凶岁。"（卷三）

十二月，王禹偁撰《感流亡》诗，揭露农民悲惨境遇，并深自鞭策。诗云："谪居岁云暮，晨起厨无烟。赖有可爱日，悬在南荣边。高舂已数丈，和暖如春天。门临商於路，有客憩檐前。老翁与病妪，头鬓①皆皤然。呱呱三儿泣，茕茕一夫鳏。道粮无斗粟，路费无百钱。聚头未有食，颜色颇饥寒。试问何许人，答云家长安。去年关辅旱，逐熟入穰川。妇死埋异乡，客贫思故园。故园虽孔迩，秦岭隔蓝关。山深号六里，路峻名七盘。襁负且乞丐，冻馁复险艰。唯愁大雨雪②，僵死山谷间。我闻斯人语，倚户独长叹（原注：平声）。尔为流亡客，我为冗散官。左宦无俸禄，奉亲乏甘鲜。因思筮仕来，倏忽过十年。峨冠蠹黔首，旅进长素餐。文翰皆徒尔，放逐固宜然。家贫与亲老，睹翁聊自宽。"（卷三）

按：淳化二年，陕西旱灾歉收，民多转徙，见《长编》卷三二、卷三四。禹偁诗中有"去年关辅旱"句，推知该诗撰于淳化三年。又诗中有"因思筮仕来，倏忽过十年"句，自太平兴国八年（983）迄今冬十二月，首尾十年。

又有《竹䶅》诗，以刺当时官吏。诗云："商岭多修篁，苍翠连山谷。有鼠生其中，荐食无厌足。春笋啮生犀，秋筠折寒玉。饫饱致肥腯，优游恣蕃育。林密鸢不攫，穴深犬难逐。凤凰饿欲死，彼实无一掬。唯此竹间䶅，琅玕长满腹。暖戏绿丛阴，举头傲鸿鹄。不知商山民，爱尔

① 头鬓，明钞本作"鬓发"。
② 大雨雪，文渊阁《四库全书》影印本作"天雨雪"。

身上肉。有铦利其锋，有锥铦于镞。开穴窜如囷，洞胸声似哭。膏血尚淋漓，携来入市鬻。竹也比贤良，鼠兮类盲俗。所食既非宜，所祸诚知速。吁嗟狡小人，乘时窃君禄。贵依社树神，俸盗太仓粟。笙簧佞舌鸣，药石嘉言伏。朝见秉大权，夕闻罹显戮。李斯具五刑，赵高夷三族。信有司杀者，在暗明于烛。彼狡勿害贤，彼鼠无食竹。"（卷三）

按：上引《感流亡》《竹䲜》诗以及端拱元年撰《对雪》诗、淳化四年撰《对雪示嘉祐》歌行，乃继承和发扬杜甫《三吏》《三别》与白居易《秦中吟》《新乐府》之现实主义精神，求诸宋人诗集中，诚未多见！

冬末，王禹偁撰《喜雪贻仲咸》诗云："半冬无雪懒吟诗，薄暮纷纷喜可知。衣上惹来看不足，竹边听处立多时。光迷曙色侵窗早，片舞寒空到地迟。今日使君吟望好，一车飞絮醉褰帷。"（卷九）禹偁以冬雪关系农事颇大，故喜作此诗贻知州冯伉。

禹偁到郡一年，唱和始及百首，编成《商於唱和集》一册。（《外集》卷七《仲咸以予编成〈商於唱和集〉，以二十韵相赠，依韵和之》诗自注）

按：清吴之振云："元之独开有宋风气，于是欧阳文忠得以承流接响。文忠之诗，雄深过于元之，然元之固其滥觞矣。"（《宋诗钞·小畜集钞序》）

元初方回云："宋刬五代旧习，诗有白（居易）体、昆体、晚唐体。白体如李文正（昉）、徐常侍昆仲（徐铉及弟锴）、王元之、王汉谋（奇）；昆体则有杨（亿）、刘（筠）《西昆集》传世，二宋（宋庠、宋祁兄弟）、张乖崖（咏）、钱僖公（惟演）、丁崖州（谓）皆是；

晚唐体则九僧①最逼真，寇莱公（准）、鲁三交②、林和靖（逋）、魏仲先父子（魏野及其子闲）、潘逍遥（阆）、赵清献（抃）之祖③。凡数十家，深涵茂育，气极势盛。"（《桐江续集》卷三二《送罗寿可诗序》）

　　陆游曰："祥符、天禧间，士之风节、文学名天下者，陕郊魏仲先、钱塘林君复，二人又皆工于诗。"（《渭南文集》卷三十《跋林和靖帖》）

　　《四库全书总目提要》载："《东观集》十卷，宋魏野撰。……野在宋初，其诗尚仍五代旧格，未能及林逋之超诣。"

　　杨亿《西昆酬唱集序》云："余景德中，忝佐修书之任，得接群公之游。时今紫微钱君希圣、秘阁刘君子仪，并负懿文，尤精雅道，雕章丽句，脍炙人口。予得以游其墙藩，而咨其模楷。二君成人之美，不我遐弃，博约诱掖，置之同声，因以历览遗编，研味前作，挹其芳润，发于希慕，更迭唱和，互相切劘。……凡五七言律诗二百有五十章④，其属而和者计十有五人⑤，析为二卷，取玉山策

---

①　宋初九僧为淮南惠崇、剑南希昼、金华保暹、南越文兆、天台行肇、沃洲简长、青城惟凤、江东宇昭、峨眉怀古。见司马光《温公续诗话》及周辉《清波杂志》卷十一。而袁本《郡斋读书志》卷四下之下，惠崇作"惠业"，希昼作"希画"，宇昭作"牢昭"，皆误。

②　方回《瀛奎律髓》卷二八作"鲁交"，著有《三江集》。《皇朝文鉴》卷二一有鲁交诗。而元初刘壎《隐居通议》卷六《方紫阳序诗》误作"鲁三变"。

③　原作"赵清献之父"，今据《四库全书总目》卷一五二《南阳集提要》的引文改正。赵抃之祖名湘，衢州西安人，淳化三年孙何榜进士，有《南阳集》传世。

④　此据《粤雅堂丛书》本，而《四部丛刊》影印明嘉靖刊本作"二百四十七章"。今检集内上卷凡一百二十三首，下卷凡一百二十七首，共二百五十。又上卷《无题》三组九首多误为三首，少计六首，应予更正。又《四库全书总目提要》谓"上卷凡一百二十三首，下卷凡一百二十五首，而亿序称二百有五十首，不知何时佚二首"，亦误。

⑤　据《四部丛刊》影印明本，唱和诗人姓氏为杨亿、刘筠、钱惟演、李宗谔、陈越、李维、刘骘、丁谓、刁衎、张咏、钱惟济、任随、舒雅、晁迥、崔遵度、薛映、□秉。而《四库全书总目提要》以及其他各本《西昆酬唱集》皆作"刘秉"。今考刘秉其人，不见宋代史书。而《长编》卷四一及《宋史》卷三〇一《张秉传》载，太宗末年，张秉曾任知制诰。又据《长编》卷六八、卷七十，大中祥符元年三月到九月，张秉任给事中。又《宋诗纪事》卷六引晁说之《清风轩记》作"张秉"。疑刘秉应作张秉。

府之名,命之曰《西昆酬唱集》云。"

至于《西昆酬唱集》编定年代,据该集卷下有《戊申年七夕五绝》三组二十五首,戊申为大中祥符元年(1008)。又祥符二年正月庚午(十四日),真宗下诏禁文体浮艳,即针对《西昆酬唱集》而发(参见《宋大诏令集》卷一九一,《徂徕石先生文集》卷十九《祥符诏书记》,《渭南文集》卷三一《跋西昆酬唱集》),故推知此集编定于大中祥符元年秋冬之间。

《蔡宽夫诗话》云:"国初沿袭五代之余,士大夫皆宗白乐天诗,故王黄州主盟一时。祥符、天禧之间,杨文公、刘中山、钱思公专喜李义山,故昆体之作,翕然一变。"(胡仔《苕溪渔隐丛话》前集卷二二《西昆体》条引)

欧阳修云:"杨大年与钱、刘数公唱和,自《西昆集》出,时人争效之,诗体一变。而先生老辈患其多用故事,至于语僻难晓,殊不知自是学者之弊。"(《欧阳文忠公集》卷一二八《诗话》)

《临汉隐居诗话》云:"杨亿、刘筠作诗务积故实,而语意轻浅。一时慕之,号西昆体,识者病之。"

是年,禹偁撰成《厄言日出赋》。其后汇集所作之赋为一卷,名曰《律赋》,并序之云:"禹偁志学之年,秉笔为赋,逮乎策名,不下数百首,鄙其小道,未尝辄留。秋赋春闱,粗有警策,用能首冠多士,声闻于时。然试罢即为同人掠夺其草,于今莫有存者。淳化中,谪官上洛。明年,太宗试进士,其题曰:'厄言日出。'有传至商山者,骇其题之异且难也,因赋一篇。今求向所存者,得数十纸,焚弃之外,以十章列为一卷,仍以厄言为首,尊御题也。"其中《天道如张弓赋》略云:"尝观上玄之理,与张弓兮匪异,损有余以示诫,补不足而平施。……又尝观上圣之姿,法天道兮辑熙,令先禁于强暴,心不忘于茕嫠。……天道远,人道迩,非裨灶之能量。是以君者抚其弱,抑其强。"又《君者以百姓为天赋》略云:"勿谓乎天之在上,能覆于人;勿谓乎人之在下,不覆于君。政或施焉,乃咈违于民意;民斯叛矣,同谪见于天文。在乎观百姓之劳逸,岂止仰一气之绷缊而已哉!……善化民者以天为则,善知天者以民为先。"(《小畜集》卷二)

是年,禹偁之旧同僚前平江军节度推官康怀圭以其父延泽之命,请为之预撰神道碑。(卷二八)

是年,友人臧丙卒,禹偁为之撰墓志铭。(卷二八)早岁,臧丙尝致书柳开问学,柳开有答书三篇,尚存《河东先生集》卷六中。

是年,静难军节度行军司马徐铉卒。(《徐公文集》附录《徐公墓志铭》)

是年,西川路荣州、戎州、资州、富顺监地区农民举行起义。明年,王尽复起荣、资。(《宋史·卢斌传》)是为王小波、李顺起义之前奏。

〔编年文〕

《厄言日出赋》(《小畜集》卷二),《济州龙泉寺修三门记》《商州福寿寺天王殿碑》(卷十六),《与李宗谔书》《答黄宗旦书之一》(卷十八),《冯氏家集前序》《商於驿记后序》(卷二十),《谢圣惠方表》(卷二四,代赵普作),《前普州刺史康公预撰神道碑》《谏议大夫臧公墓志铭》(卷二八),《郑渠铭》(《五百家播芳大全文粹》卷一二五)。

按:臧丙墓志或作于是年之后。

〔编年诗〕

《寄献鄜州行军司马宋侍郎(白)》《七夕》《读汉文纪》《合崖湫》《吾志》《携稚子东园刈菜,因书触目,兼寄均州宋四阁长(浞)》《四皓庙二首》《感流亡》《竹䫋》《观邻家园中种黍示嘉祐》《蔬食示舍弟禹圭并嘉祐》(《小畜集》卷三),《怀贤诗》《五哀诗》《金吾》(卷四),《雷》《秋霖二首》(卷六),《谪居感事一百六十韵》《元日作》、《急就章》《御书钱》《上元夜作》《仙娥峰》《游仙娥峰后戏题》《上寺留题》《游四皓庙》《商山十二韵》《丹水十二韵》《商山海棠》、《翰林毕学士寄示医瘿药方,因题四韵,兼简两制诸知》《内翰毕学士(士安)、外制柴舍人(成务),故兵部阁老王公(祜)之门生,又与第五厅舍人(旦)同在两制,追思余庆,因赋短章,寄于三君子》《贺柴舍人(成务)新入西掖》《岁除日,同年冯中允携觞见访,因而沉醉,病酒三日,醒而偶题》《得昭文李学士(宗谔)书,报以二绝》《南静川野桃花下独酌,因简同年冯中允》《放言》《寄献仆射相公(李昉)二首》《寄冯舍人(起)》《回襄阳周奉礼同年,因题纸尾》《清明日独酌》《寒食》《春日登楼》《山僧雨中送牡丹》《春居杂兴二首》《登郡南楼望山,感而有作》《读史记列传》《睡十二韵》《送秦供奉(羲)自商州使鄂渚》(参阅《宋史》本传,《小畜集》卷二九《右卫将军秦公(承裕)墓志铭》)、《闻进士孙何及第因寄》《哭同年罗著作(处约)三首》《西晖亭》《谪居》《道服》《寄题洛南秦供奉(羲)新楼》《独酌自吟拙诗次,吏报转运使到郡,戏而有作》(以上卷八),《太师中书令魏国公册赠尚书令追封真定王赵(讳普)挽歌十首》《和仲咸诗六首》《寄海州副使田舍人(锡)》《恭闻种山人(放)表谢急征,不违荣侍,因成拙句,仰纪高风》《再赋二章,一以颂高人之风,一以伸俗吏之意》《五更睡》《自咏》《遣兴》《夏云》《丹河闲步》《新秋即事三首》《秋居幽兴三首》《前赋〈春居杂兴〉诗二首,间半岁,不复省视,因长男嘉祐读〈杜工部集〉,见语意颇有相类者,咎于予,且意予窃之也。予喜而作诗,聊以自贺》《翟使君(守素)挽歌三首》《村行》《淳化二年八月晦日,夜梦于上前赋诗,即寤,唯省一句云:"九日山州见菊花。"间一日,有商於贰车之命。实以十月三日到郡,重阳已过,残菊尚多,意梦已征矣。今忽然一岁，又逼登高，追续前诗句，因成四韵》《仲咸就加郡印，因以四韵贺而勉之》《自嘲》《雪霁霜晴，独寻山径，菊花犹盛，感而赋诗》《寄丰阳喻长官（蟾）》《官舍竹》《雪夜看竹》《喜雪贻仲咸》（卷九），《和冯中允炉边偶作》《赋得南山行，送冯中允之辛谷冶按狱》《乌啄疮驴歌》（卷十二），《和仲咸除知郡后，雨中戏作见赠》《又和仲咸谑成口号以代优人之句》《移入官舍，偶题四韵，呈仲咸》《仲咸借予海鱼图，观罢有诗，因和》《赠商洛庞主簿①》《仲咸见予一百六十韵，〔赋〕诗相赠，因以四韵答之》《次韵和仲咸感怀贻道友二首》《问四皓》《代答》《和仲咸杏花三绝句》《知州厅杏花昨日烂漫，录事院今日零落，唯副使公署未开，戏题二韵》《放言诗》《海棠木瓜二绝句并序》《春居杂兴二首》《哭罗三》《仲咸以予编成〈商於唱和集〉，以二十韵诗相赠，依韵和之》《仲咸以一秋苦雨，两日忽晴，以四韵见寄，因次元韵，兼纾客情》《唱和暂停，霖淫复作，因书四韵呈仲咸，兼简宋从事》《次韵和仲咸送池秀才西游》《与方演寺丞觅盆池》（《外集》卷七），《正月尽偶题》《望熊耳山②》（《国学基本丛书》本《小畜外集》卷六）。

〔辑佚诗〕

赠种放处士

媒雉不诱凤，由鹿不致麟。终南有嘉士，天子不得臣。板舆入穷谷，同隐之推亲。种木山之阿，采兰涧之滨。务本不务末，求力不求人。至孝在尽欢，饮水犹欣欣。富贵不以道，列鼎奚足云？行是有余力，稽古且学文。稽古不为禄，学问非饰身。立言复垂教，杨孟时有伦。我生落世网，碌碌随搢绅。直躬多龃龉，左官苦漂沦。妻孥困斗粟，亲老无重茵。入山非隐遁，去国颇悲辛。犹顾贰车禄，縻絷丹河

---

①　庞主簿名格，系仁宗皇祐年间宰相庞籍之父。见《温国文正司马公文集》卷六四《王内翰赠商洛庞主簿诗后序》。

②　熊耳山在商州城西五十里。此诗当撰于商州任内，姑系于是年。

滨。羡君脱羁鞅,生计在水云。羡君遗荣利,居处绝嚣尘。躬耕方肯食,恐蠹力稼民。学优终不仕,孰为观国宾? 去去谢桂籍[①],行行避蒲轮。巢由自高尚,尧舜徒圣神。况我蜉蝣辈,敢希鸾凤群? 犹期不远复,一问迷途津。他年解郡职,愿许我为邻。

　　(《永乐大典》卷一三四五〇,页十三上引《小畜〔外〕集》)

　　　按:撰作年代,据《长编》卷三三及《小畜集》卷九所录禹偁赠种放诗三首推定。

淳化四年癸巳(993)　四十岁

　　正月辛卯,合祭天地于圜丘,以宣祖、太祖升配,大赦天下。(《长编》卷三四)此即"南郊大礼"。王禹偁撰成《南郊大礼诗十首》,其中有"凤阁旧臣期赦宥,免教长似触藩羝"及"迁客生还知有望""全家潜望日边归"等句。(《小畜集》卷九)

　　二月壬戌,开封一带雨雪,大寒。(《宋史·太宗纪》)是月,商州大雪,民多冻死。(《通考·物异考十一》)

　　初,西川永康军青城县(今四川灌县东南)民王小波聚众起义,谓其众曰:"吾疾贫富不均,今为汝辈均之。"附者益众,遂攻下青城县。是年二月,南出攻取眉州彭山县,杀死县令齐元振,散府库金帛。(《东都事略·太宗纪》,《续资治通鉴长编纪事本末》卷十三,《太平治迹统类》卷三《太宗平李顺》,《宋朝事实》卷十七,《宋史·太宗纪》,《宋史·樊知古传》)

　　　按:《隆平集》卷二十记载王小波起义始于淳化三年,与他书

----

　　① 开封府相国寺旁罗汉院内有桂籍堂,新赐第进士多聚集于此。(见《永乐大典》卷一三八二二页一下)

不同。淳化四年二月，义军已攻取彭山，故起义日期当以三年冬天
为近真。

三月壬子，诏权停贡举。(《长编》卷三四)

三月，王禹偁撰《日长简仲咸》诗，有"日长何计到黄昏，郡僻官闲
昼掩门。子美集开诗世界，伯阳书见道根源"句。(《小畜集》卷九)可
见当时王禹偁官闲无事，杜门读《杜甫诗集》与《老子道德经》。诗中
推崇子美开辟"诗世界"之功绩，可谓独具只眼。

四月，王禹偁因南郊大礼，随例量移解州团练副使，领全家赴任。
(《外集》卷七《盐池十八韵并序》，《小畜集》卷九《量移后自嘲》《量
移自解》《出商州有感》)

按：解州与商州同属陕西路，又名解梁，在今山西运城县和永
济县之间。解州辖解县、闻喜、安邑三县，见《宋史·地理志三》。

王禹偁离商州日，赋诗别知州冯伉云："二年商岭赖知音，惜别
难藏泪满襟。头白忽抛攀桂伴，道消休话拔茅心。科名偶得同年分，
交契都因谪宦深。唱和诗章收拾取，两家留与子孙吟。"(卷九《留
别仲咸》)

又有《别北窗竹》诗云："满窗疏韵伴吟声，别夜犹怜枕簟清。见说
解梁难种植，此君相别若为情。"禹偁喜以竹自况，去年冬曾撰《官舍
竹》诗云："谁种萧萧数百竿，伴吟偏称作闲官。不随夭艳争春色，独守
孤贞待岁寒。声拂琴床生雅趣，影侵棋局助清欢。明年纵便量移去，犹
得今冬雪里看。"(卷九)

按：唐时，黄河以北尚有竹子。北宋初期，紧邻黄河北岸之解州

已难种植。今日北方,竹子早已几乎绝迹。此乃古今气候变化故也。

又撰《量移后自嘲》云:"可怜踪迹转如蓬,随例新移近陕东。便似人家养鹦鹉,旧笼腾倒入新笼。"(卷九)倾吐为官不自由之心情!

禹偁在商山二年,为一生中作诗数量最多、质量最佳之时期,曾有"新文自负山中集"之句。(卷十《幕次闲吟五首》)

禹偁道出阌乡县,撰《留题陶氏林亭》诗,其中有"何事阌乡住三日,吟情难舍竹边池"之句。(卷九)可见宋初紧邻黄河南岸之阌乡尚有竹子。

禹偁在商州,潘阆曾自京城寄赠白银。禹偁于赴解州途中赋诗寄之。(卷九《寄潘处士》)过陕州时,通判孙何殷勤接待,留三宿,与之同游南溪。禹偁抵解州后,曾有古调长诗寄赠。诗中兼及田锡事云:"近闻田紫微,涟水许就俸(自注:田舍人量移单州,表乞就涟水居,诏许之)。援例苟得请,申湖当入用。终老占溪居,卧看秋泉涌。"(卷三《寄题陕府南溪》)可知禹偁尝有终老南溪(别名申湖)之意。

　　按:孙何通判陕州,见《宋史·孙何传》。又洪迈云:"陕州无府额,而守臣曰'知陕州军府事',法令行移,亦曰'陕府'。"见《容斋随笔》卷四《府名军额》条。

禹偁抵解州后,领盐池事、太常博士王侗邀之游盐池。解州有解县、安邑两盐池,垦地为畦,引池水沃之,谓之种盐,水耗则盐成。禹偁以盐池之大,古今名人奇士游者甚多,然竟无一辞以纪胜概,遂发愤作《盐池十八韵》一首。(《外集》卷七,《宋史·食货志下三》)

先是,宰相李昉录与秘书监李至唱和诗,目为《二李唱和集》。五月十五日,李昉为该集作序。(近人罗振玉刊《宸翰楼丛书》引《二李

唱和集序》)

六月丙寅,张齐贤罢相。(《宋大诏令集》卷六五)

时,左司谏吕文仲巡抚陕西,王禹偁因吕文仲疏言父老,求徙东土。太宗即召之还朝。八月己卯,授禹偁左正言。太宗谓宰相曰:"禹偁文章,独步当世;然赋性刚直,不能容物。卿等宜召而戒之。"(《长编》卷三四,《涑水记闻》卷二、卷三,《小畜集》卷九《送巡抚侍读吕司谏》)

秋间,王禹偁赋《览照》诗,有云:"贫久心还乐,吟多骨亦清。他年文苑传,应不漏吾名。"(《小畜集》卷十)深信所撰诗文定能流传后世。

是秋,自七月初雨,至九月秒不止,京城朱雀、崇明门外,积水尤甚,往来浮罂筏以济。壁全庐舍多坏,民有压死者,物价涌贵,近甸秋稼多败,流移甚众。陈、颍、宋、亳间,"盗贼"群起,商旅不行。(《长编》卷三四)

秋间,汝州团练副使宋湜亦与王禹偁并召入,为礼部员外郎。(《宋史·宋湜传》,《小畜集》卷十《赠礼部宋员外阁老》)同时,宋白亦召还为卫尉寺卿。(《小畜集》卷十《赠卫尉宋卿》)

十月辛未,李昉罢相,复以吕蒙正为相,以苏易简为参知政事。(《长编》卷三四)

十月壬申,左谏议大夫寇准出知青州。(《长编》卷三四)王禹偁赠诗有云:"征还都几日,莫爱妓娉婷。"(《小畜集》卷十《送寇谏议赴青州》)

先是,太宗诏翰林学士承旨苏易简与僧赞宁、道士韩德纯分撰三教圣贤事迹,各五十卷。是年秋天,赞宁撰成《鹭岭圣贤录》,又集《圣贤事迹》凡一百卷,上之于朝。制署赞宁为左街讲经首座。十月,王禹偁赋诗以赠。(卷十《宁公新拜首座因赠》,卷二十《左街僧录通惠大师文集序》)

　　按：宋敏求云："太宗……诏翰林承旨苏公易简、道士韩德纯、僧赞宁集三教圣贤事迹，各五十卷。书成，命赞宁为首坐，其书不传。"(《春明退朝录》卷下）

　　初冬，王禹偁撰成《幕次闲吟》五首，多牢骚语，如云："禁漏迟迟待玉班，坐愁身计忽长叹。时清偶直千载运，头白重为八品官。"又云："六里山中谪宦身，归来无路掌丝纶。阶前不见朱衣吏，堂上空辞白发亲。月入可堪茶作俸，雨多还怯桂为薪。懒求郡印缘何事，曾忝西垣侍从臣。"(卷十）

　　按：八品官指左正言之官阶，茶作俸指谪官商州团练副使时之俸禄。

　　十一月八日，王禹偁、宋湜均兼直昭文馆。(《长编》卷三五，《宋会要辑稿》选举三三之一）不久，禹偁上《陈情表》，略云："臣近自冗员，再叨谏署。……亲寄解梁，身趣①魏阙。四海无立锥之地，一家有悬磬之忧。以至仆马龙钟，杂于工祝。弟兄分散，迫于饥寒。若非内受职名，赐之实俸，外求差使，以救食贫，则曷以养高堂垂白之亲，备上国燃金之费？望云就日，非无恋阙之心；玉粒桂薪，未有住京之计。伏望皇帝陛下，念臣过而能改，进不因人。或西垣再命于演纶，或东鲁且令于承乏。唯中外之二任，系君亲之一言。"(《小畜集》卷二一，时间据《涑水记闻》卷三引《神道碑》）请求太宗任命他为知制诰或东鲁（今山东）一知州，以救家室之饥寒。从表文中，得悉禹偁虽为官多年，迄无立锥之地。

----

　　① 趣，别本作趋，义同。

冬末，王禹偁撰《对雪示嘉祐》歌行云："去年看雪在商州，使君命我山寺头。峰峦草树六百里，饥鼯冻鸟声啾啾。山城穷陋无妓乐，何以销得骚人愁？抱瓶自泻不待劝，乘兴一引连十瓯。晚归上马颇自适，狂吟醉舞夜不休。

"今年看雪在帝里，瑶台琼树佳气浮。朝回揽辔聊四望，移下五城十二楼。樽中有酒翻不饮，郁郁不快非怨尤。吾儿娇呆未晓事，问我胡不私献酬。因令把笔写我意，为渠吟作雪中讴。

"昔为副使不理事，待罪且免忧人忧。今为谏官非冗长，拾遗三馆俸入优。秋来连澍百日雨，禾黍漂溺多不收。如今行潦占南亩，农夫失望无来牟。尔看门外饥饿者，往往僵殍填渠沟。

"峨冠旅进又旅退，曾无一事裨皇猷。俸钱一月数家赋，朝衣一袭几人裘。安边不学赵充国，富民不作田千秋。胡为碌碌事文笔，歌时颂圣如俳优。

"一家衣食仰在我，纵得饱暖如狗偷。况我眼昏头渐白，安能隐几勤校雠？何时提汝归田去，卖马可易数只牛。深耕浅种苟自给，藜羹豆粥充饥喉。

"黍畦锄理学元亮，瓜田浇灌师秦侯。素飧免作疲人蠹，开卷免对古人羞。未行此志吾戚戚，对酒不饮抑有由。斯言不敢向人道，语尔小子为贻谋。"（《小畜集》卷十二）

按：真宗大中祥符五年（1012），正言月俸铜钱二万文，见《宋大诏令集》卷一七八《定百官俸诏》及《宋史·职官志十一》。咸平六年（1003），"张咏在蜀时，米斗三十六文，绢匹三百文"。（范镇《东斋记事》卷四，时间据《长编》卷五四）月俸外，又春、冬赐衣各绢十匹，冬绵三十两，春加罗一匹。见《宋会要辑稿》职官五七之五。

是冬，东西两川旱，民饥。（《乖崖先生文集》附录《张公神道碑》）

十二月戊申，西川都巡检使张玘与王小波战于江（原）〔源〕县，死之。小波中流矢死，众推其党李顺为帅。（《宋史·太宗纪》，县名据《元丰九域志》卷七，《隆平集》卷一《郡县》，《朝野杂记》乙集卷八《孙岩老樊允南恬退》条、卷十《淳熙至嘉定蜀帅荐士总记》条改）李顺攻克蜀州、邛州、永康军、双流县、新津县、温江县、郫县等地。（《东都事略·太宗纪》，《宋史·樊知古传》）

〔编年文〕

《记蜂》（《小畜集》卷十四，确年未详，当撰于谪官商州时），《故商州团练使翟公墓志铭》（卷二九），《代吕相公（蒙正）辞起复第二表》（卷二四，十月撰），《回司空相公（李昉）谢官启》（卷二五，十月撰。参见卷十《司空相公挽歌》，《宋史·宰辅表》），《陈情表》（卷二一）。

〔编年诗〕

《赠刘仲堪》（《小畜集》卷四，今年春或去年在商州作），《次韵和仲咸对雪散吟三十韵》《仲咸因春游商山下，得三怪石，辇致郡斋，甚有幽趣，序其始末，题六十韵见示，依韵和之》《酬仲咸雪霁春融偶题见寄之什》（《外集》卷七，春天在商州作）。

　　按：《对雪散吟三十韵》有“飘逐使君车”句，使君乃指商州知州冯伉，伉任知州始于淳化三年九月。又诗中有“静对春天雪”句，故断定撰于淳化四年初春。

《南郊大礼诗十首》《赋得腊雪连春雪》《立春日细雨》《霁后望山中春雪》《闲居》《有怀戚二仲言（纶）同年》《春郊寓目》《杏花七首》《寄陕府通判孙状元何，兼简令弟秀才仅》《日长简仲咸》《春郊独步》《种菜了雨下》《偶置小园，因题二首》《戏从丰阳喻长官觅笋》《三月二十七日偶作,简仲咸》《送巡抚侍读吕司谏(文仲)》《别商山》《别丹水》《别四皓庙》《别仙娥峰》《别北窗竹》《别堂后海棠》《量移后自嘲》《量移自解》《留别仲咸二首》(《小畜集》卷九,春天至初夏在商州作)。

《出商州有感》《阌乡县留题陶氏林亭》《寄潘处士(阆)》《将及陕郊,先寄孙状元》《甘棠即事,简孙何》(卷九,赴解州途中作)。

《解梁官舍》《中条山》《五老峰》《樱桃》《赠朗上人》(卷九,夏间在解州作)。《寄题陕府南溪,兼简孙何兄弟》(卷三,六月在解州作)。

《和安邑刘宰君见赠》《朗上人见访,复谒不遇,留刺而还,有诗见谢,依韵和答》《次韵和朗公见赠》《盐池十八韵并序》(《外集》卷七,夏天在解州作)。

《酬种放征君一百韵》(《小畜集》卷三,秋天自解州召还京师,任左正言时作)。《再授小谏,偶书所怀》《赠礼部宋员外阁老(湜)》、《自宽》《赠卫尉宋卿二十二丈(白)二首》《送融州任巽户曹》《寄商州冯十八仲咸同年》《送史馆学士杨亿闽中迎侍》(杨亿撰《池亭诗序》云:"予淳化四年由书殿得告归迎版舆。"见《武夷新集》卷七)、《览照》《送寇谏议(准)赴青州》《宁公(僧赞宁)新拜首座因赠》、《寿宁节祝圣寿十首》《幕次闲吟五首》(以上卷十,秋冬间作)。

《送冯尊师》(卷四,秋冬间作)。《对雪示嘉祐》(卷十二)。

淳化五年甲午(994) 四十一岁

正月,李顺攻占成都,号大蜀王,改元应运。(《长编》卷三五)其后,咸平四年,知益州雷有终、转运使马亮等上言:"本州顷岁李顺之乱,贼自外攻,即日而陷,此城池颓圮之致也。"(《长编》卷四八)

正月,诏王禹偁赴曹州(今山东菏泽南)决狱。(《长编》卷三五)

正月癸酉，宋太宗命侍卫马军都指挥使①李继隆为河西兵马都部署，领兵进攻党项赵保吉，以惩其侵掠沿边诸地。不久，左正言、直昭文馆王禹偁在曹州上疏论事，云："伏睹国家出偏师讨李继迁（即赵保吉），臣有便宜，比欲论奏，忽奉差使，仍放朝辞。奔命以来，在公少暇，必料天威大振，逆竖已擒，尚恐稽诛，敢伸前志。臣淳化二年任商州团练副使之日，故团练使翟守素两曾夏州驻泊，因与臣同看报状，伏见李继迁进奉事。是时，臣离阙下才是数月，守素因问臣云：'继迁几时有银州观察使之命？'臣遂言：'七月间在中书当直，曾除此官，兼赐改姓名，恩渥优异。'守素言：'此贼未是由衷，必恐终怀反侧。'又言：'继迁曾被左右暗箭射之，横贯于鼻，偶然不死，今面上疮痕尚存。'臣自闻此语，常贮于心，以为此贼不必劳力而诛，自可用计而取。况讨伐之义，权变为先，引古证今，取则不远。汉光武时，彭宠据有渔阳，攻伐未下，家奴窃发肘腋，斩首而来。唐元和中，李师道父子盗据全齐四五十年，倔强难制，其裨将刘悟②倒戈攻城，遂至族灭。近代梁太祖时，刘知俊兄弟以同州叛入李茂贞，梁祖下诏曰：'有捉得知俊者，赏钱一万贯，与节度使；得其弟者，赏钱五千贯，与刺史。'一月之间，生擒其弟。谚云：'重赏之下，必有勇夫。'兵法曰：'使贪使愚。'言贪者利其财，愚者不计其死也。今继迁本是匹夫，偷生假息，苦无财利以结人心。伏望圣慈察臣愚见，明数罪恶，晓谕蕃戎及部下逼胁之徒、边上骁雄之士，多署赏赐，高与官资，但如梁太祖捉刘知俊兄弟，信赏必行，使左右生心，蕃戎并力，继迁身首不枭即擒。恐小蕃力所不加，则少以官军应接，何必苦烦睿略，多举王师！且自陕以西，岁非大稔，加之馈饷，转恐凋残。河北虽是丰登，须修边备。况此贼通连北（敌）〔虏〕，朝廷具知，周亚

---

① 今本《长编》著录李继隆军职为"侍卫马步军都指挥使"，误衍"步"字，今据《宋会要辑稿》兵八之十八及《宋史》卷五《太宗纪》删去。

② 原误为"窹"，今据《资治通鉴》卷二四一改正。

夫所谓击东南而备西北,正在此时也。不可忿兹小竖,弗顾远图。臣本自草莱,擢居台阁,虽罹谴放,寻沐甄收。每欲酬恩,恨无死所,智小谋大,惟俟诛夷,报国捐躯,岂复顾虑!"(《长编》卷三五)

此疏上后,"寝而不报"。(《皇朝文鉴》卷四二,王禹偁《应诏言事疏》中语,见本编年至道三年条)

三月乙亥,赵保忠为赵保吉所袭,奔还夏州,保忠部下指挥使赵光嗣执之,幽于别所。丁丑,光嗣开门纳宋师。李继隆入夏州,擒保忠,槛车送汴京。保吉引众遁。四月,削保吉所赐姓名,复为李继迁。(《长编》卷三五,《宋史·太宗纪》,参阅《梦溪笔谈》卷十三《权智》)

三月九日,王禹偁决狱曹州时,又奉敕就差知单州军州事,赐钱三十万文。十七日抵任,郡人多出城迎接,禹偁深为感动,赋诗云:"旧官休念直承明,就养谁能系宦情?蓝绶昔年为短簿,彩衣今日是专城。姁人半在登楼看,亲老初来满郡迎。慢逐板舆张皂盖,平生唯有此时荣。"禹偁留单州十五日。四月,召还京师为礼部员外郎,再知制诰。(《长编》卷三五,《宋史·王禹偁传》,《小畜集》卷二一《单州谢上表》,卷十《初上单州有作》,卷二五《谢除礼部员外郎知制诰启》)是时,禹偁兴致甚浓,在《送秘阁裴都监奉使两浙》诗中有句云:"若到苏台人问我,长官重拜紫微郎。"(卷十)

> 按:单州又称上砀郡,辖单父、砀山、成武、鱼台四县。见《宋史·地理志一》。员外郎为六品官。

后来,丁谓谈及王禹偁在知制诰任内轶事云:"王二丈禹偁,忽一日,阁中商较元和、长庆中名贤所行诏诰有胜于《尚书》者,众皆惊而请益之。曰:'只如元稹行《牛元翼制》云:"杀人盈城,汝当深诫。孥戮示众,朕不忍闻。"且《尚书》云:"不用命,戮于社。"又云:"予则挐戮汝。”以此方之，《书》不如矣。’其阅览精详也如此。众皆伏之。”
（《丁晋公谈录》）

　　　按：“阁中”乃指知制诰治事处所之纶阁中。禹偁先后三任知
　　制诰，此事确年未详，姑系于第二度任内。

　　春夏间，王禹偁荐同年进士戚纶之文行于翰林学士钱若水。秋天，
戚纶受命知温州永嘉县。（卷二五《荐戚纶，上翰林学士钱若水启》，卷
十《送戚殿丞之任括苍》自注）

　　四月癸未，以吏部侍郎兼秘书监李至、翰林学士、中书舍人张洎修
国史，及右谏议大夫、史馆修撰张佖、范杲同修太祖朝史。先是，太宗
语宰相曰：“太祖朝事，耳目相接，今《实录》中颇有漏略，可集史官重
撰。”因叹史官才难。参知政事苏易简对曰：“大凡史官宜去爱憎，猜嫌
无避。今人多不欲修史，盖善恶之间，惧其子孙之为仇隙。近代委学士
扈蒙修史，蒙性巽怯，逼于权势，多所讳避，甚非直笔。”太宗曰：“太祖
尽力周室，中外所知，及登大宝，非有意也。当时本末，史官所记，殊为
阙然，宜令至等别加缀辑。”故有是命。（《长编》卷三五，参校《宋会要
辑稿》职官十八之五七、运历一之二九，《麟台故事》卷三《国史》）

　　四月丙戌，史馆修撰张佖言：“史官之职，掌修国史，不虚美，不隐
恶。凡天地日月之祥，山川封域之分，昭穆继世之序，礼乐师旅之政，
本于起居注以为实录，然后立编年，示褒贬。伏睹圣朝编年，谓之日
历，惟纪报状，略叙敕文。至于圣政嘉言，皇猷美事，群臣之忠邪善恶，
庶务之沿革弛张，汗简无闻，国经曷纪？谨案《六典》故事，起居郎掌
修记事之史。凡记事，以事系日，以日系月，以月系时，以时系年；必书
其朔日甲乙以纪历数，典礼文物以考制度，迁拜旌赏以劝善，诛罚黜免
以惩恶；季终则授之国史。起居舍人掌修记言之史，录天子制诰德音，

如记事之制。臣欲请置起居院,复左右史之职,修集记录以为起居注,与时政记逐月终送史馆,以备修日历。"太宗览奏而嘉之,乃置起居院于禁中,命起居舍人、史馆修撰梁周翰掌起居郎事,秘书丞、直昭文馆李宗谔掌起居舍人事。(《长编》卷三五,参校《宋会要辑稿》职官二之十)

四月丁酉,掌起居郎事梁周翰等言:"请自今崇德殿、长春殿皇帝宣谕之言,侍臣论列之事,望依旧中书修为时政记;其枢密院事涉机密,亦令本院(指起居院)编纂,各至月终送史馆。自余百司,凡干封拜、除改、沿革、制置之事,悉条报本院,以备编修。仍令郎与舍人分直崇政殿,以记言动,别为起居注,每月先进御,后降付史馆。"从之。起居注进御,自周翰等始也。(《长编》卷三五,参校《宋会要辑稿》职官二之十一,《东都事略·梁周翰传》)

五月丁巳,宋师攻陷成都。李顺余部在张馀率领下复攻入嘉、戎、泸、渝、涪、忠、万、开八州。辛未,诏降成都府为益州。(《长编》卷三六,《宋史·太宗纪》)

五月壬申,以右仆射李昉为司空,致仕。(《长编》卷三六)

五月庚辰(二十九日),太宗亲书红绫扇,赐近臣各一。六月五日,王禹偁获得后,即上《谢赐御草书诗表》。(《小畜集》卷二一,《玉海》卷三三《淳化书红绫扇》条,《宋史·太宗纪》)

先是,李至以目疾辞史职,张佖亦以早事伪邦,不能通知宋朝故实辞。乃诏礼部侍郎宋白与翰林学士张洎同修国史。七月,洎等请降敕命,询问太祖朝薨卒勋臣子孙及门人故吏、知旧亲戚,并班行旧老能知先朝故实及周朝军中事者,并许尽言,令史官参校,不至缪戾者,书于国史。太宗从之。(《长编》卷三六)

七月二十日,将作监丞、通判陕州孙何召入直史馆。(《宋会要辑稿》选举三三之一,《宋史·孙何传》)王禹偁以诗赠之。(《小畜集》卷四《暴富送孙何入史馆》)

九月，冯伉自商州移任婺州，王禹偁以诗贻之。（卷十《送冯中允之任婺州》）

九月，知益州张咏始抵任。（《长编》卷三六）

九月，寇准自左谏议大夫知青州召还，二十六日除参知政事。（徐自明《宋宰辅编年录》，《宋会要辑稿》仪制三之四，清钱大昕《二十二史考异》卷七四）

　　按：《宋史·宰辅表》作"九月乙亥，寇准自守同知枢密院事除参知政事"。考准于淳化四年六月罢同知枢密院事，未尝更守此官，《宰辅表》误。

秋冬间，王禹偁在再知制诰任内遭父丧，起复。其父终年七十七。（《小畜集》卷二五《谢除翰林学士启》，参看卷二二《谢落起复表》、卷十八《与李宗谔书》）

　　按：赵昇《朝野类要》卷三《起复》条载："已解官持服，而朝廷特再擢用者，名曰'起复'。"

是时，宋湜亦再知制诰，判集贤院，知银台、通进、封驳司。（《宋史·宋湜传》）

秋末冬初，王禹偁撰成《送毋殿丞赴任齐州》诗，有"三齐号难治，民瘼待良医。勿谓人多诈，须教吏不欺"之句。（《小畜集》卷十）其对官吏与人民相互关系之认识，显然有别于一般士大夫。

冬间，王禹偁为友人秘书丞、直史馆陈靖之父仁壁撰墓碣铭。（《小畜集》卷三十《故泉州录事参军赠太子洗马陈君墓碣铭》）是碣今移存福建莆田县城内三清殿侧，足资校补文集著录之多处脱误。碣碑高八尺一寸,广四尺三寸,计二十八行,行五十三字。碣额"颍川府君墓碣"六字篆书。碣文之前,题名为"大宋故承奉郎检校尚书膳部员外郎守泉州录事参军赐绯鱼袋赠太子洗马陈府君墓碣铭并序",撰人题名为"承奉郎守尚书礼部员外郎知制诰骑都尉赐紫金鱼袋王禹偁撰"。碣碑背面有陈靖《叙记》,谓"至道乙未岁得是碣于太原王元之",又云大中祥符二年六月二十九日"树兹碣于〔兴化军〕城南五里长亭之右"。

是年,王禹偁应给事中、判河南府兼留守司事李沆之请,为其父撰墓志铭。(《小畜集》卷二八《故侍御史李公墓志铭》,参阅《宋史·李沆传》)

按:《李公墓志铭》载:"及(李沆)罢政事,丁外艰。"其中"丁外艰"应据上下文及《宋史·李沆传》改正为"丁内艰"。

是年,王禹偁为友人西头供奉官、阁门祗候秦羲之父撰墓志铭。(卷二九《右卫将军秦公墓志铭》)

是年,王禹偁曾撰《赁宅》诗云:"萍流匏系任行藏,惟指无何是我乡。左宦只抛红药案,僦居犹住玉泉坊。白公渭北眠村舍,杜甫瀼西赁草堂。未有吾庐莫惆怅,古来贤达尽茫茫。"(《外集》卷七)又撰《书斋》诗,有句云:"年年赁宅住闲坊。"(《小畜集》卷十)其后,咸平元年,再赋《赁宅》诗云:"老病形容日日衰,十年赁宅住京都。阁栖凤鸟容三入,巢宿鹪鹩欠一枝。壁挂图书多不久,砌栽芦苇亦频移。人生荣贱须知分,会买茅庵映槿篱。"(卷十一)

十二月,太常丞武允成除庐州节度副使,仍预公事。是岁,允成年七十八,视听不衰。(《宋会要辑稿》职官四八之六,庐州原作成都,今据《小畜集》卷二十《通惠大师文集序》改)

〔编年文〕

《谢免和御制元日除夜诗表》（撰于正月，据《长编》卷三五）、《单州谢上表》（以上两篇见《小畜集》卷二一）、《谢除礼部员外郎知制诰启》《荐戚纶，上翰林学士钱若水启》（卷二五）。

按：《小畜集》卷十《送戚殿丞（维）之任括苍》诗注云"殿丞令弟（指戚纶）知温州永嘉县"，此诗乃撰于淳化五年秋，知戚纶在是年秋天已任永嘉知县。又《荐戚纶启》中有"纶擢第亦一纪矣"语，纶与禹偁均在太平兴国八年（983）擢第，至淳化五年（994），恰为一纪（十二年），故断定此启撰于淳化五年春夏之间。

《谢赐御制重午诗表》《谢赐御草书诗表》《谢赐御制中秋月诗表》（卷二一），《故泉州录事参军赠太子洗马陈君墓碣铭并序》（卷三十），《故侍御史累赠太子少师李公墓志铭并序》（卷二八，或至道元年春撰），《右卫将军秦公（承裕）墓志铭》（卷二九），《涟水军王御史庙碑》（卷十七）。

按：上碑记载知涟水军事高绅求雨事。文中有云："高君……入朝，往往语于公卿间。执政苏公（易简）闻之，曰：'是不可默也。宜择能文者书其事，刻于石阴。'某于高君，进士同年也。以故见请。"今考苏易简任参知政事乃在淳化四年十月到至道元年四月间。而淳化五年春间王禹偁不在京城，故撰此文当在淳化五年夏到至道元年春。

《诸朝贤寄题洪州义门胡氏华林书斋序》（卷十九），《代吕相公（蒙正）让右仆射表》（卷二四），《回孙何谢秘书丞直史馆京西转运副使启》

（卷二五），《献讨李继迁便宜》（《长编》卷三五，春间在曹州撰）。

〔编年诗〕

《还韦度支韶程集》《将赴单州，和韦度支相送之什次韵》（春间在曹州作），《初上单州有作》（三月在单州作），《送秘阁裴都监奉使两浙》《送戚殿丞之任括苍》《送冯中允之任婺州》《寄题义门胡氏华林书院》《送毋殿丞赴任齐州》《送张监察（秉）通判余杭》《送杨屯田（覃）通判永兴》《书斋》（夏间至冬间再任知制诰时作）。以上均见卷十。

> 按：《送冯中允之任婺州》诗中有"湖边木脱正高秋"句，点明作此诗乃在农历九月。诗中又有"承明三入妨贤久"之句，而"承明三入"据王禹偁在卷十一《酬高邮知军蒋殿丞见寄》诗注云："予两知制诰，一入翰林。"禹偁于至道元年正月下旬始自西掖召拜翰林学士，在玉堂仅百日，五月九日即奉命知滁州，故推知《送冯中允之任婺州》诗不可能在翰林学士任内作。颇疑"三入"为"二入"之误刊。或者，"三"作多次解，不是确指。

《暴富送孙何入史馆》（卷四，七月下旬作），《赁宅》（《外集》卷七）。

至道元年乙未（995）　四十二岁

正月下旬，王禹偁自西掖召拜翰林学士。同时，宋白为翰林学士承旨，张洎、宋湜均为翰林学士。（《小畜集》卷二一《滁州谢上表》，《翰苑群书·学士年表》）

二月甲申，命宰相及群臣分于京城寺观、祠庙祷雨。又命中使分祀五岳。故事，御署祝版以遣之。翰林学士王禹偁上言："准礼，五岳视三公,今虽加王爵,犹人臣尔! 天子称名,恐非古制。请自今更不御署,庶尊卑适序,典礼无差。"太宗亲批其纸尾曰:"昔唐德宗犹屈拜风雨,且国朝典礼素定,岂可废也? 朕为万民祈福,桑林之祷,犹无所惮,至于亲署,又何损焉! "(《长编》卷三七,而《杨文公谈苑》条七四误系此事于至道二年夏)

二月,张佺被俘遇害。(《宋史·太宗纪》)其余部退入黔水(今四川彭山一带之乌江)山区。(《长编》卷三八至道元年十二月癸酉太宗语)是月,诏吏部铨,自今西川簿、尉并选年壮可任者,以备缓急。(《宋会要辑稿》职官四八之六一)

先是,李继迁遣银州左都押衙张浦以良马橐驼来贡。(《宋史·太宗纪》)三月己巳,太宗令卫士数百辈射于崇政殿庭,召张浦观之。(《长编》卷三七)王禹偁献《北狄来朝颂》一篇。(《外集》卷十)

三月末,诏权停贡举。(《长编》卷三七)

春夏间,王禹偁直翰林日,钱易数以诗文相售。(《小畜集》卷二十《送江翊黄序》)

四月,吕蒙正罢相,授右仆射判河南府兼西京留守,以参知政事吕端为相。参知政事苏易简罢为礼部侍郎,以翰林学士张洎为参知政事。(《长编》卷三七,《宋史·太宗纪》,《琬琰集删存》卷一富弼《吕蒙正神道碑》)

王禹偁以启贺张洎,有云:"三神山上,曾陪鹤驾之游;六学士中,独有渔翁之叹。"以白乐天尝有诗云"元和六学士,五相一渔翁"故也。(《青箱杂记》卷六)

王禹偁为翰林学士日,参知政事张洎手书古律诗两轴与之。禹偁以启谢之云:"追踪季札辞吴,尽变为国风;接武韩宣适鲁,独明于易象。"谓张洎自南唐而入宋朝也。(王铚《四六话》卷下)

翰林学士、礼部员外郎、知制诰王禹偁兼知审官院及通进银台封驳司,制敕有不便,多所论奏。四月二十八日,开宝皇后(太祖皇后宋氏)之丧,群臣不成服。禹偁与宾友言:"后尝母仪天下,当遵用旧礼。"或以告,太宗不悦。五月九日,禹偁坐轻肆,罢为工部郎中、知滁州军州事。太宗谓宰相曰:"人之性分固不可移。朕尝戒勖禹偁令自修饬,近观举措,终焉不改,禁署之地,岂可复处乎?"(《长编》卷三七,《宋会要辑稿》后妃一之一,《小畜集》卷五《北楼感事》诗序,《宋史·王禹偁传》)其黜官之制词略云:"王禹偁顷以文词,荐升科级,而徊徉台阁,颇历岁时。朕祗荷丕图,思皇多士,擢自纶阁,置于禁林。所宜体大雅以修身,蹈中庸而率性;而操履无取,行实有违,颇彰轻肆之名,殊异甄升之意。宜迁郎署,俾领方州。勉务省躬,聿图改节。"(《宋大诏令集》卷二〇三)

　　按:郎中为五品官,见下引《闻鸮》诗。王禹偁在《答郑褒书》中有"在内庭果百日而罢。然迁秩临民,恩也。去近侍,治小郡,罪也"之语。

　　北宋初年,银台司与通进司均分别设置,隶枢密院,凡内外奏覆文字必关二司,然后进御。淳化四年八月癸酉,诏以宣徽北院厅事为通进银台司,命枢密直学士向敏中、张咏同知二司公事,凡内外奏章案牍,谨视其出入而勾稽焉。九月乙巳,以给事中封驳隶通进银台司。(《长编》卷三四,《宋史·太宗纪》)嗣后乃合称通进银台封驳司或银台通进司。

五月二十三日,王禹偁离京城,翰林学士承旨宋白为之送行。(《小畜集》卷五《东门送郎吏行寄承旨宋侍郎》,原注"六月"乃五月之误)门下士林介送至舟中。介屡试进士不第,寄食禹偁家已七年。(卷五《送林介》,卷十八《答郑褒书》)

　　六月三日，王禹偁抵滁州①，在《滁州谢上表》中述及其本人任翰林学士期间受谤议缘由云："臣在内庭一百日间，五十夜次当宿直，白日又在银台通进司、审官院、封驳司勾当公事，与宋湜、吕祐之阅视天下奏章，审省国家诏命，凡干利害，知无不为。三日一到私家，归来已是薄暮。先臣灵筵在寝，骨肉衰经满身，纵有交朋，无暇接见，不知谤议自何而兴。臣拜命已来，通宵自省，恐是臣所赁官屋，在高怀德宅②中，一昨开宝皇后权厝之时，便欲移出，未有去处，甚不遑宁。寻曾指约公人，不令呵喝，切恐贵僧出入，中使往还，相逢之间，难为顾揖。按旧制：自左、右正言已上，谓之供奉官，街衢之间，除宰相外，无所回避。……况臣头有重戴③，身被朝章，所守者国之礼容，即不是臣之气势。因兹谢表，敢达危诚。况臣粗有操修，素非轻易，心常知于止足，性每疾于回邪。位非其人，诱之以利而不往；事非合道，逼之以死而不随。"（卷二一）又在《答郑褒书》中涉及此事云："今春，吾自西掖召拜翰林学士，天子宠遇任委过于往时，而僧之不乐吾者，复以前事④啅吠，吾以为无能为也，在内庭果百日而罢。"（卷十八）观此，则知禹偁又以正直不阿被斥。先是，禹偁黜官时，太宗曾在制词中妄加诋毁；今禹偁亦不甘示弱，在谢表中予以反驳。

　　六月丙戌，遣使谕李继迁，授以鄜州节度使。继迁不奉诏。丁亥，以银州左都押衙张浦为银青光禄大夫、检校工部尚书、郑州刺史兼御史大夫，充本州团练使。（《宋史·太宗纪》）

　　王禹偁抵任后，四方名士持文来滁上求知者甚多。先是，闽人郑褒

————————

　　①　滁州又称永阳郡，辖清流、全椒、来安三县，见《通考·舆地考四》。永阳郡亦作滁阳郡，见禹偁《答郑褒书》。

　　②　高宅在京城兴宁坊，见《宋史·秦国大长公主传》。

　　③　重戴为古代一种帽式。宋太宗后期，"诏两省及尚书省五品以上皆重戴"。见《长编》卷三二及《宋史·舆服志五》。

　　④　指禹偁于端拱二年上《御戎十策》论及沙汰僧尼事。

入京应进士试,会诏罢去。七月,郑褒徒步赴滁上求谒。禹偁爱其才,力加奖掖。(《答郑褒书》)明年夏末,郑褒别去,禹偁买马办装以贻之。(《小畜集》卷二十《送郑褒序》,卷十《送郑褒归闽中》,《涑水记闻》卷三引《神道碑》,《蔡宽夫诗话》,《长编》卷三七)

七月,王禹偁访唐李德裕在滁州刺史任内遗迹未得,而郡有北楼,通刺史公署,禹偁登眺终日,作《北楼感事》诗以见志。诗中有云:"矧予草泽士,被褐复羹藜。谬因弄文翰,八载侍丹墀。三入承明庐,古人期并驰。玉堂百日罢,所累非文词。强仕未为老,望郎不为卑。淮边永阳郡,人物自熙熙。费用量所入,丰约从其宜。一妻本糟糠,不识金翠施。三男无庶孽,讵爱纨绮资?甘贫绝诛求,易退无羁縻。五十拟归耕,何必悬车期?……自无经济术,乌用碌碌为!归欤复归欤,无忘北楼诗。"诗中尚有"淮南气候殊,经秋啭黄鹂"句。(《小畜集》卷五)又淳化二年九月末,禹偁入商州境,撰《初入山闻提壶鸟》诗,自注云:"时秋暖,此鸟忽闻。"(卷八)可知禹偁已理解禽鸟出没与气候变化有关系之科学知识。

同时稍前,王禹偁在《东门送郎吏行寄承旨宋侍郎》诗中有云:"自念山野士,不解随圆方。宦途多龃龉,身计颇悲凉。行将解簪笏,归去事农桑。幸容操杖履,洒扫近丘墙。"宋白为禹偁中礼部试时之主考官,故以师礼待之。在《送林介》诗中有云:"昔予贬商洛,相送远涉溱。今予谪滁上,语别清淮滨。途穷与道丧,讵免同沾巾。"秋间,在《老态》诗中云:"白发不相饶,秋来生鬓边。黑花最相亲,终日在眼前。老态固具矣,宦情信悠然。唯当共心约,收拾早归田。"(以上均见《小畜集》卷五)在《为郡》诗中有云:"道孤自合先归隐,俸薄无由便买山。出坐两衙皆勉强,此心长在水云间。"在《夜长》诗中有云:"病眼已甘书册废,愁肠犹取酒杯倾。风摇纸帐灯花碎,月照铜壶漏水清。"自注云:"眼病黑花,夜不看书数年矣。"(卷十)当日士大夫多用锦帐,禹偁因清贫，故以纸为帐。纸能作帐，亦可见当时纸质之佳与造纸技艺之进步。冬间，在《闻鸮》诗中有云："报国惟直道，谋身昧周防。四年两度黜，鬓发已苍苍。虽得五品官，销尽百炼钢。何当解印绶，归田谢膏粱。教儿勤稼穑，与妻甘糟糠。"（卷五）对仕途坎坷，体弱早衰，多所感触，且萌归耕之念。即使处境如此，禹偁尚不忘边事，曾赋《射弩》诗有云："罚郡在僻左，时清政多闲。戎装命宾侣，作此开愁颜。吴弩号健捷，仆夫为吾弯。正侯①废已久，画纸为雕盘。日晕生几重，挂壁何团团。记筹鼓声急，中的酒量宽。诚非军旅事，亦有堵墙观。安得十万枝，长驱过桑干。射彼老上庭，夺取燕脂山。不见一匈奴，直抵瀚海还。北方尽纳款，献寿天可汗。吾徒久不武，干禄为饥寒。所得才升斗，龌龊在朝班。不如执戈士，意气登韩坛。笑拥白玉妓，醉驰黄金鞍。郎官一生俸，供尔数月间。儒将古所重，料兵如转丸。谁知戴章甫，终老弄辛酸。偶因儿戏为，痛念边事艰。临风自慷慨，素发冲儒冠。"（卷五）

七月，以峡路渠州教练使范仁辩等十二人，并为诸州长史、司马、别驾。李顺起义时，范仁辩等尝出私廪以助县官，又纠合"义旅"，以全城邑。转运使以闻，故有是命。（《宋会要辑稿》职官四八之一）

> 按：地主武装在镇压农民起义中之反动作用，此为一例。

秋间，王禹偁始游琅邪山诸名胜，赋《八绝诗》。其中第七首为《阳冰篆》，诗云："泠泠庶子泉，落落阳冰笔。云气势崩垂，龙蛇互蟠

---

① "正侯"二字，据清广雅书局刻《武英殿聚珍版丛书》本与孙星华增刻本。别本或误作"王侯"，如《四部丛刊》本；或误作"正侯"，如经锄堂本。《礼记·中庸》："子曰：射有似乎君子，失诸正鹄，反求诸其身。"注："画布曰正，栖皮曰鹄。"释文："大射则张皮侯而栖鹄，宾射张布侯而设正。"侯，射布也。

屈。峄山既劖灭,石鼓又缺失。唯兹数十字,遒劲倚云窟。模印遍华夷,流传耀缃帙。书诚一艺尔,小道讵可忽?乃知出人事,千古名不没。"(《小畜集》卷五)庶子泉乃纪念唐大历中以宫相领滁州刺史李幼卿而命名,李阳冰篆其铭,存诸石壁。读此诗,知阳冰篆字在唐宋间流传之广。

九月,王禹偁撰《官酝》诗,对汉武帝以来夺民利之专卖事业颇致不满,诗有云:"自从孝武来,用度常不足。榷酤夺人利,取钱入官屋。古今事相倍,帝皇道难复。"(卷五)

秋冬间,王禹偁在滁州撰《答黄宗旦第二书》有云:"孟子称仁政必自经界始,而汉废古井田,用秦阡陌,是本已去矣。"(卷十八)以为治民之根本在于解决土地问题。

冬间,王禹偁情绪甚恶,有诗云"病眼白头唯醉睡,朝廷好事不闻他"之句。(卷十《戏题二章,述滁州官况,寄翰林旧同院》)

是年,王禹偁在滁州撰有《答张扶书》,揭示其文学主张,略云:"夫文,传道而明心也。古圣人不得已而为之也。……及其无位也,惧乎心之所有,不得明乎外,道之所畜,不得传乎后,于是乎有言焉;又惧乎言之易泯也,于是乎有文焉。信哉,不得已而为之也!既不得已而为之,又欲乎句之难道邪?又欲乎义之难晓邪?必不然矣。请以六经明之。……今为文而舍六经,又何法焉?若第取其《书》之所谓'吊由灵'[①],《易》之所谓'朋合簪'[②]者,模其语而谓之古,亦文之弊也。近世为古文之主者,韩吏部而已。吾观吏部之文,未始句之难道也,未始义之难晓也。其间称樊宗师之文,'必出于己,不袭蹈前人一言一句';

---

① 吊由灵,《尚书·盘庚》语。吊,至也。灵,善也。谓谋于众人时,"众谋必有异见,故至极用其善者"(孔颖达《正义》语)。

② 朋合簪,《易·豫》九四爻辞作"朋盍簪"。王弼注:"盍,合也。簪,疾也。"谓朋来之速。

又称薛公达①为文，'以不同俗为主'。然樊、薛之文，不行于世；吏部之文，与六经共尽。此盖吏部诲人不倦，进二子以劝学者。故吏部曰：'吾不师今，不师古，不师难，不师易，不师多，不师少，惟师是尔。'

"今子年少志专，雅识古道，又其文不背经旨，甚可嘉也。姑②能远师六经，近师吏部，使句之易道，义之易晓，又辅之以学，助之以气，吾将见子以文显于时也。"（卷十八）

其后，张扶又致书相诘难，王禹偁再答之，略云："仆之前书，欲生之文，句易道，义易晓，遂引六经、韩文以为证。生继为书启，谓扬雄以文比天地而下云云者。甚乎哉，子之笃于道而好于古者也！仆为子条辨之，庶知仆之用心也。

"子之所谓'扬雄以文比天地，不当使人易度易测'者，仆以为雄自大辞也，非格言也，不可取而为法矣。……又谓'汉朝人莫不能文，独司马相如、刘向、扬雄为之最，是谓功用深，其文名远'者。数子之文，班固取之列于《汉书》，若相如《上林赋》《喻蜀》《封禅文》，刘向谏山陵，扬雄议边事，皆子之所见也，曷尝语艰而义奥乎？谓功用深者，取其理之当尔，非语迂义暗而谓之功用也。生其志之！

"向有江翊黄者，自谓好古。仆见其文义尚浅，故答之曰：'修之不已，则为闻人。'今子希慕高远，欲专以绝俗为主，故仆欲子之文，句易道，义易晓也。孔子曰：'由也兼人，故退之。求也不及，故进之。'亦仆之志也。"（卷十八）

> 按：王禹偁有鉴于唐末五代以来颓靡纤俪文风，早具改革之志。淳化元年冬撰《送孙何序》曾云："咸通以来，斯文不竞，革弊

① 原误作"薛逢"，今据韩愈《国子助教河东薛君墓志铭》（《朱文公校昌黎集》卷二四）改正。
② 姑，疑为"如"之误刊。

复古,宜其有闻。"(卷十九)淳化三年,在《五哀诗》中又云:"文自咸通后,流散不复雅。因仍历五代,秉笔多艳冶。"(卷四)至道元年于《答张扶书》中,首倡文以传道而明心之说,主张文句必须通俗易懂,"句易道,义易晓"。韩愈论文章,原有"怪怪奇奇""佶屈聱牙"与"文从字顺""惟师是"两种主张。禹偁取其后者,在自身创作实践上,确能贯彻始终,故其作品不仅思想性和艺术性较强,而且语言也流畅明白。就其对宋代古文之影响而言,不愧为欧阳修等人之先导。

《四库全书总目·小畜集提要》云:"宋承五代之后,文体纤俪,禹偁始为古雅简淡之作。"

近人章士钊尝云:"宋初,先于穆伯长(修)而以开古文涂径自豪者,柳姓名开,字仲涂,其文之不从,字不顺,臃肿滞涩,几使人读之上口不得。"(《柳文指要》下册卷八《宋初古文》条)柳开与王禹偁同为宋初古文运动之先导,然柳开文章学韩愈末流,故不免有"辞涩言苦,使人难读诵之"(柳开《河东先生集》卷一《应责》)之病,其在文学上之建树,较之禹偁瞠乎后矣。

是年或稍后,濮州雷泽人高弁以文谒王禹偁,禹偁奇之。初,弁从种放学于终南山,又学古文于柳开,与张景齐名。(《宋史·高弁传》)

〔编年文〕

《谢除翰林学士启》(《小畜集》卷二五)。

《柳赞善(宜)写真赞并序》《北狄来朝颂并序》(《外集》卷十)。

按:上两篇约春夏间在京城撰。《写真赞并序》有云:"河东柳宜,开宝末,以江南伪官归阙,于后吏隐者二十年。"考太祖平南唐在开宝八年(975),后二十年,应为至道元年(995)。从《北狄来朝颂并序》有云"陇首云阔,河湟路穷。……爰有丑虏,聚乎其中",推知该颂所谓"北狄"乃指李继迁党项羌,因其住地在河湟与陇山一带。又从其中"臣旅寓帝里,荣观国光"语,确定撰作年月。

《为宰臣谢赐御制歌诗表》(《小畜集》卷二一)。

　　按:表文有云:"自春徂夏,稍致愆阳。以日系时,不忘善祷。诏近臣而遍走群望,御便殿而亲录缧囚。圣感玄通,天心昭答。……连宵泛洒,率土昭苏。旱稼勃兴,丰年可望。"又《长编》卷三七载:"至道元年四月辛丑,上谓宰相曰:'自春不雨至今,并走群望而未获嘉应,岂狱犴之中颇有冤系乎?'即日命侍御史元玭等十四人,乘传分往诸道案察刑狱。……翌日,御崇政殿,亲决京城诸司系囚,获宥原者数百人。……后三日,大雷雨,街中水深数尺。"据此,则该表当撰于至道元年四月。

《滁州谢上表》《谢衣袄表》(卷二一,夏秋间作)。《送江翙黄序》(卷二十,六月作)。《答黄宗旦第二书》《答郑褒书》(卷十八)。
《贺册皇太子表》(卷二二),《贺皇太子笺》(卷二五)。

　　按:据《宋大诏令集》卷二五《至道元年建储赦》及《长编》卷三八记事,上两文撰于八月底。

《滁州全椒县宝林寺重修大殿碑》及《后序》(卷十七)。

　　按:《后序》有"今年予自翰林学士出守滁上"语,知碑文撰于至道元年。然序末署"至道二年十月日记"。二年当为元年之误刊，因"二"字与"元"字形近而误夺。如卷首《王黄州小畜集序》云："至道二年乙未岁，〔又自翰林学〕①士黜守滁上。"其中"二年"亦为元年之误夺。

《答张扶书》《再答张扶书》（卷十八）。《贺正表》（卷二一，十二月底撰）。

〔编年诗〕

《书怀，简孙何、丁谓》。

> 按：诗中有"三入承明已七年"句，三入承明指两知制诰，一入翰林。禹偁自端拱二年（989）三月始知制诰，到至道元年（995）春拜翰林学士，首尾七年。

《送柴谏议（成务）之任河中》《送仆射相公（吕蒙正）赴西京》《送李著作》《送礼部苏侍郎（易简）赴南阳》（卷十，以上在翰林学士任内作）。

《制除工部郎中出内署》《诏知滁州军州事因题》（卷十，五月中旬离玉堂时作）。

> 按：《诏知滁州军州事因题》第一首诗中有"三黜何妨似古人"句。"三"指次数多。"三黜"非实指，因王禹偁初黜商州，再黜滁州，此时仅有两黜，故至道二年作《又和曾秘丞见赠三首》之二有"两度黜官谁是援"句。三黜是用《论语·微子》"柳下惠为士师，三黜。人曰：'子未可以去乎？'曰：'直道而事人，焉往而不三

---

①　原缺五字，今据王明清《挥麈录·前录》卷三引文及明钞本《小畜集序》补。至道二年乃至道元年之误夺，可参见《小畜集》卷五《北楼感事》诗序。

黜？'"之典故。参见《小畜集》卷十七《无愠斋记》。

《东门送郎吏行寄承旨宋侍郎（白）》《送林介》（卷五，五月末赴滁州途中作）。

《滁州官舍二首》《堂前井》《荒亭晚坐》《身世》《琅邪山》《为郡》《自笑》《自问》《夜长》《与嘉祐同游宝应寺》《迂儒》《花鹿》《今冬》《滁上谪居四首》《戏题二章，述滁州官况，寄翰林旧同院》《高闲》《腊月》《雪中看梅花，因书诗酒之兴》《朝簪》《贺吕祐之谏议》《贺冯起、张秉二舍人》《送都官梁员外同年（鼎）之江南转运》（卷十，六月至十二月作）。

　　按：《贺冯起、张秉二舍人》诗中有"八年东观知深屈"句，自注云："冯舍人，雍熙丁亥岁，与予同直史馆。"考禹偁直史馆乃始于雍熙五年戊子正月八日，是年正月十七日改元端拱。此处所谓"雍熙丁亥"应为"雍熙戊子"或"端拱戊子"之误。自端拱元年（988）正月到至道元年（995）十二月，恰八周年。

《八绝诗》《北楼感事》《送刘职方（斐）》《感兴》《老态》《官酝》《射弩》《黑裘》《闻鹃》（卷五，六月至十二月作）。
《送交代刘斐裁之大夫》《眼疾》（孙星华增刻本《外集》卷六，参校《永乐大典》卷二〇三一〇页三下引《小畜〔外〕集》）。

　　按：上两首撰作年代，参考《小畜集》卷五《送刘职方》《老态》两诗确定。

《题滁州怀嵩楼》（《外集》卷七）。

按：参考《北楼感事》诗序确定。

至道二年丙申（996）　四十三岁

正月辛亥，合祭天地于圜丘，大赦。（《长编》卷三九）王禹偁撰有《贺南郊大赦表》。（《小畜集》卷二二）

正月丁卯，贾黄中卒，年五十六。（《太宗实录》卷七六）

二月癸酉，司空致仕李昉卒，年七十二。昉为文章，慕白居易，尤浅近易晓。（《太宗实录》卷七六。而《长编》卷三九及《宋史·太宗纪》均作壬申朔卒）王禹偁撰《有伤》诗一首，悼念贾、李二人。诗云："壁上时牌催昼夜，案头朝报见存亡。悬车又丧司空相，延阁新薨贾侍郎。陶铸官资经化笔（自注：某登朝后，所任官，皆司空在中书），品题名姓在文场（自注：予应举时，贾公以驾部员外、知制诰，同知贡举，遂蒙首冠多士）。穗帷一恸无由得，徒洒春风泪数行。"秋间，又撰《司空相公挽歌三首》悼念李昉，其中有句云："须知文集里，全似白公诗。"（《小畜集》卷十）李昉乃宋初最早学白居易诗体之代表人物。

按：《春明退朝录》卷中载："李文正公（昉）罢相为仆射，奉朝请，居城东北隅昭庆坊，去禁门辽远，每五鼓则兴，置《白居易集》数册于茶镣中，至安远门伏舍，然烛观之，俟启钥，则赴朝。"又李昉，原谥文贞，后因避仁宗嫌名追改，见《春明退朝录》卷上《宰相谥》条。

二月十八日，进奏院递到敕牒一道，加王禹偁朝散大夫阶官，以"圜丘展礼，率土推恩，特加五品之资"。（卷二一《谢加朝散大夫表》）

按：朝散大夫为从五品下阶官。

三月，王禹偁作《唱山歌》古调诗云："滁民带楚俗，下俚同巴音。岁稔又时安，春来恣歌吟。接臂转若环，聚首丛如林。男女互相调，其词非奔淫。修教不易俗，吾亦弗之禁。夜阑尚未阕，其乐何愔愔。用此散楚兵，子房谋计深。乃知国家事，成败因人心。"（卷五）禹偁之顺民俗、因人心思想，于此可见。

春间，王禹偁为孙何、孙仅之父孙庸（922—988）撰墓志铭，其中有云："（孙）仅之就举也，以兄中状元，抑之未第。方今搢绅中言掌诰之才者，咸曰：'朝廷不命其人则已，命人，则必何也。'场屋中语科第之殊级者，亦曰：'国家罢举则已，举不罢，则首冠者必仅也。'"（卷二九）于此，知禹偁期许孙何兄弟之殷切。孙仅于两年后即真宗咸平元年中进士第一名。

春夏间，王禹偁作《寄杭州西湖昭庆寺华严社主省常上人》诗，诗云："梦幻吾身是偶然，劳生四十又三年。任夸西掖吟红药，何似东林种白莲？入定雪龛灯焰直，讲经霜殿磬声圆。谪官不得余杭郡，空寄高僧结社篇。"（卷十，参见同卷《送张监察通判余杭》）其对杭州风景爱慕之情溢于言表。

按：禹偁于滁州所撰律诗均编在《小畜集》卷十，《寄杭州西湖昭庆寺华严社主省常上人》诗，系在《有伤》之后，《送郑襃归闽中》之前。考《有伤》诗撰于至道二年春二月，《送郑襃》诗撰于同年夏末（参见卷二十《送郑襃序》），故推知《寄省常上人》诗当撰于春夏间。盖以禹偁自编《小畜集》，特别是诗歌部分，大抵均为分类按时间顺序著录的。而在扬州所撰律诗乃编在卷十一，故孙何撰的《白莲社记》，谓王禹偁此诗乃在扬州撰（见《咸淳临安志》卷七九《大昭庆寺·记文条》），当为追记有误，不可信据。

是夏,滁州一带旱热,稻秧无法种植。王禹偁循民情,到处求雨,有诗纪其事云:"我罢内庭职,出临永阳民。永阳民虽庶,未免多饥贫。富之既无术,龊龊为谨身。可堪今夏旱,如燎复如焚。厥田本涂泥,坐见生埃氛。稚老无所诉,嗷嗷望穹旻。食禄忧人忧,夙夜眉不伸。促决狱中囚,遍祷境内神。楚辞有山鬼,庙貌罗水滨。胡法有浮图,寺宇连城闉。斋庄命寮寀,供给抽俸缗。鼓笛迎湫水,香花照金轮。诚知非典故,且慰旱熯人。偶与天雨会,滂沱四郊匀。插秧复修堰,野叟何欣欣。可办官赋调,亦免农艰辛。燮调赖时相,感应由圣君。于吾复何有,敢望歌颂云。清流杨水部①,德与我为邻。仇香官位屈②,何逊诗格新。见投贺雨篇,言自人口闻。夫君盖私我,过实岂相亲。为霖非我事,职业唯词臣。若有民谣起,当歌帝泽春。庶使采诗官,入奏助南薰(自注:杨诗云'愿侯辑百福,长与民为霖')。"(卷五《和杨遂贺雨》)读此诗,可窥见禹偁行事不隐讳、不浮夸之作风。

秋,王禹偁有《诗酒》诗云:"白头郎吏合归耕,犹恋君恩典郡城。已觉功名乖素志,只凭诗酒送浮生。刚肠减后微微讽,病眼昏来细细倾。樽杓不空编集满,未能将此换公卿。"(卷十)足见其当日心情之恶。

八月丁卯,史馆以《史记》雕板成,上之。(《太宗实录》卷七八)

九月己卯,夏州、延州行营上言:两路大军合势破李继迁于乌、白池(在盐州北),斩首五千级,生擒二千余人,获其酋米慕军主、吃啰指挥使等二十七人,马二千匹,兵器铠甲数万。继迁遁去。九月三十日,王禹偁在滁州得进奏院报,即时集军州官吏等宣读告谕,望阙拜舞称贺讫。并上《贺胜捷表》。(《小畜集》卷二二,《太宗实录》卷七九,《长编》卷四十)

---

① 指清流县主簿杨遂。
② 指杨遂由知县黜为主簿事。

按：此次奏报有夸大之处，可参《宋会要辑稿》兵八之十九记事及《长编》卷一二三宝元二年六月丙子条引录夏竦疏。

十月二十五日，进奏院递到《太平圣惠方》并目录共一百一册。王禹偁即上《谢赐圣惠方表》。（《小畜集》卷二一）

按：表文记《圣惠方》编修历时"几三十年"，据卷二四《谢圣惠方表》及本编年淳化三年五月条记事，当为"几二十年"之误刊。

是年，王禹偁在滁州任内，调民输炭于饶州，供铸钱之需。自滁抵饶，溯洄江涛，人颇咨怨。禹偁即按唐史具炉冶数目，郡国处所，飞奏以闻，请分监署。章未报，会康州知州杨允恭亦言其事，始分铸于池州，用减淮民数千里泛舟之役。（卷十七《江州广宁监记》）

是年，王禹偁曾有答太子中允、直史馆、福建路转运使丁谓书，自述其生平志趣，且对丁氏来书所陈诸端，多加反诘。答书略云："今谓之（丁谓字）第一进士，得一中允，而欲与世浮沉，自堕于名节，窃为谓之不取也。又谓吾之去职，由高亢刚直者。夫刚直之名，吾诚有之。盖嫉恶过当而贤不肖太分，亦天性然也，而又齿少气锐，勇于立事。今四十有三矣，五年之中，再被斥弃，头白眼昏，老态且具，向之刚直，不抑而自衰矣。……谓吾高亢，则无有也。何哉？吾为主簿一年，奔走事县令。为县令三年，奔走事郡守。郡守即柴谏议成务也，县令即崔著作惟宁也，今皆存焉，可问而后知也。在三馆两制时，倍吾年者皆父事之，长吾十年五年者皆兄事之。如是而谓之高亢，使吾如何哉？是盖以成败为是非、以炎凉为去就者说之云。当吾在内庭掌密命，亲我者不曰子高亢刚直将不容于朝矣！又不当面折某人邪！不当庭争某事邪！及吾退而有是说，非知我者也。"（卷十八）

按：丁谓未第时，禹偁为之延誉奖进，其后志意日益卑下，且来书指摘禹偁，欲其改变平素操守，此则禹偁所不能屈从者也。

十一月二十四日，王禹偁奉诏移知扬州军州，兼管内堤堰桥道事。十二月四日到任。上表有云："臣顷以艺文，获尘科第。三馆两制，遍历清华。千载一时，别无媒援。由是上惟奉主，旁不忌人。比因直言，频至左官。去年自禁中出职，滁上临民。黾勉在公，忧虞度岁。鬓发渐白，眼目已昏。但以行年未高，不敢求退。明代难遇，犹思报恩。"（卷二二《扬州谢上表》）

按：扬州又称广陵郡，辖江都、广陵、天长三县。见《通考·舆地考四》。

十二月，苏易简卒，年三十九。（《长编》卷四十，《东都事略》本传）
是年或明年，王禹偁为友人同年进士王子舆之父撰墓志铭。（《小畜集》卷二九《累赠太子洗马王府君墓志铭并序》）
〔编年文〕
《皇太子贺正表》（《小畜集》卷二五，正月初），《谢历日表》（卷二一，正月上旬），《贺南郊大赦表》（卷二二，正月下旬，年月参见《长编》卷三九），《谢加朝散大夫表》（卷二一，二月），《殿中丞赠户部员外郎孙府君墓志铭并序》（卷二九，春天）。
《送郑褒序》（卷二十）。

按：序中有"是岁日官置历，闰在孟秋，暑之烦酷，于前一月为甚"，因留郑褒俟秋而行，郑褒坚辞而去之记事，并参见卷十《送郑褒归闽中》诗之系年，推知此序乃撰于是年夏末。又至道二年之闰月乃在七月,见《长编》卷四十。

《贺胜捷表》(卷二二,九月),《谢赐圣惠方表》(卷二一,十月底),《皇太子贺冬笺》(卷二五,冬至),《画纪》(卷十四,冬天)。

> 按:《画纪》中有"淳化甲午岁(五年),某小子实罹大罚(指父亡故),洛阳处士杨丹写我显考中允府君,神采尽妙。……复念吾家苦贫,而无厚币以饱丹欲。丹亦好事者也,从吾乞言。吾以秉笔不文,请俟服阕。今大祥已竟,可以鼓琴,赠之斯文,命曰画纪"。
>
> 大祥在毕丧之前两月,见《日知录集释》卷五《三年之丧》条注引杜佑《通典》。宋仁宗以前,人臣以二十八月毕丧,见《长编》卷二〇四英宗治平二年三月壬午条。王禹偁丧父在淳化五年秋冬间,故推知此记盖撰于至道二年冬天。

《答丁谓书》(卷十八),《滁州五伯马进传》(卷十四,约撰于滁州任内),《扬州谢上表》(卷二二,十二月),《送徐宗孟序》(卷二十),《累赠太子洗马王府君墓志铭并序》(卷二九,约撰于是年或明年)。

〔编年诗〕

《甘菊冷淘》(正月),《霪雨中偶书所见》(三月),《唱山歌》(三月),《酬杨遂》《和杨遂贺雨》(夏天)。以上均见《小畜集》卷五。

《有伤》《寄杭州西湖昭庆寺华严社主省常上人》《送郑褒归闽中》《赠王嵋》《病假》《偶题三首》《诗酒》《司空相公(李昉)挽歌三首》《和庐州通判李学士见寄二首》《赠朱严》《戏和寿州曾秘丞(致尧)黄黄诗》《又和曾秘丞见赠三首》《和朱严留别》《赋得纸送朱严》《饶州马殿院频寄黑髭药,服数千丸,斑白未减,作诗以报之》《岁暮感怀》《送郑南进士归洪州》(卷十),《还杨遂蜀中集》《啄木歌》《秋莺歌》

（卷十三）。以上均在滁州任内作。

《立春前二日雪》（卷十一）。

> 按：立春在至道二年十二月二十四日或二十五日。诗中有"气寒知腊在，势猛共春争"句，《四部丛刊》本"知腊在"误刊为"如腊在"，应据孙星华增刻本及《国学丛书》本改正。

《送晁监丞（迥）赴婺州关市之役》（卷十二，参见卷十八《答晁礼丞书》、卷十一《酬太常晁丞见寄》及《宋史·晁迥传》）。

至道三年丁酉（997） 四十四岁

王禹偁毕父丧。正月初（或二月初），太宗下敕牒、官告各一道，落禹偁起复，依前授尚书工部郎中，知扬州军州事。（《小畜集》卷二二《谢落起复表》）

三月己卯，契丹封夏国王李继迁为西平王。（《辽史·圣宗纪》，《续资治通鉴》卷十九）

三月，王禹偁作《海仙花诗》三首，序云："海仙花者，世谓之锦带。维扬人传云：'初得于海州山谷间。'其枝长，而花密若锦带。然予视其花，未开如海棠，既开如木瓜，而繁丽袅弱过之。或一朵满头，冠不克荷。惜其不香而无子易绝，第可钩压其条，移植他所。因以释草释木验之，皆无有也。近之好事者作花谱，以海棠为花中神仙。予谓此花不在海棠下，宜以仙为号，目之锦带，俚孰甚矣。又取始得之地，命曰海仙。且为赋诗三首，题诸僧壁。"（《小畜集》卷十一）

> 按：《吴郡志》卷三十《锦带花》条载："锦带花又名海仙，盖王元之名也。此花虽处处皆有，吴中者特香，略如瑞香、山矾辈，圉

中夹路多植之。梅挚《海仙花》：'泥根捧入故吴官，暖力迎随带渐红。'自注云：'是花本名锦带，王内相禹偁易今名。'"内相为翰林学士之别称。

　　又《海仙花诗》序文中之"木瓜"，《四部丛刊》本误作"文瓜"，今据孙星华增刻本、经锄堂本及《小畜外集》卷七《海棠木瓜二绝句》改正。"或一朵满头"，《四部丛刊》本作"或不一朵满头"，今据孙本删去"不"字。

　　同时，又作《芍药诗》三首，序云："芍药之义，见《毛·郑诗》①。百花之中，其名最古。谢公②《直中书省》诗云：'红药当阶翻。'自后词臣引为故事。白少傅③为主客郎中、知制诰，有《草词毕，咏芍药诗》，词彩甚为该备。然自天后以来，牡丹始盛，而芍药之艳衰矣。考其实，牡丹初号木芍药，盖本同而末异也。予以端拱己丑岁④，由左司谏为制诰舍人，后坐事黜弃。淳化甲午年⑤，又以礼部员外郎牵复旧职，寻以本官充翰林学士，则谢公、白傅之任常蹂躏矣。自出滁上，移广陵，追念纶闱，于今九载⑥，而编集之内，未尝有芍药诗，言于词臣，不得无过。扬州僧舍植数千本，牡丹落时，繁艳可爱。因赋诗三章，书于僧壁。"（卷十一）

　　春间，王禹偁长子嘉祐与张咏之女结婚。明年，张咏自益州召还为户部使，禹偁赠诗云："先皇忧蜀辍枢臣，独冒兵戈出剑门。万里辞家堪下泪，四年归阙似还魂。弟兄齿序元投分，儿女情亲又结婚。且喜

---

①　指《毛诗·郑风·溱洧》。
②　指南齐诗人谢朓。
③　即白居易。
④　端拱二年。
⑤　淳化五年。
⑥　自端拱二年（989）迄至道三年（997）。

相逢开口笑,甘陈功业不须论。"(卷十一《赠密直张谏议》,题下自注:"与子结婚。"参见《五朝名臣言行录》卷三)

> 按:张咏于淳化五年九月抵益州,咸平元年召还,故云"四年归阙"。又王禹偁于至道三年春有《答晁礼丞(迥)书》云:"某始识足下时,年未冠,身未婚;逮今四十有四,娶妻生子,长子复纳妇矣。足下策名十八载,官未出奉常丞。"(卷十八)考晁迥于太平兴国五年(980)中进士第,迄至道三年(997),恰为十八载。又据《东都事略·晁迥传》,迥在太宗朝,官仅止于太常丞。从《答晁礼丞书》所载,可确定嘉祐结婚在至道三年春。
>
> "甘陈"是指汉元帝时西域都护甘延寿与副校尉陈汤,两人曾立功异域,回国后,遭权臣排陷。事见《汉书》卷七十《陈汤传》。

王禹偁在《答晁礼丞书》中,对当日官场情况与自身性格、遭遇,慨乎言之,略云:"某褊狷刚直,为众所知,虽强损之,未能尽去。夫今之领藩服、当冲要者,必先丰厨传以啖人口,勤迎劳以悦人心,无是二者,虽龚、黄①无善誉矣。某皆不能也,唯官谤是待。又眼病虚花,不欲久视,髭苍发白,老相见逼,终日阅缧囚,呵吏胥,于刑名钱谷重轻欺诈间,用机械以决胜负。其于文学,无一点墨落纸,岂吾道之所欲也?"(卷十八)

三月癸巳(二十九日),太宗崩,真宗即位。四月乙未朔,大赦天下。(《长编》卷四一)王禹偁接奉赦书后,即上《贺皇帝嗣位表》。(《小畜集》卷二二)

四月六日,进奏院递到敕牒一道、官告一道,特授王禹偁尚书刑部

---

① 龚遂、黄霸为西汉时循吏,见《汉书》卷八九《循吏传》。

郎中，散官勋赐如故。禹偁上《谢转刑部郎中表》有云："伏念臣顷因薄技，逮事先朝。误记姓名，过有奖擢。两知制诰，一入翰林。报国之功，虽无绩效；事君之道，粗守贞方。虚名既高，忌才者众。直道难进，黜官亦多。始贬商於，实因执法。后出滁上，莫知罪名。"（卷二二）

四月，以工部郎中、史馆修撰梁周翰为驾部郎中、知制诰。故事，入西阁，皆中书召试制诰三篇，二篇各二百字，一篇百字，惟周翰不召试而授焉。其后，杨亿、陈尧佐、欧阳修亦如此例。（《宋会要辑稿》职官三之十三）

> 按：原文在杨亿之前有薛映、梁鼎两人，今据费衮《梁溪漫志》卷二及《长编》卷四八删去。
>
> 周必大云："国朝知制诰，掌外制，是谓从官，必召试中书而后除，不试号为异礼。夫仕而至此，非台省英俊，则中外扬历之人，谁不知其能文？所以试者，观其敏也。"（《周益国文忠公集·掖垣类稿序》）

五月丁卯（四日），真宗下诏求直言。（《长编》卷四一）十八日，刑部郎中、知扬州王禹偁应诏上疏言事云：

"伏睹陛下即位赦文云：'所宜开谏诤之路，拔茂异之材。'又奉御史台告报：'准诏，命内外文武臣僚，并许直言极谏。'此实陛下诞彰圣德，广达民情，速致时雍，追用古道之深旨，抑亦宗社无疆之休，军民莫大之幸也。

"臣才虽无闻，谏则有素。先皇帝时，初拜右正言、直史馆，即日进《端拱箴》一篇[①]。又上《御戎十事》，蒙先朝采纳，擢升纶阁。判大理寺

---

① 王禹偁初拜右正言（当时称右拾遗）、直史馆，在端拱元年正月八日；进《端拱箴》，在是年夏季。详见本编年端拱元年条考证。此处"即日"二字，乃禹偁事隔多年追记之误。

时，抗疏论道安之罪，执法雪徐铉之冤，贬官商山，咎实因此。寻沐征用，再尘谏垣，又上《李继迁便宜》，寝而不报。俄忝内庭兼驳正，亦尝改更宣命，封还敕书，虽无报于朝廷，盖粗伸于职业。

"伏遇陛下钦奉顾命，惟怀永图。嗣位之初，敕书既如彼；听政之后，诏命又如此。臣苟有所见，隐而不言，是上负先帝用人之心，下孤明主求谏之意也。臣死罪死罪，顿首顿首。

"伏以圣朝享国四十余年，边鄙未尽宁，人民未甚泰，求利不已，设官太多。今陛下治之惟新，救之在速。臣伏虑书生执言，有奏于陛下，以为三年无改于父之道，可谓孝矣。此不知古今异制，家国殊涂者也。假如帝尧既殂，帝舜在位，尧时有八元未进，四凶未除，舜乃流放举用，善恶两分，未闻后之人曰：'尧不及于舜也，舜不孝于尧也。'伏惟陛下遏老生之常谈，奋英主之独断，则天下幸甚。谨缘军国大政，奏事五条，倘稍动于圣心，庶大开于言路。

"其一曰：谨边防，通盟好，使辇运之民有所休息。方今北有胡虏，西有继迁。胡虏虽不犯边，戍兵岂能减削？继迁既未归命，馈饷固难寝停。关辅之民，倒悬尤甚。臣愚以为，陛下即位之初，当顺人心，宜敕疆吏致书虏臣，使达犬戎，请寻旧好。下诏赦继迁之罪，复与夏台。臣顷在翰林，见继迁上表云：'乞取残破夏州，以奉拓跋氏祭祀。'先皇帝虽有批答，只许鄜州节度。缘继迁本是反侧之人，岂肯束身归国？所有诏命不行。今陛下嗣统，大振皇威，亦恐继迁令人进奉，因举前事，彼必感恩，此亦不战而屈人之师也。如其不从，则备御诛擒，皆有方略，且使天下百姓知陛下屈己而为人也。或曰：'富国强兵，不可示人以弱。'此乃夸虚名而忽大计者也。

"其二曰：减冗兵，并冗吏，使山泽之饶稍流于下。伏以乾德、开宝以来，国家之事，臣所目睹。当时东未得江浙、漳泉，南未得荆湖、交广，朝廷财赋可谓未丰，然而击河东，备北虏，国用亦足，兵威亦强，其义安在？所蓄之兵锐而不众，所用之将专而不疑故也。自后尽取东南数国，又平河东，土地财赋可谓广且丰矣，而兵威不振，国用转急，其义安在？所蓄之兵冗而不尽锐，所用之将众而不自专故也。今诚能简锐卒，去冗兵，而委之以将帅，用恩威法令驾驭之，资之以天下财赋，而曰兵不振，用不丰，未之有也。臣愚以为，陛下宜经制兵赋如开宝中，则可以高枕而治矣。至于引唐虞、比三代者，皆为空言，臣所以不取。

"臣又见开宝中设官至少，何以验之？臣本鲁人，占籍济上，未及第时，常记止有刺史一人，李谦溥是也；司户一人，今司门员外郎孙贲是也。近及一年，朝廷别不除吏，当时未尝阙一事矣。自后始有团练推官一员，今枢密直学士毕士安是也。太平兴国中，臣及第归乡，有刺史陈廷山，通判阎昋，副使阎彦进，判官李延，推官柳宣，兵马监押沈继明；监酒、榷税算又增四员；曹官之外，更益司理。问其租税，减于曩日也；问其人民，逃于昔时也。一州既尔，天下可知。冗兵耗于上，冗吏耗于下，此所以尽取山泽之利而不能足也。夫山泽之利与民共之，自汉以来，取为国用，不可弃也，然亦不可尽也。方今可谓尽矣，何以知之？只如茶法，从古无税，唐元和中，以用兵齐、蔡，宰相王涯始建税茶之法①，唐史称是岁得钱四十万贯，东师以济。今则钱数百万矣，民何以堪之！臣故曰：减冗兵，并冗吏，使山泽之饶稍流于下者，此也。

"其三曰：艰难选举，使入官不滥。古者乡举里选，为官择人，士君子行修于家，学推于众，然后荐用，登之于朝，故从政而政和，临民而民泰。自三代涉两汉，虽有沿革，未尝远去此道者也。隋唐以来，始有科试，得人之盛，与古为侔。然自唐初，终太祖之世，科试未尝不难矣，每

---

①　按初税茶乃始于唐德宗建中、贞元间，见《旧唐书》卷十三《德宗纪》、卷四九《食货志》，《唐会要》卷八四《杂税》、卷八七《转运盐铁》，《资治通鉴》卷二三四，《通典·食货·杂税》。近人鲍晓娜《茶税始年辨析》对此事有考证，载于《中国史研究》1982年第4期。

岁进士不过三十人，经学不过五十人。重以周高祖①之后，外诸侯不得奏辟，士大夫罕有资荫，故有终身不获一第，没齿不获一官者。先皇帝毓德王藩，睹其如此，临御之后，不求备以取人，舍短取长，拔十得五，在位将逾二纪，登第殆近万人②，不无俊秀之才，亦有容易而得，如臣者容易中一人尔！臣愚以为，数百年之艰难，故先帝济之以泛取；二十载之沛泽，陛下宜纠之以旧章。伏望以举场还有司，如故事。至于吏部铨择官材，亦非帝王躬亲之事。比来五品以下，谓之旨授官，今则幕职、州县而已。京官虽有选限，多不施行。太祖以来，始令后殿引见，因为常例，以至先朝调选之徒，多求侥幸。或以哀鸣泣涕便获超资，或以捷给山呼便升京秩，遂使《长定格》真同长物，吏部官只若备员，既无耻格之风，渐多阘茸之吏。臣愚以为，宜以吏部还有司，依格敕注拟可也。

　　"其四曰：沙汰僧尼，使疲民无耗。夫古者唯有四民，治民者士也，故受养于农；工以造器用，商以通货财，皆不可阙也。而兵不在其数，盖周井田之法，农即兵也，有事则战，无事则耕。自秦以来，以强兵定天下，故战士不服农业矣，是四民之外，又生一民而为五也，所以农益困。然而执干戈卫社稷，理不可去也。但使帝王之道，不得与三代同风。汉明之后，佛法流入中国，度人修寺，历代增加，不蚕而衣，不耕而食，是五民之外，又益一民而为六也，故魏晋而下治道不及于两汉。有唐大儒韩愈《谏宪宗迎佛骨表》云：'昔黄帝在位百年，年百一十岁；少昊在位八十年，年一百岁；颛顼在位七十九年，年九十八岁；帝喾在位七十年，年百十五岁；尧在位九十八年，年百十八岁；舜、禹皆寿百有余岁。当时未有佛也。'是知古圣人不事佛以求福，古圣人必排佛以救

---

① 周高祖即周太祖郭威。参见《小畜集》卷二九《故商州团练使翟公墓志铭》。
② 据《太宗实录》、《宋会要辑稿》选举、《通考·选举考》、《宋史·选举志》及《长编》等史书所载宋太宗朝八次科举登第人数，加以统计，有六千人左右。

民。假使天下有僧万人，每日食米一升，岁用绢一匹，是至俭也，而月有三千斛之费，岁有一万缣之耗，何况五七万辈①哉！而又富僧巨髡穷极口腹，一斋之食，一袭之衣，贫民百家未能供给。此辈既不能治民，又不能力战，不造器用，不通货财，而高堂邃宇丰衣饱食而已，不曰民蠹，其可得乎！臣愚以为，国家度人众矣，造寺多矣，计其费耗，何啻亿万？先朝不豫，舍施又多，佛若有灵，岂不蒙福？事佛无效，断可知矣！陛下深鉴前王，精求理本，亟宜沙汰，以厚生民。若以嗣位之初，未欲惊骇此辈，且可一二十载不令度人，不许修寺，使自销铄，渐而去之，亦救弊之一端也。

"其五曰：亲大臣，远小人，使忠良謇谔之士知进而不疑，奸憸倾巧之徒知退而有惧。夫君为元首，臣为股肱，言同体也。得其人则勿疑，非其人则不用。凡今天下言帝王之盛者，岂不曰尧舜？尧舜之道，具在方册。是时百姓不亲，五品不逊，契作司徒，敷五教；蛮夷猾夏，寇贼奸宄，咎繇作士，明五刑；伯夷典礼，后夔典乐，禹平水土，益作虞官。大哉！尧之为君，可谓委任责成而无疑矣。或曰：'诚如是，尧有何功德耶？'臣曰：'有知人任贤之德尔！'虽然，尧之道去世辽远，恐不可复。臣以近事言之，唯有唐之政可以损益而行焉。臣读元和贤相《裴垍传》，宪宗尝命垍铨品庶官，垍奏曰：'天子择宰相，宰相择诸司长官，诸司长官自择僚属，则上下不疑而政成矣。以陛下之明，择宰相数人，犹时有非其人者；况臣之不佞，择数十人诸司长官，常恐不逮；若更令臣择庶官，恐非致治之要。'当时识者以垍为知言。伏望陛下远取帝尧，近鉴唐室。既得宰相，用而不疑，使宰相择诸司长官，诸司长官自取僚属，则垂衣而治矣。所谓忠良謇谔之士知进者也。

---

① 宋初两京、诸州僧尼六万七千四百三人，岁度千人。平诸国后，籍数弥广，江浙福建尤多。至天禧五年（1021），道士万九千六百六人，女冠七百三十一人，僧三十九万七千六百一十五人，尼六万一千二百三十九人。（《宋会要辑稿》道释一之十三）

“臣又闻古者刑人不在君侧，《语》曰：‘放郑声，远佞人。’又曰：‘浸润之谮，肤受之诉，不行焉，可谓明也矣。’是以周文王左右无可结袜者，言皆贤也。夫小人之徒，巧言令色，先意承旨，事必害正，心惟忌贤，非圣帝明王不能深察。臣又按旧制：南班三品尚书，方得登殿。比者，三班奉职，卑贱可知，或因遣使，亦得升殿，惑乱天听，亵黩至尊，无甚于此。伏望陛下振举纪纲，尊严视听，在此时矣，不可不思。所谓奸憸倾巧之徒知退者也。

“臣愚以为，今之所急在先议兵，使众寡得其宜，措置得其道；然后议吏，使清浊殊涂，品流不杂；然后难选举以塞其源，禁僧尼以去其耗，自然国用足而王道行矣。今若不去冗兵，不并冗吏，不难选举，不禁僧尼，纵欲减人民之赋，宽山泽之利，其可得乎？

“伏惟陛下承二圣之贻谋，鉴千古之治道，明比日月，几先鬼神，圣智所周，不遗一物，英断所及，出于百王。而又三事大臣[①]受遗辅政，岂容郎吏辄议国经？盖以臣素被宠光，常思报效，有所贮蓄，不敢缄藏。臣又念诏书云：‘言之而不用，罪在朕躬；求之而不言，咎将谁执？’臣不胜大愿，所以辄进狂瞽，上干冕旒。伏惟陛下践诏书之言，则天下幸甚也。谨斋戒拜疏，实封附递以闻。惟陛下宽其罪而念其诚，以来谏净之路，则臣死无恨矣。”

　　按：此疏为王禹偁生平最重要之政论，最足以代表其政治思想。文集未收。吕祖谦《皇朝文鉴》卷四二录其全文，题名为《应诏言事疏》。叶适在《习学记言序目》卷四八《皇朝文鉴·奏疏》条中曾对此疏大加赞赏。今据《皇朝文鉴》录载，并参校《国朝诸臣奏议》卷一四五《上真宗论军国大政五事》、《历代名臣奏议》卷

---

① 三事大臣，指王朝处理国家政务之高级官员。

八一页四至八、《宋会要辑稿》帝系九之三、《长编》卷四二、《容斋四笔》卷十四《王元之论官冗》条、《宋史·王禹偁传》及《朱文公校昌黎集》卷三九《论佛骨表》。

洪迈云："省官之说，昔人论之多矣，唯王元之两疏，最为切当。"（《容斋四笔》卷十四）两疏指端拱二年之《御戎十策》与本年之《应诏言事疏》。

范仲淹于二十八年后（仁宗天圣三年，公元1025年）所上《时务书》，三十年后（天圣五年）之《上相府书》及四十六年后（庆历三年）之《十事疏》（即《答手诏条陈十事疏》），乃王禹偁《应诏言事疏》内容之继承与发展，禹偁不愧为北宋政治改革派之先驱。

《应诏言事疏》上达后，真宗即召禹偁还朝。（《长编》卷四二）

先是，吏部郎中、直集贤院田锡使秦州赐崇信军节度使王显加恩官告，睹关右之民困于河西力役。七月还朝，连上章极言其事。其第一疏有曰："民之利莫先于省征徭、宽赋役，民之害莫大于用兵甲、挽刍粟。利害有大小，康济有先后。今利害之大者无先于舍灵武，康济之先者莫重于安关辅。舍灵武则甲兵不兴，甲兵不兴则挽运自息，挽运既息则关辅必宁，关辅既宁则四方无虞，四方无虞则四夷无事。臣今所忧者，关西二十五州军，昨经灵武之役[1]，不胜困弊。加以时雨稍愆，秋田失种，府库未实，仓廪尚虚。若西戎辄敢骚边，北狄忽来犯塞，则朝廷何以备之？关辅何以宁之？……臣窃闻去年九月十九日未时，永兴、环州、庆州、延州、清远军、隰州，同日同时，六处地震，塌损城墙，毁坏庐舍，在处州府不敢不奏，所属转运不敢不申。泊灵州送粮草回来，死者十有余万。……关辅若有寇盗弄兵，崔苻聚啸，跨连州郡，僭称王公，则臣

---

[1]　指是年正月，太宗下令调发关辅民输送刍粟入灵州之役。灵州又称灵武郡。

虑西川复保剑关之厄,南方复恃重江之险,闽中、越中、淮南、湖南,岂无见利忘义之人? 岂无幸灾乘便之贼? 愿陛下思之! ”其第二疏有曰:“今灵州闭坚壁以待馈粮,无外援不敢御寇。昨闻百姓馈送粮食,死者十余万人;粮草二十五万,到者七八万。粮草不到者,非戎人劫掠之;百姓不来者,非戎人杀戮之,是自相蹈籍,或因被劫夺。饥饿既众,死亡遂多。……今关西父哭子,弟哭兄,妻哭夫,悲哀之声,感动行路。”(《长编》卷四一)

八月,西川广武卒刘旰逐西川都巡检使韩景祐,率众攻怀安军,破汉州、永康军、蜀州,所至城邑,望风奔溃。益州钤辖马知节领兵三百,追旰至蜀州,与之角斗,自未至亥,旰走邛州。西川招安使上官正领军与马知节合力进击刘旰,方井镇(在今新津县境内)一战,刘旰被杀。起义仅九日而败,然声势颇浩大,“众逾二千”,“三日而四郡失守,五日而两川震惊”。(《长编》卷四一;《乖崖先生文集》卷八《上官公神道碑》,附录《张公神道碑》;《宋史·马知节传》)

　　按:刘旰,《长编》及《东都事略·真宗纪》《宋史·真宗纪》《宋史·上官正传》均误作“刘盱”。此据《续古逸丛书》本《乖崖先生文集》附录《张公神道碑》、《临川先生集》卷八七《马知节神道碑》及《宋史·马知节传》改正。又《乖崖先生文集》卷三《再任蜀川感怀》自注云:“李顺、刘旰、王均,十年三乱蜀。”“旰”与“盰”音同。

　　义军人数,《长编》作“逾三千”,《临川先生集》作“数千”,今从《宋史》。

九月初,王禹偁离扬州归阙。(《小畜集》卷十一《池边菊》)时丁谓奉使闽中回朝,路过扬州,与禹偁同行。(卷十一《送丁谓之再奉使

闽中》《扬州道中感事，兼简史馆丁学士》，《宋史·丁谓传》）

是时，王禹偁有《阙下言怀，上执政》诗三首，对前此谪官滁州颇多牢骚语。其第三首云："诰词黜责子孙羞，欲雪前冤事已休。浴殿失恩成一梦，鼎湖攀驾即千秋。道边任死心终直，泽畔长吟泪暗流。虞舜五臣知此事，戏儒应免更监州（薛能诗云'监州是戏儒'）。"（《小畜集》卷十一）

　　按：当年执政（参知政事）是温仲舒、王化基、李至、李沆，见《宋史·宰辅表》。浴殿乃浴堂殿之简称，在禁中，与翰林学士入直处所之玉堂为邻，此处作为玉堂之代词。又叶梦得《石林燕语》卷七载："时张丞相齐贤、李文靖沆当国，（禹偁）乃以诗投之曰：'早有虚名达九重，宦途流落渐龙钟。……犹期少报君恩了，归卧山村作老农。'"云云。今考梦得所引禹偁诗乃《阙下言怀，上执政》第二首。至道三年，张齐贤、李沆均未入相，且此诗明言上执政，当年张齐贤仅官户部尚书、知安州，亦非执政。梦得所记，显有差误。

十月，王禹偁请撰《太宗实录》，并乞求参预编修。（卷二二《请撰大行皇帝实录表》）

　　按：表文内有"今陵寝有日，论撰是资"句，史载太宗葬于永熙陵是在是年十月十八日。又表文内有"先帝采搢绅虚誉，自长洲令征为左正言，帖直史馆"云云，左正言应是"右拾遗"或"右正言"之误刊。参见本编年端拱元年正月、二月及二年正月之记事。

十一月，诏工部侍郎、集贤院学士钱若水修《太宗实录》。若水举柴成务、宗度、杨亿、吴淑同修（《事实类苑》卷三引《杨文公谈苑》，《长编》卷四二，袁本《郡斋读书志》卷二上，《玉海》卷四八），而未及王禹偁。

按：《宋史·戚同文传》谓"宗度预修《太祖实录》"，太祖当为太宗之误。

十二月甲午，钱若水等言："所修《太宗实录》，自太平兴国八年以前，君臣献替，不著于话言；淳化五年以前，亲决万机，不闻于策府。请降诏旨，许臣等于前任见任宰相、参知政事、枢密院使、三司使等处移牒求访，以备阙文。"许之。（《长编》卷四二）

先是，李继迁遣使修贡，求备藩任。真宗虽察其变诈，时方在谅闇，姑务宁静，因从其请，复赐姓名、官爵。十二月甲辰，以银州观察使赵保吉为定难军节度使，并以夏、银、绥、宥、静五州赐赵保吉。甲寅，又以张浦为郑州防御使，遣还。（《长编》卷四二，《宋大诏令集》卷一八六，《宋史·真宗纪》）

十二月二十四日，以刑部郎中王禹偁守本官，复知制诰，与兵部郎中、史馆修撰李若拙并命。（《小畜集》卷二五《谢除刑部郎中知制诰启》，《宋会要辑稿》职官三之十四，《长编》卷四二）此为禹偁三度任知制诰。

真宗初即位，暇日，召王禹偁与之论文。禹偁奏曰："夫进贤黜不肖，辟谏诤之路，彰为诰命，施之四方，延利万世，此王者之文也。至于雕纤之言，岂足轸虑思、较轻重于琐琐之儒哉！愿弃末务大以成宗社之计。"真宗顾曰："卿爱朕之深矣。"（夷门君玉《国老谈苑》卷一）

按：君玉误书禹偁当时官职为翰林学士。

宋初罢节镇统支郡，以转运使领诸路事，其分合未有定制。是年，始定为十五路，一曰京东路，二曰京西路，三曰河北路，四曰河东路，五曰陕西路，六曰淮南路，七曰江南路，八曰荆湖南路，九曰荆湖北路，十曰两浙路，十一曰福建路，十二曰西川路，十三曰峡路，十四曰广南东路，十五曰广南西路。（《长编》卷四二，《续资治通鉴》卷十九）

十二月，右正言晁迥直史馆。（《宋会要辑稿》选举三三之二）

〔编年文〕

《累赠太子洗马王府君墓志铭并序》（卷二九）。

　　按：志文中称太宗为"今上"，又叙及王府君之妻，"至道二年追封南阳县太君"，故知撰年当在至道三年春或稍前。

《谢落起复表》（《小畜集》卷二二），《皇华集序》（卷二十），《答晁礼丞书》（卷十八）。以上均在春间作。

《扬州建隆寺碑》（卷十七），《贺皇帝嗣位表》《谢转刑部郎中表》《贺册皇太后表》（卷二二）。以上均在四月作。

《贺册皇后表》（卷二二，五月末六月初作），《慰上大行皇帝谥号庙号表》（卷二二，六月作），《谢弟禹圭授试衔表》（卷二二，夏秋间作），《请撰大行皇帝实录表》（卷二二，十月作），《园陵犬赋》（卷一），《谢除刑部郎中知制诰启》（卷二五，十二月作）。

《建溪处士赠大理评事柳府君墓碣铭并序》（卷三十）。

　　按：铭文中有"太祖平吴，（柳）宜为费宰"语，据下文"博士（指柳宜）之归朝也，得雷泽令"及卷二十《送柳宜通判全州序》云"皇家平吴之明年，（柳宜）随伪官得雷泽令"，可知"费宰"乃"雷泽令"之误书。盖雷泽县属濮州，费县属沂州，风马牛不相及。

《上宰相谢免判吏部南曹启》（卷二五，约撰于是年十二月或明年）。

〔编年诗〕

《扬州寒食，赠屯田张员外、成均吴博士（铉）同年、殿省柳丞（宜）》《扬州池亭即事》（卷六）。以上三月作。

《茶园十二韵》（三月作），《送董谏议（俨）之任湘潭》《送江州孙膳部归阙，兼寄承旨侍郎（宋白）》《送严判官儒归滁州》《将巡堤堰，先寄高邮蒋知军》《送阁门秦舍人（羲）》《病起思归二首》《寒食》（以上正月、二月作），《酬太常晁丞（迥）见寄》《张屯田弄璋三日，略不会客，戏题短什，期以满月开筵》《寄秀州冯十八礼丞同年（伉）》《牡丹十六韵》《朱红牡丹》《芍药花开，忆牡丹绝句》《海仙花诗三首》《后土庙琼花诗二首》《樱桃渐熟，牡丹已凋，恨不同时，辄题二韵》《芍药诗三首》《暮春》《酬高邮知军蒋殿丞见寄》《又和寄惠藤箧绝句》（三月作），《先帝登遐，圣君嗣位，追惟恩顾，涕泣成章》《登寿宁寺阁》（四月作），《池上作》（六月作），《和国子柳博士（宜）喜晴见赠》《公退言怀》《公余对竹》《官舍偶题》《赠吕通秘丞楚州监仓》《赠虚己》《赠省钦》《赠王殿院（子舆）同年》（秋天作），《留别扬府池亭》《池边菊》（九月初作）。以上均在扬州任内作，见卷十一。

《次韵和史馆丁学士（谓）赴阙书怀见示》《次韵和丁学士途中偶作》（《外集》卷七），《扬州道中感事，兼简史馆丁学士》（《小畜集》卷十一）。以上均在九月初赴京途中作。

《太宗皇帝挽歌三首》《阙下言怀，上执政三首》《送邵察院知朗州》《送直馆高正言转运荆湖》《送宋澥处士之长安》（卷十一，秋冬间在汴京作）。

按：宋澥为翰林学士、中书舍人宋湜之从弟，事迹见《宋史·宋湜传》。

真宗咸平元年戊戌（998）　四十五岁

正月丙寅，命翰林学士杨砺权知贡举，李若拙、梁颢、朱台符权同知贡举。（《长编》卷四三，《宋史·朱台符传》）

正月庚辰，审刑院详议官、监察御史（从七品官）韩见素表求致仕，时年四十八。真宗难之。李至曰："近世朝行中，躁竞求进者多，知止求退者少，若允其请，亦足以激劝薄俗。"真宗默然。乃授刑部员外郎（正七品官），致仕。（《长编》卷四三）王禹偁有《送刑部韩员外同年致仕归华山》诗，末章云："脱洒因君去，龙钟使我羞。迁莺情最洽，化鹤术难求。掌诰无文彩，谋身足悔尤。紫垣频忝窃，白发合归休。应璩叨三入，张衡志四愁。亦期婚嫁毕，攘袂逐浮丘。"（《小畜集》卷十一）

正月甲申（二十四日），彗星出营室北，光芒尺余。二月甲午，诏求直言。丁酉（初八），彗星灭。（《长编》卷四三，《宋史·真宗纪》）自彗星出至灭，凡十四日。（《宋史·天文志九》）王禹偁撰有《为宰臣以彗星见求退表》《又谢恩表》二篇。（《小畜集》卷二四）

二月戊戌，诏以久停贡举，颇滞时才，令礼部据合格人内，进士放五十人，高丽宾贡进士金成绩一人；诸科百五十人。来岁不得为例。（《长编》卷四三，《通考·选举考三》，《宋史·选举志一》）

　　按：《东轩笔录》卷一谓孙何榜之后，"科场不开者十年"，误。十年应作五年。

先是，吏部郎中、直集贤院田锡出知泰州，未之任，会星变，三月七日，锡上疏略云："李继迁不合与夏州，又不合呼之为赵保吉。昨以陛下登极，虽来进奉，锡之优诏，奖以来王。识其奸谋，辨其诡计，则可；锡之土宇，授以节旄，则非。以臣愚蒙，料彼变诈，必不肯久奉朝命，必不能永保塞垣。臣谓关辅劳扰从此生，国家费耗从此起，是时事舛误之

大者。"(《长编》卷四三)

　　　　按：田锡在去秋上疏建议放弃灵州，而今春却反对予李继迁以土地，前后主张不同。

　　三月壬申，赐进士汝阳孙仅等宴琼林。仅，何弟也。仅连中省元、状元。(《通考·选举考五》引《宋登科记总目》，《续资治通鉴》卷二十)王禹偁撰《赠状元先辈孙仅》诗一首，其中有"病中何事忽开颜，记得诗称小状元"句，自注云："予淳化辛卯岁(二年)赠君诗云：'明年再就尧阶试，应被人呼小状元。'"(《小畜集》卷十一)

　　　　按：孙何中淳化三年进士第，省试、殿试俱第一。孙仅亦步其兄长之后尘。王禹偁早已断言孙仅必中状元，其鉴赏文章之眼力，于此可见。

　　黄宗旦中是年第二名进士。(《宋会要辑稿》选举二之三，《乾隆泉州府志》卷三三)张景中第四名进士。(宋祁《景文集》卷五九《张公墓志铭》，参阅《长编》卷四三)刘烨中第九名进士。(《容斋续笔》卷十三《金花帖子》条)刘筠亦于是年中进士第。(袁本《郡斋读书志》卷四中，《旧闻证误》卷一)筠与杨亿均为北宋西昆体诗派巨擘。王禹偁之门生朱严考取进士第三人。秋间，朱严从事和州，禹偁赠诗有"榜眼科名释褐初"句(《小畜集》卷十一《送第三人朱严先辈从事和州》)，可知当时亦称进士第三人为榜眼。

　　春间，王禹偁多病，因体瘦弱故爱穿道装，有诗云："力疾奉朝谒，归来倦送迎。老为儒术误，瘦爱道装轻。"又云："郎署领制诰，十年未上坡。冯唐空潦倒，卫绾是谁何？""凤阁十年笔，乌纱九陌尘。集仙知己在,应为指迷津。"(卷十一《病中书事,上集贤钱侍郎》)对宦途潦倒,深为不满!

七月甲申,赐诸王及辅臣新印"三史"。(《玉海》卷四三)王禹偁有《为宰臣谢〔赐〕新雕三史表》。(《小畜集》卷二一)

秋间,王禹偁有《和屯田杨郎中同年(覃)留别之什》,略云:"谬掌斯文虽未丧,欲行吾道即无权。……引重力轻深自愧,强酬诗什益凄然。"自注云:"予尝举奏屯田,未有恩旨。"(卷十一)

八月乙巳,钱若水等上《太宗实录》八十卷。时若水判集贤,因用院印,史馆无所预,才九月而毕。宰相吕端虽为监修,而未尝莅局,书成不署端名。(《长编》卷四三)

先是,钱若水受诏修《太宗实录》,引左正言、直集贤院杨亿参其事。亿所独草凡五十六卷,故奏篇最速。亿自言母老,求出守就养,命知处州。既而真宗以亿有史才,留不遣。亿固请往。九月甲子(八日),召对,加赐而遣之。(《长编》卷四三)王禹偁以诗送行,有句云:"弱冠珥朝簪,才堪入翰林。重违君厚遇,聊奉母欢心。笔削留惇史,囊装贮赐金。"(《小畜集》卷十一《送正言杨学士亿之任缙云》)

九月七日,舍人院试秘书丞孙冕杂文,诏直史馆。主持试文为知制诰王禹偁。(《宋会要辑稿》选举三一之二四,《麟台故事》卷一《选任》)

先是,终南山豹林谷隐士种放母死,贫不克葬,遣僮奴告于翰林学士宋湜等。湜与钱若水、王禹偁同上表言:"今闻放执亲之丧,贫不能葬。……虽共谋分俸,而未若推恩。况褒岩穴之贤,敢掠朝廷之美?"九月壬申,优诏赐放粟帛、缗钱。(《小畜集》卷二二《乞赐终南山人种放孝赠表》,《长编》卷四三,《宋史·种放传》)

九月己巳,真宗以沈伦所修《太祖实录》事多漏略,诏宰相吕端、判集贤院钱若水重修。丁丑,又以王禹偁、李宗谔、梁颢、赵安仁等同修。十月戊子,吕端罢相,以李沆监修。(《宋大诏令集》卷一五〇,《长

编》卷四三,《小畜集》卷二二《谢加朝请大夫表》,袁本《郡斋读书志》卷二上,《宋会要辑稿》运历一之二九）

十月戊子,户部尚书张齐贤加兵部尚书,与户部侍郎、参知政事李沆并平章事。参知政事李至罢为武胜军节度使。己丑,参知政事温仲舒罢为礼部尚书。以枢密副使、户部侍郎向敏中为兵部侍郎、参知政事。翰林学士杨砺为工部侍郎,宋湜为给事中,并为枢密副使。（《长编》卷四三,《宋史·真宗纪》）

冬,王禹偁抱孙,喜而赋诗,有句云:"经年病不饮,此日一开樽。鉴里休嫌老,怀中已抱孙。"（《小畜集》卷十一《寿孙三日》,卷一《三黜赋》）

> 按:钱易《张咏墓志铭》云:"外孙日寿。"（《乖崖先生文集》附录）

是年,王禹偁为同年进士朱九龄之父遵式撰墓志铭。（《小畜集》卷三十《监察御史朱府君墓志铭》）

> 按:撰年从志文中"受太宗之殊遇"及朱九龄"请以词臣之笔志于丈人之墓"云云推定。

是年,诏以僧赞宁充东京右街僧录,寻迁左街。（卷二十《左街僧录通惠大师文集序》,《宋高僧传》卷末《后序》）

> 按:左、右街僧录司,掌寺院僧尼帐籍及僧官补授之事,属鸿胪寺。左、右街僧录为该司之长官。见《宋史·职官志五》。
> 元僧觉岸《释氏稽古略》卷四载:赞宁于"次年（指咸平二年）

进左街"。

是年，宋祁（998—1061）生。（《琬琰集删存》卷一引范镇撰《宋祁神道碑》）

王禹偁预修《太祖实录》，直书其事。时宰相张齐贤、李沆不协，意禹偁议论轻重其间。十二月二十九日（岁除日）落知制诰，出知黄州。（《宋史·王禹偁传》，《小畜集》卷十七《黄州新建小竹楼记》，《长编》卷四三。而《涑水记闻》卷三误以《太祖实录》为《太宗实录》，他书多沿其误）明年闰三月末，禹偁于《黄州谢上表》中曾追述此事云："臣叨司帝诰，又历周星。既不曾上殿求见天颜，又不曾拜章论列时事。入直则闭阁待制，退朝则杜门读书。虽每日起居，实经年抱疾。不敢求假，恐烦医官。自后忝预史臣，同修《实录》。昼夜不舍，寝食殆忘。已尽建隆四年，见成一十七卷。虽然未经进御，自谓小有可观。忽坐流言，不容绝笔。夫谗谤之口，圣贤难逃。周公作《鸱鸮》之诗，仲尼有桓魋之叹。盖行高于人则人所忌，名出于众则众所排，自古及今，鲜不如此。"又云："臣孤贫无援，文雅修身。不省附离权臣，只是遭逢先帝。但以心无苟合，性昧随时。出一言不愧于神明，议一事必归于正直。愠于群小，诚有谤词；谋及卿士，岂无公论？以至两朝掌诰，四任词臣。紫垣最忝于旧人，白首不离于郎署。以微臣之行己，遇陛下之至公。久当辩明，未敢伸理。今则上国千里，长淮一隅。虽叨守土之荣，未免谪居之叹。霜摧风败，芝兰之性终香；日远天高，葵藿之心未死。"（《小畜集》卷二二，参校《皇朝文鉴》卷六三）

按：此表为四六文之名篇。

又作《三黜赋》以见志，其卒章云："屈于身兮不屈其道，任百谪而

何亏！吾当守正直分佩仁义，期终身以行之。"（卷一）

又《渑水燕谈录》卷七载："王元之谪黄州，实由宰相不悦，交亲无敢私见，惟窦元宾握手泣唁于阁门曰：'天乎！使公屡黜，岂非命耶？'士大夫高之。元之以诗谢之云：'惟有南宫窦员外，为予垂泪阁门前。'"（参校《事实类苑》卷三四《王元之》条所引）

又《苏魏公集》卷五一《杨公（徽之）神道碑》载："（徽之）识翰林王禹偁于布衣时，……王翰林谪黄州，未行，旬浃之间，公三至其家，慰勉开释，情礼备至。"

枢密副使宋湜亦亲至禹偁家为之开释。（王禹偁《祭宋枢密文》，引自《五百家播芳大全文粹》卷九五）

按：僧文莹《玉壶清话》卷四载："王元之黜黄州，时苏易简榜下放孙何等进士三百五十三人，奏曰：'……臣欲令榜下诸生送于郊。'奏可之。至行日，送过西短亭，诸生拜别于官桥。元之口占一阕付状元，……"（《渑水燕谈录》卷七略同）今考孙何等中进士在淳化三年，苏易简亦已于至道二年死去，与王禹偁谪官黄州之年代不相及。南宋周必大尝对《玉壶清话》此条记事加以驳议，断言其妄，见《二老堂诗话》卷上。

又《容斋随笔》卷五《国初人至诚》条载："王元之自翰林学士以本官刑部郎中知黄州，遣其子嘉祐献书于中书门下，以为：'朝廷设官，进退必以礼，一失错置，咎在廊庙。某一任翰林学士，三任制诰舍人，以国朝旧事言之，或得给事中，或得侍郎，或为谏议大夫。某独异于斯，斥去不转一级，与钱谷俗吏混然无别，执政不言，人将安仰？'"

按：此书不见于《小畜集》及残本《外集》，而洪迈记事亦有失误处,禹偁谪官黄州之前乃任知制诰而非翰林学士。

是年或稍后,王禹偁为同乡父执桑光辅(914—991)撰神道碑铭。(《小畜集》卷二九《殿中丞桑公神道碑铭》)

〔编年文〕

《为宰臣(吕端等)以彗星见求退表》《又(为宰臣)谢恩表》(《小畜集》卷二四,正月作),《野兴亭记》(卷十七,二月为参政李沆作),《为宰臣谢〔赐〕新雕三史表》(卷二一,七月作),《乞赐终南山人种放孝赠表》(卷二二,秋天作),《为兵部向侍郎(敏中)谢恩表》《为温侍郎(仲舒)谢除礼部尚书表》《为兵部张相公(齐贤)谢官表》《为史馆李相公(沆)让官表》(卷二四,十月作),《谢仆射相公(吕端)求致仕启》(卷二五,十月作),《为史馆李相公让官第二表》(卷二四,十月、十一月之间作)。

《监察御史朱府君墓志铭》(卷三十),《殿中丞赠太常少卿桑公神道碑铭》(卷二九)。《书蝗》(卷十四,参预重修《太祖实录》时作)。

〔编年诗〕

《送刑部韩员外同年(见素)致仕归华山》(正月作),《赠状元先辈孙仅》《赠浚仪朱学士台符新〔同〕知贡举》《书怀送田二舍人(锡)自吏部郎中出典泰州》《寒食出城,马上偶作》(以上三月作),《送丁谓之再奉使闽中》《病中书事,上集贤钱侍郎(若水)五首》《赁宅》《青猿》《寓直偶题》《顷年谪宦解梁,收得令狐补阙〈毛诗音义〉,其本乃会昌三年所写,数行残缺,后人添之,其笔迹乃工部毕侍郎(士安)所补也。昨因问之,乃云亡失多年矣。作四韵以还之》《伏日偶作》(以上春夏间作),《和吏部薛员外见寄》《赠密直张谏议》《寄状元孙学士何》《送谭殿院之任南阳》《送河阳任长官》《和屯田杨郎中同年留别之什》《送临清杨可主簿入蜀》《送淳于中舍悬车侍养》(以上夏秋间作），《送正言杨学士亿之任缙云》（九月作），《送第三人朱严先辈从事和州》（秋末作），《送南阳李太傅（至）二首》（十月作），《寿孙三日》（冬天作）。

以上均见《小畜集》卷十一，知制诰任内作。

咸平二年己亥（999） 四十六岁

正月乙丑，命礼部尚书温仲舒知贡举，御史中丞张咏、知制诰师颃同知贡举，刑部员外郎董龟玉、太常博士王涉同考试及封印卷首，仍当日入院。礼部贡院封印卷首自此始。（《长编》卷四四）

正月，王禹偁以卜葬父柩告假，南出开封安上门，走马六十里，暮宿中书村，晤及唐元和中宰相郑絪之六世孙郑昱，赠之以诗，有云："我爱三代时，法度有深根。卿大夫称家，世世奉蘋蘩。四民有定分，宦路无驰奔。自从杂伯道，倾夺日喧喧。脱耒秉金钺，吮笔乘朱轩。朝荣又暮辱，容易如掌翻。古道不可复，颓波益以浑。何况度木者，倒置轮与辕。我亦起白屋，两朝值紫垣。荫子有官常，赏延弟与昆。尽待食人禄，将何报君恩。农桑国之本，孝义古所敦。吾族不力穑，终岁饱且温。虽非享富贵，亦以蠹黎元。唐贤尚消歇，我辈奚足言。呼儿讽此诗，播在籈与埙。"（《小畜集》卷二二《黄州谢上表》，卷六《一品孙郑昱》）禹偁盖有感触而发为此论，然其间推尊三代，贬抑后世，仍不脱一般儒生窠臼。

按：禹偁此类议论，尚可参见卷十六《长洲县令厅记》及卷十八《答黄宗旦第二书》。

先是，王禹偁之同年进士戚纶转任著作佐郎、通判泰州，将行，秘书监杨徽之荐其文学纯谨，宜在馆阁。三月甲寅，以纶为秘阁校理。

(《长编》卷四四,《宋史·戚纶传》)戚纶乃戚同文之子。

三月癸亥,诏:“今岁举人颇众,若依去年人数取合格者,虑有所遗落,进士可增及七十人,诸科增及一百八十人。”礼部寻以孙暨等二百五十人名闻,内诸科一举者六人特黜去之,余并赐及第。(《长编》卷四四)钱易中是榜进士第二人。(《书录解题》卷二十,《宋史》本传)盛京亦中是榜进士。(《芦浦笔记》卷五引《登科记》)

春间,王禹偁有诗寄宰相李沆,诗云:“出入西垣与内廷,十年四度直承明。又为太守黄州去,依旧郎官白发生。贫有妻贤须薄禄,老无田宅可归耕。未甘便葬江鱼腹,敢向台阶请罪名。”(《外集》卷七《出守黄州上史馆相公》)其倔强性格跃然纸上。王禹偁一生始终未曾置有田宅,在京为官,亦止租赁住宅,《外集》卷七及《小畜集》卷十一均有《赁宅》诗记其事。(参见本编年淳化五年条)王禹偁谪黄州时,翰林学士毕士安以其家贫,乃致白金三百两为赆。(《西台集》卷十六《行状》,《长编》卷四三咸平元年十月条)

闰三月九日晨,王禹偁出守黄州行抵光州加禄驿,昼寝既酣,初夕无寐,因命家僮秉烛,为友人鞠仲谋之父鞠恒撰墓碣铭。(《小畜集》卷三十《著作佐郎鞠君墓碣铭》,参阅卷十九《送鞠仲谋序》)

闰三月二十七日,王禹偁抵黄州任所,曾上表言:“黄州地连云梦,城倚大江。唐时版籍二万家,税钱三万贯。今人户不满一万,税钱止及六千。虽久乐升平,尚未臻富庶。”(卷二二《黄州谢上表》,参阅卷十七《黄州新建小竹楼记》)

　　按:黄州又称齐安郡,辖黄冈、黄陂、麻城三县。见《通考·舆地考五》。

四月,以御史中丞张咏为工部侍郎,知杭州。(《长编》卷四四)

四月，毕士安罢翰林学士，出知潞州。（《长编》卷四三咸平元年十月条附注）

六月丁巳，宰臣、监修国史李沆等上《重修太祖实录》五十卷，并事目二卷。癸亥，降诏嘉奖，赐袭衣、金犀带、银、帛各有差。钱若水而下，又加散官、食邑。（《长编》卷四四，《宋会要辑稿》运历一之二九，《玉海》卷四八）以王禹偁曾预修，特授朝请大夫，赐绢五十匹，银五十两。禹偁谢表有云："臣业文之外，蔑有器能。知命之年，别无嗜好。才思未减，笔力尚雄。驰于文翰之场，犹能识路；责以循良之政，恐误分忧。倘用所长，期不辱命。"（《小畜集》卷二二《谢加朝请大夫表》）禹偁犹望入内廷为两制、三馆之官。李沆等所重修《太祖实录》，视前录为稍详，而真宗犹谓未备。其后，大中祥符九年，复诏赵安仁、晁迥、陈彭年、夏竦、崔遵度同修，宰相王旦监修。明年书成，卷帙如旧。自太平兴国至大中祥符前后凡三修。（《宋会要辑稿》运历一之二九，《玉海》卷四八）

按：朝请大夫为从五品上之阶官。

夏秋间，王禹偁在黄州子城西北隅筑小竹楼二间。八月十五日，撰成《竹楼记》。（《小畜集》卷十七）此文与《待漏院记》《唐河店妪传》《录海人书》《答张扶书》等为禹偁所撰古文之代表作。

按：王安石称许《竹楼记》胜于欧阳修《醉翁亭记》，见黄庭坚《豫章黄先生文集》卷二六《书王元之竹楼记后》。

八月丙申，真宗大阅禁兵二十万于开封城东北郊。真宗作大阅五言诗，令属和。儒臣梁颢、曾致尧等各上大阅颂赋铭，诏付史馆。（《宋会要辑稿》礼九之六至七,《宋史·王超传》)王禹偁亦撰有《大阅赋》。
(《小畜集》卷一)

先是,枢密都承旨王继英以契丹入寇,请车驾北巡。真宗嘉纳
之。九月丙戌,命继英驰传诣镇、定、高阳关路视行宫顿置,宣慰将士。
(《长编》卷四五)

十月,契丹攻遂城,城小无备,众恟惧。保州缘边都巡检使杨延朗
(后改名延昭,杨业之子)时在遂城,集丁壮登陴防守。会大寒,延朗命
汲水灌城上,及旦,冰坚滑不可攻,契丹兵解去。(《长编》卷四五,《东
都事略·杨延昭传》,《续资治通鉴》卷二一)

十一月丙戌,祀天地于圜丘,以太祖、太宗配,大赦天下。(《宋
史·真宗纪》)特授王禹偁上柱国之勋官。(《小畜集》卷二二《谢加上
柱国表》)

十一月乙未,诏以边境绎骚,取来月暂幸河北。十二月甲寅,真宗
车驾发京师;戊午,驻跸澶州;甲子,次大名府。(《长编》卷四五)王禹
偁为此事上《起居表》。(《小畜集》卷二二)

是年,刘昌言卒。(《宋史》本传)

〔编年文〕

《三黜赋》(《小畜集》卷一,春间作),《著作佐郎赠国子博士鞠君
墓碣铭并序》(卷三十,闰三月九日作),《黄州谢上表》(卷二二,闰三
月末作),《谢加朝请大夫表》(卷二二,六月作),《黄州新建小竹楼记》
《黄州齐安永兴禅院记》(卷十七,八月十五日作)。《大阅赋》(卷一)。

      按:赋内有"天祚有宋,受禅于周。……四十载兮王泽流"等
语,宋太祖建隆元年(960)至真宗咸平二年(999)恰为四十载。
又《长编》卷四五,系真宗大阅禁兵于咸平二年八月十六日,故推
定该赋撰于是年八月、九月之间。

《谢加上柱国表》(卷二二,十一月下旬作,参见《长编》卷四五),《起居表》(卷二二,十二月作),《黄州重修文宣王庙壁记》(卷十七),《孟水部诗集序》(卷二十)。

〔编年诗〕

《一品孙郑昱》(卷六),《出守黄州上史馆相公》(《外集》卷七)。以上两首均作于春天。

《凤皇陂》(《小畜集》卷六,闰三月赴黄州途中作),《瑞莲歌》(卷十三,五月作,或作于明年)。

咸平三年庚子(1000) 四十七岁

正月,益州戍卒起事,击杀益州钤辖符昭寿,逐知州牛冕等,据甲仗库取兵器,推都虞候王均为首,建国号曰大蜀,改元化顺,署置官称。攻下汉州,攻绵州不能克,直趋剑门,欲绝宋师南下之路,战败,还成都。(《长编》卷四六,《宋史·真宗纪》,《宋会要辑稿》兵十之十至十一)

正月,真宗驻跸大名府。丁亥(初九),范廷召等大破契丹兵于莫州东三十里,斩首万余级,余众遁逃出境。壬辰(十四日),随军枢密副使宋湜卒于澶州,年五十一。(《长编》卷四六,《东都事略·宋湜传》)王禹偁曾有诗挽之,略云:"先帝升遐日,词臣寓直时。枢前言顾命,笔下定鸿基。"(《青箱杂记》卷六)并作有《祭宋枢密文》详述多年交往之情况。(《五百家播芳大全文粹》卷九五)

按:宋湜在至道年间,任翰林学士,见《宋史》本传。又杨亿《武夷新集》卷八《宋公神道碑铭》记宋湜卒于正月己丑(十一日)。

正月甲午(十六日),真宗自大名府启程南归,始闻王均反,即以户部使雷有终知益州,兼提举川、峡两路军马,率步骑八千往攻之。(《长

编》卷四六）

正月癸卯，秘书监杨徽之卒，年八十。无子，其外孙宋绶能自立于时。（《长编》卷四六，《东都事略·杨徽之传》）

正月庚子，真宗返京城。（《长编》卷四六）二月中旬，王禹偁上《贺圣驾还京表》。（《小畜集》卷二二）

二月辛亥，以翰林学士王旦权知贡举，知制诰王钦若、直集贤院赵安仁权同知贡举。（《长编》卷四六，《宋会要辑稿》选举一之七）

二月丁卯，王均开成都城门，伪为遁状，雷有终等率兵入城，"官军多分剽民财，部伍不肃"，为王均所击败，退驻汉州。（《长编》卷四六，《宋史·雷有终传》）

三月一日，知泰州田锡上疏曰："昨契丹犯境，闻龙猛兵士三二千人诈作契丹，掳劫河北，今闻散在兖州山林间；又近日西川驻泊神卫军都虞候王均作乱，奔冲剑门，寻已杀戮；近又访闻河东州郡泽、潞间亦有盗贼。……昨李继迁虽授夏州节度使，在彼自称西平王，岂不为将来边患？……臣又以江南、两浙，自去年至今，民饿者十八九，未见国家精求救疗之术。初闻遣使煮粥俵给，后来更不闻别行轸恤。今（二）月十二日，有杭州差人赍牒泰州会问公事，臣问彼处米价，〔称〕每升六十五文足，彼中难得钱。又问疾疫死者多少人，称饿死者不少，无人收拾，沟渠中皆是死人，却有一僧收拾埋葬，有一千人作一坑处，有五百人作一窖处。臣又问有无得雨，称春来亦少雨泽。臣问既少雨泽，麦苗应损，称彼处种麦稀少。又问饥馑疾疫去处，称越州最甚，萧山县三千余家逃亡，死损并尽，今并无人，其余明、杭、苏、秀等州积尸在外沙及运河两岸不少。虽未审虚实，然屡有听闻。兼闻常、润等州死损之人，村保各随地分埋瘗。况掩骼埋胔是国家所行之事，文王葬枯骨而天下归心。今积尸暴骨如是，而使僧人收藏，村保埋瘗，甚无谓也。……今诸处城池多不修筑，坏垣填堑，往来如平地，万一卒有盗起，逐处官吏何以固守？加以在营兵士多非精税，在库甲仗少有坚完，道路出入之要冲，山川险阻之形胜，有不相统摄之处，有不相叶同之人。况太平既久，士卒不惯行阵，将帅不知战守，加以士卒骄而将帅鄙，……伏望陛下以选求将帅为急务，以博访谋猷为上策。若止三班中求任使，文班中求武勇，臣窃惧失朝廷大计，失国家大事也。"（《长编》卷四六）

春间，王禹偁有诗云："兰清时雨和甘棠，石壁洄澜映塔光。陆羽茶泉金鼎冷，右军墨沼兔毫香。龙潭彻底明秋月，凤顶当空背夕阳。乘得绿杨春晓兴，玉台井畔泛霞觞。"（明《弘治黄州府志》卷七著录，题为《总诗》）

三月甲午，真宗御崇政殿亲试礼部所上合格举人，命翰林学士承旨宋白等二十人于殿后东、西阁考覆，赐陈尧咨以下二百七十一人进士及第，一百四十三人同本科及"三传"、学究出身。尧咨，尧叟之弟也。又命翰林侍读学士邢昺等十五人考校诸科，得四百三十二人，赐及第、同出身。又试进士五举、诸科八举及尝经御试或年逾五十者，论一篇，得进士二百六十人，诸科六百九十七人，赐同出身。赐宴日，以御诗褒宠之。以尧咨等五人并为将作监丞、通判，第一等并"九经"为大理评事、知大县，第二等为节度、观察、防御、团练推官，余为判、司、簿、尉，试衔者守选。真宗连三日临轩，初无倦怠之色。所擢凡千八百余人，其中有自晋天福中随计者。又赐河北进士、诸科三百五十八人及第、同出身。既下第，愿求试武艺及量才录用者，又五百余人，悉赐装钱慰遣之，命礼部叙为一举。推恩之广，近代所未有。（《长编》卷四六、卷四七，《宋史·选举志一》，《宋会要辑稿》选举七之五至六）咸平元年，孙仅（第一名进士）但得防御推官；二年，孙暨以下，但免选注官。盖此两榜，真宗在谅闇，礼部所放，故杀其礼。（《容斋续笔》卷十三《科举恩数》条）吕夷简、许洞亦于是年中进士。（《乐全集》卷三六《吕公神道碑》，《宋史·许洞传》，《吴郡志》卷二八）

四月庚戌，吕端卒，年六十六。（《长编》卷四七，《东都事略·吕端传》）

五月，知福州、殿中侍御史冯伉卒。诏赐其家钱十万。（《长编》卷四七）

九月甲午夕，王均领余众二万多人自成都突围南下。十月初，抵富顺监，将结筏渡江，趋戎、泸蛮境，为雷有终部将杨怀忠所围攻，王均自缢死。（《长编》卷四七，《宋史·雷有终传》，《乖崖先生文集》卷九《贺西川贼平表》）

十月，诏选官校勘《三国志》《晋书》《唐书》。以直秘阁黄夷简、钱惟演、杜镐，直史馆刘蒙叟，直集贤院宋皋，秘阁校理戚纶校《三国志》，又命镐、纶与史馆检讨董元亨、直史馆刘锴详校。直昭文馆许衮、陈充校《晋书》，黄夷简续预焉；而镐、纶、锴详校如前。直昭文馆安德裕、句中正，直集贤院范贻孙，直史馆王希逸校《唐书》。其后咸平五年校毕，送国子监镂板。惟《唐书》以浅谬疏略，且将命官别修，故不令刊板。（《宋会要辑稿》崇儒四之二）

> 按：王希逸原误作"而希逸"，"校唐书"三字原脱漏，今据《麟台故事》卷二《校雠》、《玉海》卷五四《景德册府元龟》条改补。

十月，监修国史李沆请命官续修《通典》。诏翰林学士承旨宋白、知制诰李宗谔编修。白等又请命舒雅、杨亿、李维、石中立、任随同编修，杜镐检讨。明年九月书成，白等上之，凡二百卷，目录二卷。诏藏秘阁。起唐至德初至周显德末。时论非其重复，不以传布。（《玉海》卷五一）

十月，王禹偁在黄州公署西偏建成书斋一所，名曰"无愠斋"，并作记一篇。（《小畜集》卷十七）不久，又建成寝室一所，名曰"睡足轩"

（《小畜集》附录《知黄州沈虞卿跋》），取杜牧《忆黄州》诗"平生睡足处，云梦泽南州"之义。（《舆地纪胜》卷四九《黄州·景物下》）

十月二十日，黄州甚寒，始有冰。王禹偁作古诗一首云："重衾又重茵，盖覆衰懒身。中夜忽涕泗，无复及吾亲。须臾残漏歇，吏报国忌辰（指宋太祖忌日）。凌旦骑马出，溪冰薄潾潾。路旁饥冻者，颜色颇悲辛。饱暖我不觉，羞见黄州民。昔贤终禄养，往往归隐沦。谁教为妻子，头白走风尘。修身与行道，多愧古时人。"（《小畜集》卷六）

十月，知黄州王禹偁上疏曰："臣际会昌辰，忝冒通籍，况在分忧之任，岂忘报禄之心？凡有见闻，皆合论奏，然而言关灾异，事涉机宜，苟非不讳之朝，即恐犯时之忌。今者不避逆耳，用明匪躬，仰冀圣恩，稍宽死罪。臣本州去年十一月[①]，城南长圻村[②]两虎夜斗，一虎死，食之殆半。当时即欲密奏，便值銮驾北征，既非吉祥，懒闻行在，臣但只堤防盗贼、抚恤军民而已。又今年八月十三日、十四日夜，群鸡忽鸣，至今时复夜鸣未止。又十月十三日，雷声自西北起，与盛夏无殊。臣伏读《洪范五行传》及《春秋》灾异、《史记·天官书》、两汉五行天文志等，以此详校。虎者毛虫，属金，'金失其性则有毛虫之妖'。又云：'虎相食者，其地当大饥。'鸡者羽虫，属火，'火失其性则有羽虫之妖'。又云：'鸡夜鸣，主兵革。'昔人闻鸡夜舞是矣。雷者震也，属木，'木失其性则有冬雷之妖'。又云：'发雷之地饥馑。'此皆得于儒学，不在禁书。然事有数年而后应者，亦有终不应者，要在臣下无隐，帝王尽知，或修德以答天心，或设备以防时难。故《诗》曰：'畏天之怒，不敢戏豫。'《易》曰：'观乎天文，以察时变。'只如咸平元年，彗星出，吕端等请臣作避位表。臣具言：'星见虚、危，齐分，请于青、齐间设备，以应

---

①　《通考·物异考十七》毛虫之异条及《宋史·五行志四》均作"十二月"。

②　《小畜集》卷十七《黄州齐安永兴禅院记》亦作"长圻村"。而《通考》作"长折村"，《宋史》作"长析村"，均误。

天戒。'端等俱以为然，不知自后作何措置？臣缘不在司言之地，不敢侵官。去年胡虏犯边，果入齐地，是天以文象告人，人不自知备也。端虽物故，李沆已下皆见臣言。今黄州有此灾祥，不能依前寝默。虽妖不胜德，终无累于圣明；而遇事敢言，亦粗申于忠鲠。今年禾小稔，目下无虞，然恐应在它时，即合先有制置。伏望陛下恕臣拙直，察臣愚衷，于淮甸之间，防饥荒之事。假令灾祥不验，犹胜临事无备矣。臣又念古之循吏，政感神灵。宋均猛虎渡江，臣则有虎相食啖；鲁恭雉驯桑下，臣则有群鸡夜鸣；百里嵩甘雨随车，臣则有冬雷暴作。此皆臣化人无状，布政失和，合置常刑，亦当自劾。又虑他人陈奏，臣则有昧蔽之愆。冒犯圣慈，无任僭越。"（《国朝诸臣奏议》卷三七《上真宗论黄州虎斗鸡鸣冬雷之异疏》，《历代名臣奏议》卷二九八页二五。三次"物异"事参见《宋史·五行志》）真宗亟命中使乘驿劳问，醮禳之。（《长编》卷四九）

　　按：王禹偁疏中所述三次"物异"事，《宋史·王禹偁传》误系于咸平四年。《通考·物异考十八》羽虫之异条误系群鸡夜鸣于咸平二年。《梦溪笔谈·续笔谈》及《东都事略·王禹偁传》亦载此物异事，均认为禹偁之死，与此有关。实则禹偁在至道三年春，已有"年来多病转思山"句（《小畜集》卷十一《病起思归》）；咸平元年，又云"多病形容唯有骨"（卷十一《伏日偶作》）；出知黄州后，未见好转（《小畜集序》）。昔人多迷信怪异及天人感应之说，遂妄加附会，虽大科学家沈括亦未能免俗。

十一月，张齐贤罢相。（《宋大诏令集》卷六五）

初，濮州有贼夜入城，略知州王守信、监军王昭度家。知黄州王禹偁闻之，遂于十二月上疏言事，有云："伏以体国经野，王者保邦之制

也。《易》曰:'王公设险,以守其国。'又曰:'重门击柝,以待暴客。'
《传》曰:'备豫不虞,古之善教也。'自唐广明之季,天下乱离,各据城
垒,缮治兵甲,豆分瓜剖,七十余年。太祖潜跃之初,则复关南,平淮
甸;受禅之岁,再驾伐叛,取庸、蜀,下荆、湘,克番禺,讨金陵,是十分
天下而有其七矣。太宗缵嗣洪业,克辑大勋,平定并、汾,怀来闽、越,
天下一家,无不臣妾。当时议者乃令江淮诸郡毁城隍、收兵甲、撤武备
者,三十余年[1]。书生领州,大郡给二十人,小郡减五人,以充常从。号
曰长吏,实同旅人;名为郡城,荡若平地。虽则尊京师而抑郡县,为强
干弱枝之术,亦匪得其中道也。臣比在滁州,值发兵挽漕,关城无人守
御,止以白直代主开闭,城池颓圮,器仗不完。及徙维扬,称为重镇,乃
与滁州无异。尝出铠甲二十副[2]与巡警使臣,彀弩张弓,十损四五。盖
不敢擅有修治,又地湿暴凉为难,上下因循,遂至于此。今黄州城堞
器甲复不及滁、扬,万一水旱为灾,盗贼窃发,虽欲御备,何以枝梧?
臣按司马迁《天官书》云:'天运,三十岁一小变,百年中变,五百年大
变。此其大数也。'古圣知其如此,设备以待之,虽变不乱。国家建隆,
甲子岁[3]下西川,甲午岁[4]复乱,三十年之应也。当时西川[5]止益、梓、
眉、遂有城可守,惟郭载弃〔益州城〕而先走,为贼所据,余皆固守。无
城之处,悉为贼据。此有备无备之明效也。陛下缵服二圣,恢隆长世,
必有非常之制,改辙更张,因时立法,固无拘执。盖太祖削诸侯跋扈之
势,太宗杜僭伪觊望之心,不得不尔! 其如救世设法,久则弊生,救弊

---

① 《宋史・王禹偁传》《宋史纪事本末》均作"二十余年"。按:平江南在开宝八年
(975),距咸平三年(1000)应是二十余年。

② 《宋史・王禹偁传》《宋史纪事本末》均作"三十副"。

③ 指乾德二年甲子岁,公元964年。中华书局新校本误据阁本作"国家以建隆甲子
岁下西川"。按下西川不在建隆年间。浙江书局本无"以"字,是。

④ 指淳化五年甲午岁,公元994年。

⑤ 西川路共二十九州军,见《长编》卷四八咸平四年三月条。

之道，在乎从宜。汉高惩暴秦郡县之失，封建其子弟；及七国势强，文、景乃行削夺。唐德宗乘安、史厌兵，遂有贞元姑息之政；宪宗睹齐、蔡巨猾，遂有元和讨贼之议。盖见几而作，为社稷远图，疾若转规，不可胶柱。今江淮诸郡，大患有三：城池隳圮，一也；甲仗不完，二也；兵不服习，三也。今濮贼之兴，慢防可见。望陛下特行宸断，参之庙算。如且因而修治，不欲张皇，凡江、浙、荆湖、淮南、福建等郡，酌民户众寡，城池大小，并许置本城守捉军士三五百人，勿令差出，止于城中阅习弓剑。然后渐葺城垒，缮治甲胄，则郡国张御侮之备，长吏免剽略之虞矣。"疏奏，真宗嘉纳之。（《长编》卷四七，参校《国朝诸臣奏议》卷一二二《上真宗乞江湖诸郡置本城守捉兵士疏》、《历代名臣奏议》卷三一七页七、《史记·天官书》、《宋史·王禹偁传》、《宋史纪事本末》卷十六）

　　王禹偁出守黄州后，即着手编次平生所为文。今年十二月，编成三十卷，名曰《小畜集》。岁除日，自为序云："淳化二年，岁在辛卯，禹偁〔自知制诰舍人贬商〕州团练副使。至道元年乙未岁①，〔又自翰林学〕士黜守滁上，得尚书工部郎中。明年十二月，移知广陵。又明年三月，今上嗣位，复以刑部郎中入西掖。咸平二年，守本官知齐安郡，年四十有六，发白目昏，居常多病，大惧没世而名不称矣。因阅平生所为文，散失焚弃之外，类而第之，得三十卷。将名其集，以《周易》筮之，遇乾（☰乾下乾上）之小畜（☰乾下巽上）。乾之象曰：'君子以自强不息。'是禹偁修辞立诚守道行己之义也。小畜之象曰：'风行天上，小畜。君子以懿文德。'说者曰：'未能行其施，故可懿文而已！'是禹偁位不能行道，文可以饰身也。集曰小畜，不其然乎？"（《小畜集》卷首，方括号内文字系据王明清《挥麈录·前录》卷三及明钞本《小畜集序》

---

① 原误为"至道二年乙未岁"，今据《小畜集》卷五《北楼感事》诗序改正。

补入）

　　按：古代文集为作者本人编辑者颇少，集内诗文分类系年者尤为罕见。《小畜集》乃王禹偁所手订，且每卷之中，大率按年月先后排列（其中散文部分次序较乱），颇有助于知人论世之资云尔！

　　禹偁《小畜集》内不收直谏之疏，殆与其友人田锡用心相似。据《长编》卷五五载："咸平六年十二月辛未，田锡卒。……〔锡〕尝曰：'吾立朝以来，封疏五十二奏，皆谏臣任职之常也。言苟获从，吾幸大矣，岂可藏副示后、谤时卖直耶！'悉取焚之。"

　　宋敏求云："唐白文公（居易）自勒文集成五十卷，后集二十卷，皆写本，寄藏庐山东林寺，又藏龙门香山寺。"（《春明退朝录》卷下，参见《白氏长庆集》卷七十《苏州南禅院白氏文集记》，卷七一《香山寺白氏洛中集记》）禹偁喜读白诗，生前自编文集，殆步乐天后尘欤？！

　　是年，王禹偁为僧赞宁撰《左街僧录通惠大师文集序》。（《小畜集》卷二十）其后清人吴任臣《十国春秋》卷八九《僧赞宁传》即本此序而写成。（"通惠大师"，《宋高僧传》署名为"通慧大师"，《僧赞宁传》同）北宋人吴处厚云："近世释子多务吟咏，唯国初赞宁独以著书立言、尊崇儒术为佛事，故所著《驳董仲舒繁露》二篇、《难王充论衡》三篇、《证蔡邕独断》四篇、《斥颜师古正俗》七篇、《非史通》六篇、《答杂斥诸史》五篇、《折〈海潮论〉〈兼明书〉》二篇、《抑春秋无贤臣论》一篇，极为王禹偁所激赏。故王公《与赞宁书》曰：'累日前，蒙惠顾谀才，辱借通论，日殆三复，未详指归。徒观其涤《繁露》之瑕，劘《论衡》之砧，眼瞭《独断》之瞽，针砭《正俗》之疹，折子玄之邪说，泯米颖之巧言，逐光庭若摧枯，排孙郃似图蔓，使圣人之道无伤于明夷，儒家者流不至于迷复。然则师胡为而来哉？得非天祚素王，而假手于我师者欤！’”（《青箱杂记》卷六）僧文莹云：“僧录赞宁有大学，洞古博物，著书数百卷，王元之禹偁、徐骑省铉疑则就而质焉。……太宗欲知古高僧事，撰《僧史略》十卷进呈，充史馆编修。寿八十四。”（《湘山野录》卷下）

　　按：王禹偁所撰《左街僧录通惠大师文集序》云：“今上咸平元年，诏充右街僧录。先是，故相文贞公（李昉）悬车之明年，年七十一，思继白少傅九老之会，得旧相吏部尚书宋琪年七十九，左谏议大夫杨徽之年七十五，郓州刺史判金吾街仗事魏丕年七十六，……庐州节度副使武允成年七十九，……大师（赞宁）时年七十八，凡九人焉。文贞公将宴于家园，形于绘事，以声诗流咏，播于无穷。会蜀寇作乱，朝廷出师，不果而罢。今九老之中，李（昉）、宋（琪）、杨（徽之）、魏（丕）、张（好问）已先逝矣。大师年八十二，视听不衰。”考李昉卒于至道二年，七十二岁；同年，宋琪卒，八十岁；杨徽之卒于咸平三年，八十岁；武允成于淳化五年十二月任庐州节度副使日，七十八岁。可知李昉年七十一、宋琪年七十九、杨徽之年七十五、武允成年七十九，思继白居易九老之会，乃在至道元年（995）。是年，赞宁年七十八。王禹偁撰序文时，赞宁年八十二，则此序应撰于咸平二年（999）。然序文明言杨徽之已先卒，而咸平二年，杨仍在世，此抵牾之一。又赞宁年岁据序文记载前后尚有抵牾。序云：“母周氏，以唐天祐十六年（919），岁在己卯，某月某日，生大师于金鹅山别墅，时梁贞明七年也。”考贞明七年（921）乃贞明五年（919）之误刊。贞明五年到至道元年（995），仅七十七年。而序文云“大师时年七十八”，此抵牾之二。颇疑至道元年李昉思继白居易九老之会时，赞宁之年岁应为七十七,而非七十八。照此推算,赞宁年八十二,当在咸平三年。如是,则杨徽之先逝之抵牾亦可随而解决。

又序文云:"先是,故相文贞公悬车之明年,年七十一,思继白少傅九老之会,……会蜀寇作乱,朝廷出师,不果而罢。"考李顺攻克成都,宋廷出师乃在淳化五年,即至道之前一年。此处记事亦有未审。南宋洪迈《容斋四笔》卷十二《至道九老》条及《宋史》卷二六五《李昉传》记事亦均沿此序文之误。

又序文记至道元年李昉思继白少傅九老之会,"魏丕年七十六";而《宋史·魏丕传》谓丕"咸平二年卒,年八十一"。假定序文记丕年岁不误,则咸平二年卒,丕享年应为八十,而非八十一。

又按:《崇文总目》卷四、《宋史·艺文志四》著录《僧史略》皆作"三卷"。而《湘山野录》作"十卷",疑误。

是年,柳开卒,年五十四。开字仲涂,学必宗经,慕韩愈、柳宗元为文,因名肩愈,字绍先。既而易今名字,自谓"将开古圣贤之道于时也,必欲开之为其涂矣"。卒后,门人张景为撰行状,编文集十五卷。范仲淹尝推宋朝古文自柳开始。(《河东先生集》卷五《答梁拾遗改名书》,卷十六张景撰《行状》,袁本《郡斋读书志》卷四中,赵希弁《郡斋读书附志》卷下,《范文正公集》卷六《尹师鲁河南集序》)

〔编年文〕

《贺圣驾还京表》(《小畜集》卷二二,二月作。参阅《长编》卷四六),《祭宋枢密文》(《五百家播芳大全文粹》卷九五,春间作),《谢宣赐表》(《小畜集》卷二二,五月作。参阅《长编》卷四七四月乙卯条),《江州广宁监记》(卷十七,七月作),《潭州岳麓山书院记》(卷十七),《无愠斋记》(卷十七,十月二十一日作),《贺收复益州表》(卷

二二,十一月作。参阅《长编》卷四七),《左街僧录通惠大师文集序》
(卷二十)。

《罔极赋》(卷一)。

　　按:赋中有"亦有子孙,方嬉戏乎孩提。……今日何日,家人
举爵,祝我寿考,劝我欢乐。感悬弧于兹晨,念陟岵而泪落"等句,
禹偁抱孙在咸平元年冬,今其孙已能嬉戏,当不少于两岁。又此赋
为纪念其自身生日而作,故推定作于是年九月戊子。

《集贤钱(若水)侍郎知大名府序》(《外集》卷十三)。

　　按:序中系"遍历诸难,才登强仕"语于"京尹禁遏豪右"
之后,又据《长编》卷四六,若水知开封府在咸平三年春,时年
四十一,故推知此序当撰于咸平三年秋冬间。

《瘤樽铭》(《永乐大典》卷三五八四,页二三下引《小畜〔外〕集》)。

　　按:铭文之前,禹偁有序云:"男嘉祐于麻城山中取到,受一斗
七升。"据以推知此铭撰于知黄州任内。铭文不见于今存残本《小
畜外集》。

〔编年诗〕
《总诗》(明《弘治黄州府志》卷七引录)。
《月波楼咏怀》《十月二十日作》(《小畜集》卷六)。

　　按:《月波楼咏怀》有"去岁出西掖,谪居抱穷愁。……谁家

上元灯,儿戏剟蔬蘸。此景吟不出,谩使声呦呦"等句。"去岁出西掖",乃指咸平二年;又王禹偁于咸平二年闰三月二十七日到黄州任,是年上元节(正月十五日)不在黄州。据此,则此诗当撰于咸平三年正月十五日。

《筵上狂歌,送侍棋衣袄天使》(卷十三)。

按:歌中有"去年领郡得齐安"句,故知撰于是年。

《江豚歌》(卷十三)。

按:此歌当撰于知黄州任内。

咸平四年辛丑(1001) 四十八岁

正月庚寅,李至卒,年五十五。(《长编》卷四八,《东都事略·李至传》)

先是,知黄州王禹偁上言:监狱中犯人,"每有患时疾者,互相浸染,或致死亡",请令诸路置病囚院,"持仗劫贼,徒、流以上有疾者,即于病牢将治。其斗讼、户婚,杖以下得情款者,许在外责保看医,俟痊日区分"。二月二十六日,朝廷从其请。(《宋会要辑稿》刑法六之五二,《长编》卷四八)

三月辛巳,诏分西川路、峡路为益州、梓州、利州、夔州四路。(《长编》卷四八,《宋会要辑稿》方域七之三)

三月庚寅,左仆射吕蒙正以本官同中书门下平章事,充昭文馆大学士。宋初三朝三入相者,惟赵普与吕蒙正两人。(《宋大诏令集》卷五一,《宋史·吕蒙正传》,《春明退朝录》卷下)

三月辛卯，礼部郎中薛映、兵部员外郎梁鼎、左司谏杨亿并知制诰。前一日，真宗命中书召试映、鼎；以杨亿望实素著，特免试。（《长编》卷四八）

是春，王禹偁奉命移知蕲州。时已疾甚，肩舆上道。四月到任，谢上表两联曰："宣室鬼神之问，绝望生还；茂陵封禅之书，付之身后。"（沈括《续笔谈》，《东都事略·王禹偁传》，《经进东坡文集事略》卷五九《王元之画像赞并叙》郎晔注，《宋史·王禹偁传》）

> 按：谢上表两联用贾谊、司马相如故事，见《史记·屈原贾生列传》《史记·司马相如列传》。
>
> 宋人书册中记载王禹偁此两联者甚多，惟文字稍有差异。如《东轩笔录》卷一，"绝望"作"岂望"，"付之"作"惟望"。洪迈《容斋三笔》卷八《四六名对》条，"绝望"作"敢望"，"付之"作"已期"。前人每以此联用典精当，对仗工整，推为四六文之楷范。
>
> 蕲州又称蕲春郡，辖蕲春、蕲水、广济、黄梅四县。见《宋史·地理志四》。

五月戊子（十七日），王禹偁卒，年四十八。临终撰有遗表。南北宋间，王铚《四六话》下载："元之自黄移蕲州，临终作遗表曰：'岂期[1]游岱之魂，遂协生桑之梦。'盖昔人梦生桑，而占者云'桑字乃四十八'[2]。果以是岁终。元之亦以四十八而殁也。临殁用事精当如此，足以见其安于死生之际矣。"

----

[1]　岂期，沈括《续笔谈》作"岂知"。

[2]　卢弼《三国志·杨洪传》集解引《益部耆旧传杂记》："何祗尝梦井中生菜（宋本作桑，沈家本曰：作菜方与四十下八之语合），以问占梦赵直，直曰：'菜非井中之物，会当移植；然菜字四十下八，君寿恐不过此。'祗笑言：'得此足矣。'"据此，禹偁遗表中之"桑"字亦应作"菜"。

按:《蕲州谢上表》及《遗表》,今残本《外集》皆失载。禹偁卒日,据宋敏求所撰《神道碑》。

苏轼云:"王元之自黄移蕲州,闻啼鸟,问其名。或对曰:'此名蕲州鬼。'元之大恶之,果卒于蕲。"(《东坡七集·东坡集》卷十二《五禽言》诗注)

又陆游《老学庵笔记》卷十七记"生桑之梦"句为杨亿语。考杨亿(974—1020)卒年四十七,必不用此典故。

六月戊午(十八日)讣闻,真宗甚嗟悼之,厚赗其家,赐一子出身。(《长编》卷四九)赠禹偁礼部尚书。(苏颂《小畜外集序》)其同年进士戚纶诔之曰:"事上不回邪,居下不谄佞;见善若己有,疾恶过仇雠。"世以为知言。(《涑水记闻》卷三)

是年,尹洙(1001—1047)生。(聂崇岐《尹洙之年寿》,载《史学年报》第3卷第2期,1940年)

王禹偁墓在巨野县境。(《雍正山东通志》卷三二《陵墓志》)

禹偁诗文,独步一时,林逋有"纵横吾宋是黄州"句。(《林和靖诗集》卷三《读王黄州诗集》)且遇事敢言,喜臧否人物,以直道自任。尝云:"吾若生元和时,从事于李绛、崔群间,斯无愧矣。"其为文著书,多涉规讽,以是颇为权贵所容,故屡被摈斥。喜称奖后进,当世名士多出其门下。自编《小畜集》三十卷,自为序。《外集》乃其曾孙汾哀辑遗文三百四十首而成。又有《承明集》十卷、《奏议集》三卷、《后集诗》三卷,均已佚。(《长编》卷四九,袁本《郡斋读书志》卷四中,《书录解题》卷十七,《东都事略·王禹偁传》,《宋史·王禹偁传》)

按:《奏议集》三卷,见苏颂《小畜外集序》及《书录解题》,而《宋史·王禹偁传》误作《集议》十卷。又《宋史·艺文志》未著录

《奏议集》《后集诗》，而有《别集》十六卷、《制诰集》十二卷。

又北宋末苏象先记录其祖父苏颂生平议论有云："祖父喜王元之诗，以为平易而淳深有古风。葬曾祖母时，陆农师（佃）以门生有挽章曰：'贰卿头已白，儿慕不胜悲。'祖父曰：'此效王元之体。'元之诗云：'侍郎三十八，羞杀老冯唐。'王语自然而陆未淳熟也。"（《丞相魏公谭训》卷三）

> 按：上引王禹偁诗句，见《小畜集》卷十《送礼部苏侍郎（易简）赴南阳》。是诗作于至道元年，时苏易简三十八岁。

南宋高宗绍兴十七年，知黄州沈虞卿梓行《小畜集》，并为之后序云："内翰王公，以文章道义被遇太宗皇帝，视草北门，代言西掖，眷接优隆，声望最重，咸谓咫尺黄阁矣。偶坐事左迁，咸平初，来守齐安。在郡，政化孚洽。容与暇景，作竹楼、无愠斋、睡足轩，以玩意。邦人沐浴恩惠，为绘像立祠，东坡居士尝亲拜其下。历岁滋久，经涉兵盗，无一存者，风范歇绝，音徽眇然，良可太息！平生撰著极富，有手编文集三十卷，名曰《小畜集》。其文简易醇质，得古作者之体，往往好事者得之，珍秘不传，以故人多未见。虞卿假守于此，追访旧址，踌躇增慨，想见其人，思欲以次兴葺，而钝拙无能，救过不赡，辄且先其大者。因以家笥所藏《小畜集》善本，更加点勘，鸠工镂板，以广其传，庶与四方学者共之。绍兴丁卯，皇上祀紫坛之明年六月庚申，历阳沈虞卿书。"

同年七月，沈虞卿等又撰有《黄州契勘诸路州军间有印书籍去处》牒文一件，云："窃见王黄州《小畜集》，文章典雅，有益后学，所在未曾开板，今得旧本计一十六万三千八百四十八字。……今具雕造《小畜集》一部共八册，计四百三十二板。……"（《四部丛刊》本《小畜集》附录）

明万历三十八年三月，谢肇淛跋《宋本王黄州小畜集》云："予少时得元之诗文数篇，读而善之，锐欲见其全集，遍觅不可得。既知有板梓于黄州，托其州人觅之，又不得。去岁入长安，从相国叶进卿先生借得内府宋本，疾读数过，甚快，因钞而藏之。今学为诗者，未能窥此老藩篱，而动弹射宋人，至不遗余力，此与以耳食者何以异？悲夫！"

近代《小畜集》通行本，以余所见及者有：

一、上海涵芬楼借常熟瞿氏铁琴铜剑楼藏宋刊，配吕无党钞本影印之本，收入《四部丛刊》初编集部。简称"《四部丛刊》本《小畜集》"。

近人张元济曾撰《小畜集札记》，亦附刊于《四部丛刊》本之末。张氏尝参以他本，略事校勘。谓所见及之本有五，以此本为最胜。本编年所引《小畜集》之文，以此本为据，并参校他本。

二、清光绪年间会稽孙星华增刻本。此本乃据明人吴郡沈与文野竹斋旧藏影宋本、清人黄丕烈校本及武英殿聚珍本校定。

三、民国上海商务印书馆出版之《国学基本丛书》本。此本乃据孙星华增刻本排印，间亦稍有改动。

四、清广雅书局刻《聚珍版丛书》本。此本曾经近人傅增湘据明钞本加以校勘，校出异文，用朱笔写于原文之旁。傅氏并撰跋附于书末。现存北京图书馆。

五、上海涵芬楼借江南图书馆藏经锄堂钞本影印之本。此本讹夺极多，但亦有个别地方胜过他本。

六、清乾隆年间平阳赵熟典校刻本。

又北京图书馆藏清钞本《王黄州小畜集》六十二卷。清人黄丕烈跋云："是本钞手亦旧，分为六十二卷，不知何本。内有注，一作某者注，注与宋刻本合。然字句间亦偶有羡者，决非一本矣。"

　　按：此清钞本与他本仅分卷不同，内容差异极少。

北宋治平、熙宁间，科学家苏颂（1020—1101）曾撰《小畜外集序》，有云：“公之属稿，晚年手自编缀，集为三十卷，命名小畜，盖取《易》之懿文德而欲己之集大成也。《后集诗》三卷，《奏议集》三卷，《承明集》十卷，《五代史阙文》一卷，并行于世。而遗文坠简，尚多散落。集贤君（按指王禹偁之曾孙王汾，英宗时任集贤校理）购寻裒类，又得诗赋碑志论议表书，凡二十卷，目曰小畜外集。因其名所以成先志也。谓仆尝学旧史，前言往行，多得其详，见诣序引，久不获辞。窃谓文章末流，由唐季涉五代，气格摧弱，沦于鄙俚。国初屡有作者，留意变风，而习尚难移，未能复雅。至公特起，力振斯文，根源于六经，枝派于百氏，斥浮伪，去陈言，作而述之，一变于道。后之秉笔之士，学圣人之言，由藩墙而践奥奥，繄公为之司南也。”（《小畜外集》卷首，《苏魏公集》卷六六）

清陆心源尝撰《北宋本小畜外集跋》，有云：“王黄州《小畜外集》，存卷六末叶起至卷十三止，每叶二十二行，每行二十字，板心有刊匠姓名。玄、朗、敬、匡、允、惊、贞、祯、微（当作‘徵’）、恒、煦、桓、让[①]皆为字不成，南宋以后不缺，盖北宋刊本也。各家著录卷数与此本多同，惟卷六末叶诸本所无。……可以补诸本之缺。后有嘉靖二年闰四月二十二日野竹斋裱完一行。卷中有辨之沈与文、姑余山人白文方印各一，野竹家朱文椭圆印。案：沈与文，字辨之，又号姑余山人，常熟人，野竹居乃其斋名。盖是书在明中叶亦罕完本矣。”（《仪顾堂集》卷二十）

残本《小畜外集》，以余所见及者有：

一、孙星华增刻本。此本存卷六到卷十三等八卷，其中卷六、卷七、卷十三均有缺页、缺字。本编年所引《外集》之文，以此本为据，并参校他本。

---

① 英宗生父名允让。

二、商务印书馆出版之《国学基本丛书》本。此本据孙星华增刻本排印。

三、上海涵芬楼借江南图书馆藏宋写本影印之本，收入《四部丛刊》初编集部。此本存卷七到卷十三等七卷，其中卷七、卷十三均有缺页、缺字。

四、清钞本。此本存卷七到卷十三等七卷，缺页、缺字同上，有清人翁方纲校、跋。现存北京图书馆。

五、另一清钞本。此本存卷六到卷十三等八卷，缺页、缺字同孙星华增刻本。现存杭州大学图书馆。

　　按：孙星华增刻本《外集》卷六有《王郎子和以肇生日见寄长篇，……因成小诗奉谢，并以见志》《秋日夔府咏怀，奉寄郑监（审）、李宾客（之芳）一百韵》两首，当非禹偁所撰。前者盖一名肇者之诗；后者乃撰于夔府（北宋初期称"夔州"），考禹偁生平未尝履其地，何来"夔府咏怀"？！

　　又《夔府咏怀》之前一首七律诗有"楚江巫峡半云雨，清簟疏帘看弈棋"句，巫峡在夔州境内，亦与禹偁宦游之地不合。此两首诗，乃杜甫所撰，见《杜少陵集详注》卷十九《题终明府水楼》及《秋日夔府咏怀》。

　　《四库全书总目提要》云："《小畜集》三十卷，《小畜外集》七卷，宋王禹偁撰。……禹偁尝自次其文，以《易》筮之，得乾之小畜，因以名集。晁公武《读书志》、陈振孙《书录解题》皆作三十卷，与今本同。惟《宋志》作二十卷。然《宋志》荒谬最甚，不足据也。宋承五代之后，文体纤俪，禹偁始为古雅简淡之作，其奏疏尤极剀切。《宋史》采入本传者，议论皆英伟可观。在词垣时，所为应制骈偶之文，亦多宏丽典赡，不愧一时作手。集凡赋二卷，诗十一卷,文十七卷。绍兴丁卯,历阳沈虞卿尝刻之黄州。明代未有刊本。世多钞传其诗,而全集罕觏。故王士禎《池北偶谈》称仅见书贾以一本持售,后不可复得为憾!近时平阳赵氏始得宋本刊行。而陈振孙《书录解题》所载《外集》三百四十首,其曾孙汾所裒辑者,则久佚不传。此残本为河间纪氏阅微草堂所藏,仅存第七卷至第十三卷。而又七卷前阙数页,十三卷末《集贤钱侍郎知大名府序》,惟有篇首二行,计亦当阙一两页。原帙签题,即曰小畜外集残本,上下二册,知所传止此矣。其中《次韵和朗公见赠》诗,及题下自注,朗字皆阙笔,知犹从宋本影钞也。凡诗四十四篇,杂文八篇,论议五篇,传三篇,箴、赞、颂九篇,代拟二十篇,序十二篇,共一百一篇,较原帙仅三之一。然北宋遗集流传渐少,我皇上稽古右文,凡零编断简,散见《永乐大典》中者,苟可编排,咸命儒臣辑录成帙,以示表章。此集原书七卷,岿然得存,是亦可宝之秘笈,不容以残阙废矣。"

《小畜集拾遗》,以余所见及者有:

一、孙星华据清仁和劳格《读书杂识》内载王禹偁遗文三篇附于《小畜外集》之后。劳氏所辑乃采自《皇朝文鉴》《吴都文粹》两书。

二、商务印书馆出版之《国学基本丛书》本。此本据孙星华增刻本排印。

《五代史阙文》,以余所见及者有:

一、明末毛晋汲古阁刻本。

二、清光绪十三年山阴宋泽元《忏花庵丛书》本。

王禹偁自序云:"臣读五代史,总三百六十卷(按:指五代实录,见《玉海》卷四八《建隆五代通录》条),记五十三年行事,其书固亦多矣。然自梁至周,君臣事迹传于人口而不载史笔者,往往有之。或史氏避嫌，或简牍漏略，不有纪述，渐成泯灭，善恶鉴戒，岂不废乎？因补一十七篇，集为一卷，皆闻于耆旧者也。孔子曰：'吾述而不作。'又曰：'吾犹及史之阙文。'此其义也。"《四库全书总目提要》卷五一《史部·杂史类·五代史阙文》条载："此本（按指浙江巡抚采进本）梁史三事，后唐史七事，晋史一事，汉史二事，周史四事，与晁氏（指《郡斋读书志》作者晁公武）所记合，盖犹旧本。王士祯《香祖笔记》（卷四）曰：'王元之《五代史阙文》仅一卷，而辨正精严，足正史官之谬。如辨司空图清直大节一段，尤万古公论所系，非眇小也。如叙庄宗三矢告庙一段，文字淋漓慷慨，足为武皇父子写生。欧阳《五代史·伶官传》全用之，遂成绝调。惟以张全义为乱世贼臣，深合《春秋》之义，而欧阳不取，于《全义传》略无贬词，盖即旧史以成文耳！终当以元之为定论也。'云云。其推挹颇深。今考《五代史》于朱全昱、张承业、王淑妃、许王从益、周世宗符皇后诸条，亦多采此书，而《新唐书·司空图传》即全据禹偁之说，则虽篇帙寥寥，当时固以信史视之矣。"

《五代史阙文》评述张全义有云："全义……托迹朱梁，斫丧唐室，惟勤课劝，其实敛民附贼（按指朱全忠），以固恩宠。梁时，月进铠马，以补军实。及梁祖为友珪所弑，首进钱一百万以助山陵。庄宗平中原，全义合与敬翔、李振等族诛，又通赂于刘皇后，乘庄宗幸洛，言臣已有郊天费用。夫全义匹夫也，岂能自殖财赋，其剥下奉上也又如此。……其附势作威也又如此。盖乱世之贼臣耳。……臣读《庄宗实录》，见史官叙《全义传》，虚美尤甚。至今负俗无识之士，尚以全义为名臣，故因补阙文，粗论事迹云。"（《旧五代史·张全义传》注引）

周辉云："大中祥符五年，浔阳陶岳作《五代史补》百余条，盖补王元之内相《五代史阙文》未备者。"（《清波杂志》卷十二《范文正复姓》）

旧传《建隆遗事》一卷，托名王禹偁撰。南宋初，邵伯温《邵氏闻见录》卷七尝摘抄数则。孝宗时，李焘曾作《建隆遗事辨》一卷，见周必大撰《李文简公神道碑》。此书久已佚去，其议论尚散见于《长编》卷十七、卷二十二附注中，略云："谨按世所传《建隆遗事》十三章，其第十一章，事尤悖谬不可信。……臣焘尝反覆推究此章，盖（赵）普之怨家仇人（卢）多逊亲党所为，欲肆其诋毁，故托名禹偁，窜寄《遗事》中，实非禹偁作也。禹偁事太宗，坐直言屡黜，故群小因之。然禹偁素识道理，忠义人也，决不敢凿空驾虚，污蔑君父，若此不顾。且《禹偁集》所载表章，多代普作，《禹偁传》亦称普雅爱重禹偁。纵禹偁书恶不为普隐，亦须验实传信。方太祖晏驾时，普不在相位，士大夫孰不知之，而此章乃云与卢多逊同入宫，其非禹偁所著盖明甚，必多逊亲党不习朝廷之故者所妄作也。且非独此章为不可信，其它章要不全是。盖禹偁用文章名天下，今所传《遗事》，语多鄙俗，略不似禹偁平日心声。故臣焘窃有疑焉，特信其可信耳！学士大夫以书托名禹偁则遽信之，不复推究，此最害义者。故不可不辨，以晓来世云。"（《长编》卷十七附注）

　　同时，王明清亦尝辨之曰："《建隆遗事》，世称王元之所述。其间率多诬谤之词。至于称赵普、卢多逊受遗诏昌陵，尤为舛缪。案《国史》，韩王（赵普）以开宝六年八月免相，至太平兴国六年九月，始再秉衡钧。当太祖升遐时，普政在外，何缘前一日与卢丞相同见于寝邪？[①]称太祖长子德昭为南阳王，又误矣，初未尝有此封。元之当时近臣，又秉史笔，岂不详知？且载《秦王传》中云云，安有淳化三年而见《三朝国史·秦王传》邪？可谓乱道。此特人托名为之。又案，元之自有《小畜集序》及《三黜赋》，与《国史》本传俱云：'淳化二年，自知制诰舍人贬商州。至道二年[②]，自翰林学士黜守滁上。咸平二年，守本官知齐安郡。'而此序年月次序，悉皆颠错，其伪也明矣。"（《挥麈录·前录》卷三条八一，参校《通考·经籍考二三·建隆遗事》条引）

---

① 宋太祖崩时，宰相为薛居正、沈义伦。而卢多逊除相，在太祖崩后七日。
② 此处记年沿《小畜集序》之误夺，至道二年应作至道元年。

又南宋晁公武撰《郡斋读书后志》袁本卷一《太祖实录》条载:"淳化中,王禹偁作《箧中记》,叙云:'太祖神圣文武,旷世无伦,自受命之后,功德日新,皆禹偁耳目所闻见,今为史臣多有讳忌而不书。又上(指太宗)近取《实录》入禁中,亲笔削之。禹偁恐岁月浸久,遗落不传,因编次十余事。'"

按:《箧中记》乃《建隆遗事》之别名,见《书录解题》卷五《建隆遗事》条与《邵氏闻见录》卷七,邵伯温曾摘取其中记事入《闻见录》中。

《小畜集》、残本《小畜外集》失载之诗文,撰年未详者有:

一、文

鲁壁铭

据山高兮为秦城,凿池深兮为秦坑。城之高兮曷先坏?坑之深兮曷先平?伊斯壁兮藏家书,历秦乱兮犹不倾。坏之者恭王,诵之者伏生。发典谟训诰之义,振金石丝竹之声。如天地兮否而忽泰,如日月兮晦而复明。秦之焚兮未尽,我不为烬;秦之坑兮未得,尔灭其国。江海涸竭,乾坤倾侧,惟斯文兮用之不息!

(《雍正山东通志》卷三五《艺文志》,明陈循等修《寰宇通志》卷七四《兖州府下》,《道光巨野县志》卷十七《艺文志》)

贺大使启

吞日中房,覆泰山如眇秋毫;笑韝上鹰,翻东海以注荧爝。

(《永乐大典》卷一〇八七六,页十三下引《小畜〔外〕集》)

二、诗

赠郝处士

尽见闲人话息机,唯君的个厌轻肥。盘中药菜真僧舍,箧里烟霞旧道衣。江渚鸥鹣情已狎，洛阳樱笋梦应稀。县斋喜与书斋近，公暇何妨扣竹扉？

　　按：从"江渚鸥鹣情已狎""县斋喜与书斋近"等句推知该诗当撰于知长洲任内。

寄汶阳田告处士

汶水年来涨绿波，先生居此兴如何？门连别浦闲垂饵，宅枕平沙好种莎。治水共谁言鲧禹（曾著《禹元经》，大言治水事），著书空自继丘轲。可怜垂白无人问，却伴渔翁着钓蓑。

寄郓城萧处士

收藏家谱恐人寻，雨笠烟蓑自称心。夜踏月华三径小，晓耕秋色一犁深。庭园纵窄犹栽药，活计虽贫不卖琴。应笑区区未名客，九衢尘土满衣襟。

　　按：从"应笑区区未名客"句推知该诗约撰于太平兴国初年未中进士时。

（以上三首见《永乐大典》卷一三四五〇
页十三下引《小畜〔外〕集》）

锡宴清明日绝句

宴罢回来日欲斜，平康坊里那人家。几多红袖迎门笑，争乞钗头利市花。

清明绝句

无花无酒过清明，兴味萧然似野僧。昨日邻家乞新火，晓窗分与读书灯。

（南宋初胡仔《苕溪渔隐丛话》后集卷十九《王黄州》条。
后一首，南宋末谢枋得《七言千家诗》及蔡正孙《诗林广记》
后集卷九均有著录，亦作王禹偁诗；而南宋末谢维新《古今合
璧事类备要》前集卷十六《节序门》作魏野诗，疑误）

新月

禁鼓楼头第一敲，弯弯新月上林梢。谁家宝鉴新磨出？玉匣参差
盖未交。

（南宋《锦绣万花谷》后集卷一）

刺史好诗兼好酒，山民名醉又名吟。

（北宋张耒《明道杂志》）

许顗《彦周诗话》云：“本朝王元之诗可重，大抵语迫切而意雍容，
如云：‘身后声名文集草，眼前衣食簿书堆。’又云：‘泽畔骚人正憔悴，
道旁山鬼莫揄揶。’大类乐天也。”（《苕溪渔隐丛话》后集卷十九《王
黄州》条，参校清何文焕订《历代诗话》第七册引录）

三、词

点绛唇

——感兴

雨恨云愁，江南依旧称佳丽。水村渔市，一缕孤烟细。
天际征鸿，遥认行如缀。平生事，此时凝睇，谁会凭栏意！

（宋黄昇《唐宋诸贤绝妙词选》卷三）

后人有关王禹偁之记事或评论，兹择要著录如下：

真宗、仁宗年间，林逋隐居杭州西湖孤山，有《读王黄州诗集》七
律一首云：“坐吟行看对清秋，懒架仍移近枕头。放达有唐惟白傅，纵
横吾宋是黄州。左迁商岭题无数，三入承明兴未休。红药紫薇千一古，
又添杨子伴牢愁。”

按:《四部丛刊》本《林和靖诗集》卷三,原缺"白""岭""兴"三字,今据文渊阁《四库全书》影印本及《四部备要》本补。"一古",《四库全书》本作"古一",疑是。"伴牢愁",《汉书·扬雄传上》作"畔牢愁",李奇注曰:"畔,离也。牢,聊也。与君相离,愁而无聊也。"

读此诗,可知《王黄州诗集》在王禹偁逝世后不久即已流行,且为当代大诗人所珍重。

宋仁宗景祐元年(1034),石介《与裴员外书》云:"文之弊已久,自柳河东、王黄州、孙汉公辈相随而亡,世无文公儒师,天下不知所准的。"(《徂徕石先生文集》卷十六)宝元间(1038—1039),石介又有《赠李常李堂》古诗一首,论及王禹偁,有"吾宋八十年,贤杰近相望。黄州号辞伯,两朝专文章"之句。(卷三)

宋仁宗庆历五、六年间(1045—1046),知滁州事欧阳修游琅邪山,有《书王元之画像侧》七律一首云:"偶然来继前贤迹,信矣皆如昔日言:诸县丰登少公事,一家饱暖荷君恩[1]。想公风采常[2]如在,顾吾文章不足论。名姓已光青史上,壁间容貌任尘昏。"(《欧阳文忠公集·居士集》卷十一)

宋仁宗至和初(1054),知商州事司马光有《王内翰赠商洛庞主簿诗后序》云:"至道初[3],今观文殿大学士始平公(按指庞籍)先君子赠中书令(原注:讳格)为主簿商洛。王公(指禹偁)时自中书舍人谪官商州。王公以文章独步当世,久宦已通显于朝,又刚简峭直,固不妄与

---

[1] 禹偁《滁州谢上表》,有"诸县丰登,苦无公事。一家饱暖,共荷君恩"句。(《小畜集》卷二一)

[2] "常",《东轩笔录》卷四引录作"犹"。

[3] 应作"淳化中"。

人交。然令君以九品官与相往来,王公赠诗意好款密,则令君为人可知已。至和初,始平公以前相国在郓,从容出王公诗示光曰:'先君尝有德于商洛,吏民至今思之,其辞牒判署犹有宝蓄存者,而兄今守商州,为我刻王公之诗于商洛,以慰吏民之心。'光曰:'诺。'退而序其事,并诗往刻焉。""王诗云:织女峰前贫主簿,黄姑岩下旧词臣。久栖枳棘方思替,谩戴貂蝉不是真。六里青山云簇簇,一条丹水石磷磷。春来魂梦应相似,同是帝城东畔人。"(《温国文正司马公文集》卷六四)

按:上引王诗与《小畜外集》卷七所载《赠商洛庞主簿》诗,文字多异,可资校订。

宋神宗元丰元年(1078)六月,知徐州苏轼撰《王元之画像赞并叙》云:"……故翰林王公元之,以雄文直道独立当世,……方是时,朝廷清明,无大奸慝,然公犹不容于中,耿然如秋霜夏日不可狎玩,至于三黜以死。有如不幸而居于众邪之间,安危之际,则公之所为必将惊世绝俗,使斗筲穿窬之流心破胆裂,岂特如此而已乎! 始余过苏州虎丘寺,见公之画像,想见其遗风余烈,愿为执鞭而不可得。其后为徐州,而公之曾孙汾为兖州,以公墓碑示余,乃追为之赞,以附家传云。……"(《经进东坡文集事略》卷五九。撰作年月据宋朋九万《乌台诗案·与王汾作碑文》)

其后,虎丘寺建有王禹偁祠堂,刊苏轼此赞于其上。(宋范成大《吴郡志》卷十二)

元丰七年十月,汝州团练副使苏轼撰《书韩魏公黄州诗后》云:"元之自黄迁蕲州,没于蕲,然世之称元之者必曰黄州,而黄人亦曰'吾元之也'。……元之为郡守,有德于民,民怀之不忘也,固宜。"(《东坡七集·东坡集》卷二三)

其后，黄州学内有"三贤堂"，祀旧日知州王禹偁、留寓韩琦与谪官苏轼。（《寰宇通志》卷五一《黄州府·堂亭》条，《迁谪》条，《留寓》条）

北宋后期，滁州琅邪寺建有"四贤堂"，纪念旧日知州王禹偁、欧阳修、张方平、曾肇（1047—1107）等人。后又增入苏轼为"五贤堂"。知州张商英（1043—1121）有诗云："文昭文定与文忠，内翰元之共四公。政事风流俱第一，典刑人物更谁同。能诗只有东坡老，到处唯寻六一翁。欲遣滁阳招作客，五星同聚此堂中。"（宋祝穆《方舆胜览》卷四七《滁州·堂楼》条，《寰宇通志》卷二二《滁州·祠庙》条）

按：文昭乃曾肇之谥号，文定乃张方平之谥号，文忠乃欧阳修之谥号，六一翁乃欧阳修之别号。

黄庭坚《题王黄州墨迹后》有云："世有斫泥手，或不待郢工。往时王黄州，谋国极匪躬。朝闻不及夕，百壬避其锋。九鼎安盘石，一身转孤蓬。浮云当日月，白发照秋空。"（《豫章黄先生文集》卷二）又有《王元之真赞》一首。（卷十四）

南宋孝宗淳熙九年（1182），长洲知县曾棐求王禹偁像于虎丘寺，绘之于县治东堂壁间，名其堂曰"企贤"。邑人淳熙八年状元黄由为之作记云："长洲为县，肇唐万岁通天中，至于我朝雍熙元年，翰林学士王公讳禹偁，字元之，济州巨野人，寔来为令。满秩，召为右正言、直史馆。公自叙其时侍亲而行。姑苏名邦，号为繁富，鱼酒甚美，亲年方逾耳顺，子孙满前，多自乐者，形之于诗，见之家集。至其论榷酒，惧遗斯民无穷之害，则忧深思远，反覆陈之；为厅壁记，则欲激其风俗，迟之教化，抑兼并而哀流亡。所谓鸠敛民瘼，评议政体，以待后人，则其言皆凛①然。是知公凡所以为训者，其言皆不苟发也。惟公首倡斯文，济之

---

① "凛"原作"廪"，今据《永乐大典》卷七二三七页十上引文改正。

忠直，全名大节，见诸国史。如庐陵欧阳公、眉山苏公、豫章黄公皆尝追述为诗赞，极其推尊。自是公之言谊风烈，在人耳目，表表愈伟。后公垂二百年，今令曾君德宽来，亦将终更，顾县治之东堂壁间有公之子嘉言所叙题名记，继往来之详，兴踵武之叹，读之慨想。因求公像于虎丘寺，绘之堂上，而扁曰'企贤'，并刻三公之诗赞于石。高山景行，用志则深。异时永阳、黄冈之祠，冠佩陆离，以仪以瞻，并媺相望，足以使有识歆耸起敬慕矣。淳熙九年十月一日，邑人黄由记，龚颐正书。"（《吴郡志》卷三七）

宁宗庆元六年（1200），长洲知县黄宜实辟县治东偏建"王长洲祠堂"。又求其旧同学、新知建宁军府事黄由为之记。（记文见明钱毂《吴都文粹续集》卷十四）

同年，周必大云："一代文章必有宗，惟名世者得其传。……若稽本朝，太祖以神武基王业，文治兴斯文。一传为太宗，翰林王公元之出焉。再传为真宗，杨文公大年出焉。"（《周益国文忠公集·平园续稿》卷十三《初寮先生前后集序》）

宁宗时，叶适于王禹偁之文章，极为推许，尝云："王禹偁文简雅古淡，由上三朝未有及者，而不甚为学者所称，盖无师友论议故也。"（《习学记言序目》卷四九《皇朝文鉴·记》条）

王禹偁后裔：

长子嘉祐、次子嘉言、曾孙汾俱知名。

嘉祐为馆职，时寇准以刑部侍郎权知开封府[①]，一日，问嘉祐曰："外人谓劣丈云何？"对曰："外人皆云丈人旦夕入相。"准曰："于吾子意何如？"嘉祐曰："以愚观之，丈人不若未为相为善，相则誉望损矣。"

---

① 寇准权知开封府在咸平五年五月至六年六月，见《长编》卷五二、卷五五。

准曰:"何故?"嘉祐曰:"自古贤相所以能建功业、泽生民者,其君臣相得皆如鱼之有水,故言听计从,而功名俱美。今丈人负天下重望,相则中外有太平之责焉,而丈人之于明主能若鱼之有水乎? 此嘉祐所以恐誉望之损也。"准大喜,起执其手曰:"元之虽文章冠天下,至于深识远虑,或不逮吾子也。"(《涑水记闻》卷二,参校《清波杂志》卷五、《东都事略》及《宋史》之《王禹偁传》)咸平六年十一月己亥,奉礼郎王嘉祐坐交游非类,不修检操,责监天长县酒税。(《长编》卷五五)

　　按:上引嘉祐事,武英殿聚珍本及《丛书集成》本《涑水记闻》卷二误刊为嘉言事。

　　嘉言,字仲谟,生十三岁,丁父忧。其父遗言不为子孙乞官,真宗闻而嗟悼,赐嘉言同学究出身。后数岁,嘉言家贫无以养母,调官于吏部而年未及格。判铨事周起以闻于朝,特授鄂州司户参军。大中祥符五年,举进士第,改扬州江都尉[①]。七年,真宗阅书龙图阁得禹偁奏疏,爱其切直,因访后嗣孰贤。近臣以嘉言名闻,即召对,遂迁大理评事、监海州税。天禧元年,用荐者言,徙知庐州舒城县,兼榷茶税。丁母忧,服除,知苏州长洲县。县既其父旧治,而嘉言年与官又皆同,士大夫赋诗荣美之。迁大理寺丞。仁宗即位,迁殿中丞,徙知南雄州。代还,迁太常博士,通判齐州。工部侍郎李及荐御史,以嘉言与张锡二人应诏。故事,当择用其一,而仁宗谓执政曰:"及,清慎少许可,此皆时俊也。"遂并用之。召为监察御史,迁殿中侍御史,判三司开拆司。奉诏案信州狱,还赐牙绯。明年,出为福建转运使,赐金紫。明道元年,

———————

　　① 《东都事略》及《宋史》之《王禹偁传》记嘉言以进士第为江都簿,误。《涑水记闻》卷三引《王禹偁神道碑》及《长编》卷八三大中祥符七年九月末条亦作"江都尉",与《墓志铭》同。

恭谢礼毕，迁侍御史，入为兵部员外郎、三司盐铁判官。景祐二年，出为京东转运使。四月，感疾卒于广济军之官舍，享年四十七。嘉言平居阅书史为辞章，以嗣续前烈为志，手写其父《小畜集》三十卷，藏于家。献《翊政论》十篇，究切世事。（《彭城集》卷三七《王公墓志铭》）

禹偁孙延己，乃嘉祐之子，仁宗至和二年十二月，上所藏太宗皇帝赐其祖御书诗一轴。诏赐钱一万，以御诗还其家。（《长编》卷一八一）

禹偁曾孙汾，字彦祖，为嘉祐之孙，仁宗皇祐五年，举进士甲科。以免解，法当降等。仁宗阅卷首见禹偁名，嘉其有后，特赐元第。未几考课，仁宗犹记前事，加秩一级。英宗治平中，充朝议大夫、集贤校理、诸王府翊善。神宗熙宁、元丰间，知兖州。哲宗元祐三年，迁左中散大夫、直秘阁。不久，为工部侍郎、宝文阁待制，绍圣间入元祐党籍云。（苏颂《小畜外集序》，《苏魏公集》卷八《送王彦祖学士守毗陵》诗注，《经进东坡文集事略》卷五九《王元之画像赞并叙》，《涑水记闻》卷三，《彭城集》卷十九，《长编》卷四〇九，《东都事略·王禹偁传》，《宋史·王禹偁传》，《渑水燕谈录》卷二）

刘攽《送王兖州》诗有"旧学翰林（指王禹偁）君子泽，雄文策府列仙儒。……甲子可怜同步武，光阴稍觉近桑榆"等句。（《彭城集》卷十七）

　　按：刘攽亦曾于元丰四年，五十九岁时，知兖州，见颜中其《刘攽年谱》，载《〈资治通鉴〉丛论》，河南人民出版社1985年版。

参考书目

1.《东都事略》 宋　王称　台湾文海出版社影印本

2.《小畜集》 宋　王禹偁　《四部丛刊》二次印本

3.《西台集》 宋　毕仲游　武英殿聚珍本

4.《续资治通鉴长编》 宋　李焘　中华书局点校本

5.《徐公文集》 宋　徐铉　《四部丛刊》本

6.《太宗皇帝实录》 宋　钱若水等　《四部丛刊》影印残本

7.《湘山野录》 宋　僧文莹　中华书局点校本

8.《佛祖统纪》 宋　释志磐　大正藏本

9.《释氏疑年录》 近人　陈垣　《励耘书屋丛刻》本

10.《苏魏公集》 宋　苏颂　文渊阁《四库全书》影印本

11.《宋朝事实》 宋　李攸　武英殿聚珍本

12.《宋史》 元　脱脱等　中华书局点校本

13.《疑年录稽疑》 近人　余嘉锡　中华书局排印本《余嘉锡论学杂著》内

14.《疑年录》 清　钱大昕　清嘉庆十八年刻本

15.《武夷新集》 宋　杨亿　文渊阁《四库全书》影印本

16.《唐宋词人年谱》 近人　夏承焘　上海古籍出版社1979年版

17.《忠肃集》 宋　刘挚　《丛书集成》本

18.《范文正公集》 宋　范仲淹　《四部丛刊》本

19.《琬琰集删存》 1938年燕京大学引得编纂处排印本

20.《挥麈录》 宋　王明清　中华书局上海编辑所点校本

21.《乖崖先生文集》 宋　张咏　《续古逸丛书》影印宋本

22.《河东先生集》 宋　柳开　《四部丛刊》本

23.《临川先生集》 宋　王安石　《四部丛刊》本

24.《旧五代史》 宋　薛居正等　中华书局点校本

25.《邵氏闻见录》　宋　邵伯温　中华书局点校本

26.《文献通考》　元　马端临　中华书局影印本

27.《宋朝事实类苑》　宋　江少虞　上海古籍出版社点校本

28.《欧阳文忠公集》　宋　欧阳修　《四部丛刊》本

29.《宋会要辑稿》　中华书局影印本

30.《玉海》　宋　王应麟　浙江书局刻本

31.《东观集》　宋　魏野　清宣统三年赵氏峭帆楼重刊本

32.《郡斋读书志》　宋　晁公武　《四部丛刊》袁州本

33.《周益国文忠公集》　宋　周必大　清道光间刊本

34.《新安志》　宋　罗愿　《宋元方志丛刊》本

35.《新安文献志》　明　程敏政　文渊阁《四库全书》影印本

36.《春明退朝录》　宋　宋敏求　中华书局点校本

37.《罗豫章先生文集》　宋　罗从彦　《丛书集成》本

38.《忠愍公诗集》　宋　寇准　《四部丛刊》本

39.《全宋词》　近人　唐圭璋　中华书局 1965 年 6 月版

40.《渑水燕谈录》　宋　王辟之　中华书局点校本

41.《皇宋十朝纲要》　宋　李埴　民国十六年上海东方学会本

42.《宋刑统》　宋　窦仪等　中华书局点校本

43.《建炎以来朝野杂记》　宋　李心传　《适园丛书》本

44.《宋大诏令集》　中华书局影印本

45.《直斋书录解题》　宋　陈振孙　武英殿聚珍本

46.《皇朝文鉴》　宋　吕祖谦　《四部丛刊》本

47.《皇朝编年纲目备要》　宋　陈均　日本静嘉堂影宋本

48.《太平治迹统类》　宋　彭百川　《适园丛书》本

49.《涑水记闻》　宋　司马光　中华书局点校本

50.《宋宰辅编年录》　宋　徐自明　中华书局校补本

51.《全唐诗》　清康熙时敕编　文渊阁《四库全书》影印本

52.《花间集校》　近人　李一氓　人民文学出版社 1958 年版

53.《宛陵集》　宋　梅尧臣　《四部丛刊》本

54.《隆平集》　宋　旧题曾巩　清康熙七业堂刊本

55.《林和靖诗集》　宋　林逋　《四部丛刊》本

56.《景文集》　宋　宋祁　《湖北先正遗书》本

57.《元宪集》　宋　宋庠　武英殿聚珍本

58.《旧闻证误》 宋 李心传 中华书局点校本

59.《小畜外集》 宋 王禹偁 清光绪年间孙星华增刻本

60.《邵氏闻见后录》 宋 邵博 中华书局点校本

61.《元丰类稿》 宋 曾巩 《四部丛刊》本

62.《汴京遗迹志》 明 李濂 文渊阁《四库全书》影印本

63.《资治通鉴》 宋 司马光 中华书局点校本

64.《〔国朝〕诸臣奏议》 宋 赵汝愚 文渊阁《四库全书》影印本

65.《翰苑群书》 宋 洪遵 《知不足斋丛书》本

66.《容斋随笔》 宋 洪迈 上海古籍出版社点校本

67.《石林燕语》 宋 叶梦得 中华书局点校本

68.《宋文选》 宋 不著选辑人 文渊阁《四库全书》影印本

69.《春渚纪闻》 宋 何薳 中华书局点校本

70.《续资治通鉴》 清 毕沅 中华书局点校本

71.《宋史丛考》 近人 聂崇岐 中华书局本

72.《西昆酬唱诗人生卒年考》 近人 陈植锷 《文史》第二十一辑

73.《永乐大典》 明 解缙等 中华书局影印残本

74.《宋史纪事本末》 明 陈邦瞻等 中华书局点校本

75.《新五代史》 宋 欧阳修 中华书局点校本

76.《玉壶清话》 宋 僧文莹 中华书局点校本

77.《诗话总龟》 宋 阮阅 《四部丛刊》本

78.《乐全集》 宋 张方平 文渊阁《四库全书》影印本

79.《苏舜钦集》 宋 苏舜钦 中华书局点校本

80.《北宋选人七阶试释》 近人 金中枢 台湾《宋史研究集》第九辑

81.《五朝名臣言行录》 宋 朱熹 《四部丛刊》本

82.《寰宇通志》 明 陈循等 《玄览堂丛书》本

83.《青箱杂记》 宋 吴处厚 中华书局点校本

84.《宋诗纪事》 清 厉鹗 文渊阁《四库全书》影印本

85.《华阳集》 宋 王珪 武英殿聚珍本

86.《宋学士文集》 明 宋濂 《四部丛刊》本

87.《咸平集》 宋 田锡 文渊阁《四库全书》影印本

88.《太平寰宇记》 宋 乐史 文渊阁《四库全书》影印本

89.《温国文正司马公文集》 宋 司马光 《四部丛刊》本

90.《雍正山东通志》 清 岳浚等 文渊阁《四库全书》影印本

91.《道光巨野县志》　清　黄维翰、袁传裘等　清道光二十六年续修刻本

92.《昭明文选》　梁　萧统　《四部备要》本

93.《困学纪闻》　宋　王应麟　《四部丛刊》本

94.《寰宇访碑录》　清　孙星衍　《丛书集成》本

95.《淳熙三山志》　宋　梁克家等　《宋元方志丛刊》本

96.《南涧甲乙稿》　宋　韩元吉　武英殿聚珍本

97.《晦庵先生朱文公文集》　宋　朱熹　《四部丛刊》本

98.《四库全书总目》　清　纪昀等　中华书局影印本

99.《开元天宝遗事》　五代后周　王仁裕　文渊阁《四库全书》影印本

100.《北梦琐言》　宋　孙光宪　上海古籍出版社点校本

101.《云麓漫钞》　宋　赵彦卫　《丛书集成》本

102.《麟台故事》　宋　程俱　武英殿聚珍本

103.《三余札记》　近人　刘文典　商务印书馆1935年排印本

104.《四库提要订误》　近人　李裕民　书目文献出版社本

105.《太平广记引得》　近人　邓嗣禹　哈佛燕京学社编纂处本

106.《逍遥集》　宋　潘阆　《知不足斋丛书》本

107.《吴郡志》　宋　范成大　《守山阁丛书》本

108.《续翰林志》　宋　苏易简　《知不足斋丛书》本

109.《曲洧旧闻》　宋　朱弁　《知不足斋丛书》本

110.《徂徕石先生文集》　宋　石介　中华书局点校本

111.《吴都文粹》　宋　郑虎臣　文渊阁《四库全书》影印本

112.《宋诗钞补》　清　管庭芬等辑　1914年上海涵芬楼刊本

113.《五代史补》　宋　陶岳　文渊阁《四库全书》影印本

114.《石林诗话》　宋　叶梦得　《历代诗话》本

115.《方舆胜览》　宋　祝穆　上海古籍出版社影宋本

116.《苕溪渔隐丛话》　宋　胡仔　人民文学出版社本

117.《白氏长庆集》　唐　白居易　《四部丛刊》本

118.《旧唐书》　五代后晋　刘昫等　中华书局点校本

119.《辽史》　元　脱脱等　中华书局点校本

120.《万历钱塘县志》　明　聂心汤等　《武林掌故丛编》本

121.《西湖游览志》　明　田汝成　《武林掌故丛编》本

122.《舆地纪胜》　宋　王象之　文选楼影宋钞本

123.《涧泉日记》　宋　韩淲　上海古籍出版社点校本

124.《梦溪笔谈》 宋 沈括 近人胡道静校正本

125.《吴都文粹续集》 明 钱穀 《四库全书》珍本

126.《晋书》 唐 房玄龄等 中华书局点校本

127.《国史补》 唐 李肇 《学津讨原》本

128.《汉书》 汉 班固 中华书局点校本

129.《芦浦笔记》 宋 刘昌诗 《知不足斋丛书》本

130.《水心文集》 宋 叶适 清光绪八年瑞安孙氏刻本

131.《宋高僧传》 宋 赞宁 文渊阁《四库全书》影印本

132.《中国佛教史籍概论》 近人 陈垣 中华书局 1962 年 11 月版

133.《茶余客话》 清 阮葵生 《丛书集成》本

134.《历代名臣奏议》 明 黄淮等 上海古籍出版社影印本

135.《五代史阙文》 宋 王禹偁 汲古阁刻本

136.《丞相魏公谭训》 宋 苏象先 《四部丛刊》三编本

137.《二十二史考异》 清 钱大昕 《丛书集成》本

138.《杨文公谈苑》 宋 杨亿 上海古籍出版社辑校本

139.《彭城集》 宋 刘攽 《丛书集成》本

140.《中吴纪闻》 宋 龚明之 《知不足斋丛书》本

141.《后村先生大全集》 宋 刘克庄 《四部丛刊》本

142.《五百家播芳大全文粹》 宋 魏齐贤等 文渊阁《四库全书》影印本

143.《金石续编》 清 陆耀遹等 扫叶山房石印本

144.《嘉泰吴兴志》 宋 谈钥 《宋元方志丛刊》本

145.《齐东野语》 宋 周密 中华书局点校本

146.《归田录》 宋 欧阳修 中华书局点校本

147.《元丰九域志》 宋 王存等 中华书局点校本

148.《金石萃编》 清 王昶 扫叶山房石印本

149.《高士传》 晋 皇甫谧 《丛书集成》本

150.《史记》 汉 司马迁 中华书局点校本

151.《通志》 宋 郑樵 《万有文库》十通本

152.《释氏稽古略》 元 释觉岸 文渊阁《四库全书》影印本

153.《礼记》《皇清经解》本

154.《庄子》 战国 庄周 《四部丛刊》影印本

155.《河南先生文集》 宋 尹洙 《四部丛刊》本

156.《能改斋漫录》 宋 吴曾 上海古籍出版社点校本

157.《康熙重修江西省志》　清　于成龙等　康熙二十二年刻本

158.《老学庵笔记》　宋　陆游　中华书局点校本

159.《抱朴子》　晋　葛洪　《四部丛刊》本

160.《文庄集》　宋　夏竦　《四库全书》珍本

161.《宋诗钞》　清　吴之振等　文渊阁《四库全书》影印本

162.《桐江续集》　元　方回　《四库全书》珍本

163.《温公续诗话》　宋　司马光　清何文焕订《历代诗话》第五册

164.《清波杂志》　宋　周辉　中华书局校注本

165.《瀛奎律髓》　元　方回　文渊阁《四库全书》影印本

166.《隐居通议》　元　刘埙　《丛书集成》本

167.《渭南文集》　宋　陆游　《四部丛刊》本

168.《西昆酬唱集》　宋　杨亿等　《四部丛刊》本

169.《临汉隐居诗话》　宋　魏泰　《笔记小说大观》本

170.《续资治通鉴长编纪事本末》　宋　杨仲良　广雅书局本

171.《宸翰楼丛书》　近人　罗振玉刊本

172.《东斋记事》　宋　范镇　中华书局点校本

173.《丁晋公谈录》　宋　丁谓　《百川学海》本

174.《朝野类要》　宋　赵昇　《知不足斋丛书》本

175.《四六话》　宋　王铚　《学津讨原》本

176.《朱文公校昌黎集》　唐　韩愈撰　宋　朱熹考异　《四部丛刊》本

177.《柳文指要》　近人　章士钊　中华书局 1971 年 9 月版

178.《论语集注》　宋　朱熹　金陵书局本

179.《日知录》　清　顾炎武　《扫叶山房丛钞》本

180.《梁溪漫志》　宋　费衮　《知不足斋丛书》本

181.《习学记言序目》　宋　叶适　中华书局点校本

182.《国老谈苑》　宋　夷门君玉　《学津讨原》本

183.《豫章黄先生文集》　宋　黄庭坚　《四部丛刊》本

184.《弘治黄州府志》　明　卢希哲等　《天一阁藏明代方志选刊》本

185.《十国春秋》　清　吴任臣　中华书局点校本

186.《崇文总目》　宋　王尧臣等　《粤雅堂丛书》本

187.《郡斋读书附志》　宋　赵希弁　上海古籍出版社校证本

188.《经进东坡文集事略》　宋　苏轼　中华书局香港分局校订本

189.《三国志集解》　近人　卢弼　古籍出版社 1957 年排印本

190.《东坡七集·东坡集》　宋　苏轼　《四部备要》本

191.《尹洙之年寿》　近人　聂崇岐　《史学年报》第 3 卷第 2 期, 1940 年

192.《仪顾堂集》　清　陆心源　《潜园总集》本

193.《杜少陵集详注》　清　仇兆鳌　《万有文库》本

194.《七言千家诗》　旧题宋　谢枋得　浙江人民出版社 1980 年版

195.《诗林广记》　宋　蔡正孙　中华书局点校本

196.《古今合璧事类备要》　宋　谢维新　文渊阁《四库全书》影印本

197.《锦绣万花谷》　宋　不著撰人　文渊阁《四库全书》影印本

198.《明道杂志》　宋　张耒　宛委山堂本

199.《彦周诗话》　宋　许顗　清何文焕订《历代诗话》第七册

200.《唐宋诸贤绝妙词选》　宋　黄昇　《四部丛刊》本

201.《乌台诗案》　宋　朋九万　《说郛》宛委山堂本

202.《刘敞年谱》　近人　颜中其　载《〈资治通鉴〉丛论》,河南人民出版社
　　1985 年版

附录:《全宋文·王禹偁文》补正

《全宋文》第一册出版后,笔者尝应主编曾枣庄教授之嘱,为该册写有《读后》一长文,刊登在《古籍整理出版情况简报》第204期(1989年2月10日)上。不久,《全宋文》各册相继刊行,其中第四册收有北宋著名文学家与政治改革派先驱者王禹偁(954—1001)的文章。笔者于二十年前为撰《王禹偁事迹著作编年》一书(1982年由中国社会科学出版社刊行),曾对《小畜集》《小畜外集》作过校点、辑佚。今年暑假抽空翻阅《全宋文》中的王氏文,颇觉其搜罗完备,校记亦多翔实。然书中失误之处仍复不少,兹依照其页数、行数顺序加以补正如下:

(1)《全宋文》第四册,页202所撰王禹偁小传云:"太平兴国八年登进士第,授成武主簿,徙知长洲县,就改大理评事。端拱二年……未几判大理事。为雪徐铉罪忤旨,贬商州团练副使。历知解州、单州。"

按:《小畜集》卷八《谪居感事》诗自注:"予〔太平兴国〕九年(即雍熙元年)授大理评事、知苏州长洲县。"卷十七《滁州全椒县宝林寺重修大殿碑·后序》亦云:"雍熙中,予为大理评事、知长洲县。"盖宋代充当知县、知州者须带有京朝官之衔,故此处"徙知长洲县,就改大理评事"应改为"次年,除大理评事、知长洲县"。当时官制,大理评事为本官,知县是差遣。

又据《谪居感事》诗自注:"以制诰舍人(即知制诰的别称)兼大理寺事。"《宋文鉴》卷四二引录王氏《应诏言事疏》云:"判大理寺时,抗疏论道安之罪,执法雪徐铉之冤,贬官商山。"故知此处"判大理事"应改为"判大理寺事"。"为雪徐铉罪忤旨"可改为"为徐铉雪冤忤旨"。

又据《小畜集》卷九《别商山》诗题下自注有"量移解州作"云云。《小畜外集》(以下简称《外集》)卷七《盐池十八韵并序》:"淳化四年孟夏月,始自商洛移于解梁。"王氏在商州为团练副使,因南郊大礼,随例量移解州团练副使,而非知解州事。盖宋代州郡的团练副使乃责授官,不得签书公事,且俸禄甚薄。而知州为一州之长官,有职有权,两者不能混同。又《小畜集》卷二一《单州谢上表》:"伏蒙圣慈,就差知单州军州事。"故此处"历知解州、单州"应改正为"移解州。差知单州"。

(2)页203《籍田赋并序》,行4:"汉祖隆兴,日不暇给,孝景始复行〔籍田〕焉。"

按:上海涵芬楼借江南图书馆藏经锄堂钞本影印本(以下简称"经锄堂本")、文渊阁《四库全书》影印本(以下简称"阁本")及《宋文鉴》卷一著录该赋序,"孝景"之前应补入"孝文"两字。参见《汉书·文帝纪》《景帝纪》。

(3)同页,行7—8:"皇家享国三十载,陛下嗣统十四年,……乃下明诏,耕〔籍田〕于东郊。"

按:宋代史书均系太宗躬耕籍田于端拱元年(988)正月。《小畜集》卷十九《送丁谓序》(本书页387),卷二八《郭公墓志铭》(页550)、《宋公神道碑》(页534),及《外集》卷十三《赠别鲍秀才序》(页409)皆同。田锡《咸平集》卷二一《籍田颂并序》亦作"国家嗣位之十三载,……籍田可复于躬耕"。是年上距太祖建隆元年(960)仅二十九年,上距太宗太平兴国元年(976)仅十三年。此处记年数皆误增一岁,应出校记。

(4)页204,行2:"筑坛埠之四陛,关阡陌之百廛。"

按:阁本及《宋文鉴》卷一著录该赋,"关"作"开",应据改。

(5)同页,行7—8:"春芒甲拆。"

按:据清光绪会稽孙星华增刻本(以下简称"孙本",此本价值仅次于《四部丛刊》影印常熟瞿氏藏宋刊配旧钞本)、清乾隆平阳赵熟典刻本(以下简称"赵本")、民国商务印书馆《国学基本丛书》本(以下简称"丛书本")及《宋文鉴》卷一著录,"拆"为"坼"之误。

(6)页206《园陵犬赋》,行7:"第晨游而夕嬉。"校记云:"晨:原作'辰',据文意改。"

按:"辰"通"晨"。《诗·齐风·东方未明》:"不能辰夜,不夙(早)则莫(暮)。"此处不可臆改。

(7)页207,行2:"信厖也之冈及。"

按:其他本子(指孙本、赵本、阁本、经锄堂本、丛书本等五种本子,以下简称"各本"),"厖"均作"尨"(音忙,多毛的狗),应据改。《诗·召南·野有死麇》:"无使尨也吠。"

(8)页209《三黜赋》,倒行4:"叨再入于掖垣。"校记云:"再:原作四,据黄本、傅本改。"

按:王氏此赋于真宗咸平二年春出守黄州(齐安郡)时撰,在此以前曾三知制诰,一入翰林,故云"叨四入于掖垣"。他本作"再入",误。

(9)页211《卮言日出赋》,行2:"伊斯言之无係,假厥器而强名。"

按:"係",各本均作"像",应据改。

(10)页212《天道如张弓赋》,行5:"人尝观上玄之理。"

按:"人",各本均作"又",应据改。又底本下文亦有"又尝观上圣之姿"语,可为旁证。

(11)页216《尺蠖赋》,行9:"日月相推而天明烛幽者也。"

按:"天明",各本均作"大明",应据改。

(12)页220《火星中而寒暑退赋》,行5—6:"暑两交绥而自息。"

按:"两",底本及各本均作"雨",此处显为误刊。

(13)页222《黄屋非尧心赋》题下原注:"黄屋车贵,非帝尧意。"

按:"车",孙本、赵本、丛书本作"虽",应据改。

（14）同页,行2:"处黄屋之非贵。"

按:"之",各本均作"以",应据改。

（15）同页,倒行4—3:"今我后功迈伯禹,心侔于尧。"

按:"于尧",阁本作"帝尧",应据改。

（16）页223《日月光天德赋》题下原注:"阳景阴魄,光彼天德。"

按:"彼",孙本、丛书本、赵本、经锄堂本均作"被",应据改。

（17）同页,行10:"修五纪以叶用。"

按:"纪",孙本、阁本、丛书本作"祀",应据改。

（18）页224《崆峒山问道赋》,行4:"靡烦手以乘乾。"

按:"乘",孙本、丛书本作"秉",疑是。

（19）页224《射宫选士赋》。

按:标题下脱漏注文,应据各本补入"能中正鹄,男子之事"八字。

（20）同页,倒行1:"射乐有声。"

按:"射",阁本、经锄堂本作"因",疑是。

（21）同页,倒行1:"《采繁》之诗既作。"

按:"采繁",各本及《诗·召南·采蘩》均作"采蘩",应据改。

（22）页225,行4:"取于德而不尚力。"

按:各本均作"取于德而不尚于力",应据补。

（23）同上:"求诸己而不反于身。"校记云:"'于'字疑衍。"

按:各本均有"于"字,与上句对称,无衍字,应删去校记。"不",
阁本作"必"。

（24）同页,行6:"别取穿扬之利。"

按:"扬",底本作"杨",此处当为误刊。

（25）页226《归马华山赋》,行1:"塞坦既静。"

按:"坦",底本及各本均作"垣",此处显为误刊。

（26）同页,行7:"诏巨灵于按辔。"

按:"诏",各本均作"认",应据改。

（27）同上:"免随棹鞅之人。"

安:"棹",孙本、丛书本、阁本作"掉",应据改。

（28）同页,行7—8:"非有敝帷之费。"

按:"敝",孙本、丛书本、赵本、经锄堂本均作"弊",应据改。参见《小畜集》卷八《弊帷诗》。

（29）同页《贤人不家食赋》,倒行1:"象于丰而取于熙。"

按:"熙",各本均作"颐",应据改。

（30）页227,行4:"欲凿杯而莫得。"

按:"杯",阁本作"坏",应据改。

（31）页228《大合乐赋》,行2:"扬和乐于华夷。"

按:"扬",各本均作"畅",应据改。

（32）页231《红梅花赋并序》,倒行7—6:"余未知其祥邪?"

按:《永乐大典》卷二八〇九,页一下引《小畜〔外〕集》作"余未知其祥怪邪",应据补。

（33）页232,行6—7:"人之丈彩;……在颜色而何以?苟履行之尧修。"

按:"丈"为"文"之误刊,"以"为"似"之误刊,"尧"为"克"之误刊,见同上书著录。

（34）页233《云州节度使加使相麻》,倒行4:"俾耀筑台之贵。"

按:"台",各本均作"坛",应据改。

（35）页234《搜访唐末已来忠臣子孙诏》,行3:"朕祗膺骏命。"又页235《放五坊鹰犬诏》,行4—5:"朕祗膺大宝。"

按:两个"祗"字,底本均作"祗",此处显为误刊。

（36）页234,行5:"湮沉门阀。"

按："阅"，各本均作"阀"，应据改。

（37）同页《授六尚书节度使麻》，倒行 4："兼著韬铃。"

按："铃"，底本及各本均作"铃"，此处显为误刊。

（38）页 235，行 1："仍加食菜，式重分茅。"

按："菜"，阁本、经锄堂本作"采"，应据改。

（39）页 239《赐汉南国王生辰金银器鞍马诏》，行 4："诞灵既在于兹晨，……盖松柏后凋之算。"

按："晨"，孙本、丛书本、阁本、赵本作"辰"；"盖"，同上本作"益"。均应照改。

（40）同页《授御史大夫可司徒门下侍郎平章事制》，倒行 6："振肃王纲。"

按："王"，各本均作"皇"，应据改。

（41）页 240《恩赐宰（本书误刊为"窂"）臣一子可尚书水部员外郎制》，行 8："慎守太君之命。"

按："太"，各本均作"大"，应据改。

（42）页 243—244《奠故节度使文》，页 243，倒行 1 至页 244，行 1："塞垣无患，累朝而恃彼长城；天道难忱，一朝而断乎右臂。"

按：后一"朝"字，各本均作"旦"，应据改。

（43）页 244《宣示宰臣已下复百官转对御礼》，行 7："俾嘉言之罔伏，仍择善而是从。"

按："仍"，各本均作"期"，应据改。

（44）页 245《授蓝田县尉可右拾遗制》，倒行 2："以尔具官某，以文学登第。"

按：前一"以"字，孙本、丛书本、阁本、赵本均作"咨"，应据改。

（45）页 248《拟追封建成元吉为巢王息王制》。

按：上海涵芬楼借江南图书馆影宋写本影印本及丛书本《小畜外

集》卷十二著录该制均作"建成可追封息王,……元吉可追封巢王"。此处标题误倒"息王巢王"为"巢王息王",应加以乙正。

(46)页249,行2:"建成可追封巢王,……元吉可追封息王。"

按:应据上引本子加以乙正。参见《旧唐书》卷六四《隐太子建成传》《巢王元吉传》。

(47)页253《拟封淮海国王可汉南国王册文》,行7:"跨广汉以为池,奄诸姬而有国。"校记云:"广汉:似当作'汉广'。《诗·汉广》云:'汉之广矣。'此指汉水。"

按:"广汉"与下文"诸姬"对称,此处作"广汉",无误。

(48)页255《拟批答高丽国贺正表》,行6:"岁举梯航,世遵正朔。"

按:"举",丛书本作"奉",疑是,应出校记。

(49)页256《授王扶大理评事忠武军节度掌书记制》,行4:"爰一奏章。"

按:"一",《永乐大典》卷一三五〇六,页六上引录作"上",应据改。

(50)页257《并诰》,行4:"奉承夫休。"

按:"夫",底本及各本均作"天",此处显为误刊。

(51)同页,行6:"我先王帝土建国,十有八祀。"

按:"我先王帝土建国",阁本作"我先帝启土建国",应据改。底本下文亦有"惟天辅我先帝之明德""我先帝负天休命"等文句,可为旁证。"十有八祀",疑为"十有六祀"之误,盖宋太祖在位仅十六年。《并诰》乃王氏试作之文。

(52)页259—260《元德皇太后谥册》题下原注:"咸平三年三月丁酉。"校记云:"据《宋会要辑稿》礼三一之二一,此文为王禹偁作。"

按:《小畜集》卷二二《谢宣赐表》(又见本书页287):"今月(指咸平三年五月)八日,进奏院递到宣头一道,伏蒙圣慈,以臣先撰《元德皇太后谥册文》,特赐臣衣着五十匹,银器五十两。礼毕园陵,恩沾论撰（规按：此指咸平三年四月乙卯事，见《长编》卷四七、《宋史》卷六《真宗纪》）。伏念臣……际会先朝，忝尘近侍。……洎逢缵嗣（指真宗），复窃掖垣（指至道三年十二月下旬至咸平元年岁除日，第三次任知制诰事）。适当议云阳之陵，定昭成之谥，猥承诏命，恭草册文（指咸平元年正月，'上皇太后李氏谥曰元德'之册文草稿，见《长编》卷四三、《宋史》卷六《真宗纪》。又《宋会要辑稿》礼三一之二一载'咸平元年正月十四日，知制诰王禹偁上《〔元德皇太后〕谥册文》，诏付有司'）。……今者谥册入陵，神主祔庙（指咸平三年四月乙卯，'改葬元德皇太后于永熙陵侧，奉神主祔享别庙'事）。伏惟皇帝陛下……颁厥筐之彩缯，锡中金之器皿。……"

据上述，《元德皇太后谥册文》初稿确系王禹偁于咸平元年正月在知制诰任内所草拟。是年岁除日，落知制诰，出知黄州，直到咸平四年五月卒于知蕲州任所，迄未返京为词臣。此谥册文于咸平三年曾经某词臣（可能为梁周翰）所改定。《宋会要辑稿》礼三一之二一载："咸平三年三月二十日（丁酉），启〔元德皇太后〕攒宫，……是日，摄中书令梁周翰读册文。"册文中有"谨遣摄太尉、门下侍郎兼兵部尚书、平章事张齐贤奉玉册玉宝"云云。考张齐贤加门下侍郎，乃咸平二年十一月事，见《宋史》卷二一〇《宰辅表》。又册文开头记时"维咸平三年岁次庚子，三月戊寅朔，二十日丁酉"云云，皆非王氏所草初稿之原文。本书著录此文，应在校记中予以说明。

又页260，行5"茹慕增感"，应据《宋会要辑稿》礼三一之二四改为"孺慕增感"。

同页，倒行1校记："照成：《宋会要辑稿》作'昭威'。"按："威"为"成"之误刊。《宋会要》不误。又《小畜集》卷二二《谢宣赐表》亦作"昭成"。

又据《宋史》卷二四二《元德李皇后传》载，咸平三年三月，知制诰梁周翰曾为元德皇太后撰哀册。哀册文今存《宋大诏令集》卷十六及《宋会要辑稿》礼三一之二五至二六。《全宋文》第二册，卷四八《梁周翰文》内失收，应补入。

（53）页 269《进端拱箴表》，倒行 10—9："改拾遗、补阙之名，设司谏、正言之位。"

按：《长编》卷二九："端拱元年二月乙未，改左、右补阙为左、右司谏，左、右拾遗为左、右正言。"（《太宗实录》卷四三同）此处应乙正为"改补阙、拾遗之名，设司谏、正言之位"。

（54）页 274《滁州谢上表》，倒行 3："省已戴恩。"

按：他本亦多误"己"为"已"，应改。

（55）页 277《谢赐圣惠方表》，行 4："自黄帝、歧伯以还。"

按："歧伯"，阁本、经锄堂本作"岐伯"，应据改。

（56）同页，行 8—9："集自朱邸，逮于紫宸，几三十年，成一百轴。"

按：《长编》卷三三："淳化三年（992）五月己亥，颁行印本《太平圣惠方》一百卷。"（《宋大诏令集》卷一二九同）下诏编修时间，据《玉海》卷六三，乃在太平兴国三年（978）。先后历时计十五年。又《小畜集》卷二四《谢〔赐〕圣惠方表》（淳化三年夏，代赵普作）"爰自朱邸，逮于紫宸，垂十五年，成一百卷"（本书页312），可为参证。此处"几三十年"当为"几二十年"之误。

（57）页 279《贺南郊大赦表》，行 2—3："自有追三王而比崇，非止黜五霸而不用者矣。"

按："自有"，底本及各本均作"自可"，此处显为误刊。

（58）页 280《谢落起复表》，倒行 4—3："此皆伏蒙尊号皇帝陛下举其旧典。"校记云："皆：原作'者'，据文意改。"

按："此皆"，孙本、丛书本作"比者"，应据改。

（59）页 283《贺册皇后表》，行 1："自家形国，先正于宫闱。"

按："形"，孙本、阁本、赵本作"刑"。

（60）页285《黄州谢上表》，行3："幸获亲于远旦。"

按："旦"，底本及各本均作"日"，此处显为误刊。

（61）页287《谢宣赐表》，行6："颁厥筐之彩绘。"

按："绘"，底本及各本均作"缯"，是。

（62）页288《贺收复益州表》，行8："纵以遁逃，自今糜溃。"

按："今"，孙本、丛书本、阁本作"令"，应据改。

（63）页291《请撰大行皇帝实录表》，倒行3："自长洲令征为左正言，帖直史馆。"

按：王氏于端拱元年正月应中书试，称旨。丙寅（八日），自大理评事擢右拾遗、直史馆。二月乙未，改右拾遗为右正言。见《长编》卷二九。此处"左正言"为"右正言"之误。

（64）页293《贺圣驾还京表》，行4："必想边民夺梃以欧攘。"

按："夺"，丛书本、阁本、经锄堂本作"奋"。"欧"，底本、丛书本、阁本作"殴"。

（65）同上："亭长持绳而系缚。"

按："系"，底本及各本均作"絷"，此处显为误刊。

（66）同页，行6—7："尚著声时。"

按："时"，孙本、丛书本、阁本、赵本作"诗"，应据改。

（67）页301《乞差官通摄谒庙大礼使表》，行2—4："伏念臣（赵普自谓，此表为王氏代作）遭逢昌运，黍窃台司。三十年将于之权，周旋备位；……预大政相黄扉。"

按：据底本及各本，"黍"为"忝"之误刊。"于"与"相"应互换行列。

（68）页302《求致仕第一表》，行3："重升黄阁。"

按："阁"，孙本、丛书本、阁本作"阁"，应据改。底本多误"黄阁"

为"黄阁",下文不再列举。

（69）同页,行6:"今春始于微恙,遂至沉疴。"

按:"今春",底本及各本均同。页304《求致仕第四表》云:"今月五日至十四日,三上封章,恳陈致仕。"又页305著录王氏代赵普撰的《让西京留守表》云:"自遘沉疴,已逾新岁。"页306《让西京留守第二表》亦云:"臣去年春季,即染沉疴,今年正初,方求致仕。"考赵普辞让西京留守两表皆上于淳化元年正月下旬,《求致仕第一表》上于是年正月五日。从各表中记事记时推究,可知在淳化元年正月,赵普已患病一年。故此处《求致仕第一表》中之"今春"当为"去春"之误。本书应出校记。

（70）同页,行7:"痊乎未几,步履犹艰。"

按:"乎",底本、阁本、经锄堂本作"平",应据改。

（71）页304《求致仕第三表》,行6:"多惭燮理之功,全赖文明之感。"

按:"感",孙本、丛书本作"盛",应据改。

（72）页305《让西京留守表》,行7—8:"自今月五日至十五日四上表章,恳求致仕。伏睹二十一日内降白麻,……授臣……充西京留守者。"

按:各本均同。据《求致仕第四表》云:"今月五日至十四日,三上封章,恳陈致仕,伏奉十七日批答不允,令断来章者。"可知《求致仕第四表》决非十五日上,而是在奉到十七日批答后才上的。

（73）页319《为宰臣以彗星见求退表》,行5:"俯顺人心,上答天诚。"

按:"诚",孙本、丛书本、阁本、赵本作"诫",应据改。又同页《又谢恩表》,倒行2亦有"庶销天诫"语。

（74）同页《又谢恩表》,倒行2—1:"伏蒙陛下荐降丝纶,曲形敦谕,虽未加放逐,而实不遑宁。复况避正殿于宸居,减太官之常膳。"

按:"复",孙本、丛书本、赵本作"处",应据改。句读应改正为"虽未加放逐,而实不遑宁处。……"

(75)页320,行1:"碎首糜躯。"

按:"糜",孙本、丛书本、阁本、赵本作"縻",是。

(76)页322《为史馆李相公让官表》,倒行4:"皇帝陛下初升望苑,慎择官僚,窃宾护之重名,佐元良之茂德,蔑闻辅导,空积岁时。"

按:"官僚",各本均同,应据上下句文意及《宋史》卷二八二《李沆传》改为"宫僚"。

(77)同页,倒行2:"陛下过念遭逢,时加倚注,命之为相,恐累知人。"

按:"时",各本均作"特",应据改。

(78)页323《为史馆李相公让官第二表》,行7:"扬太祖文宗之业。"

按:"文宗",底本及各本均作"太宗",此处显为误刊。

(79)页324《贺皇太子笺》,行2—3:"伏以三代旧章,百年坠典,举兹成礼,允属昌朝。"

按:"成",底本及各本均作"盛",此处当为误刊。

(80)同页《皇太子贺正笺》,倒行1:"应时纳祐,与国同休。"

按:"祐",孙本、丛书本作"祜"。祜,福也。应据改。

(81)页325《皇太子贺冬笺》,行2—4:"指北阙以称觞,率先群后。……庆时纳祐,与国同休。"

按:"指",各本均作"诣",应据改。"祐"为"祜"之误。

(82)同页《代伯益上夏启书》,倒行3:"理之得其道则民辅,失其道则民去之。"

按:"辅"下,杭州大学图书馆藏清抄本(以下简称"清抄本")有"之"字,应补。

（83）页 327《补李揆谏改葬杨妃疏》,行 7—9:"以珠翠饰身,则
褕翟之衣不御。……娣妹窃夫人之号,昆仲尸列土之封。"

按:"褕",孙本、丛书本、清抄本作"褕"。"娣",上引本作"姊"。
均应据改。

（84）页 328《拟长孙无忌让代袭刺史表》,倒行 2—1:"岂意陛下
念及后昆,思逾往古。"

按:"思",孙本、丛书本作"恩",应据改。

（85）页 331《御戎十策奏》,倒行 9—8:"且汉十四帝,言圣明者
文、景也,言昏乱者哀、平也。"

按:《御戎十策》,或作《御戎十事》。"十四帝",赵汝愚《国朝诸
臣奏议》卷一二九《上太宗答诏论边事疏》、明黄淮等编《历代名臣奏
议》卷三二二著录王氏此疏及《宋史》卷二九三《王禹偁传》引录此疏
作"十二帝"或"十二君"。又《小畜集》卷三《读汉文纪》诗云:"西汉
十二帝,孝文最称贤。"考西汉皇帝确为十二人,如计入孺子婴,亦仅
十三人。应照改。

（86）同页,倒行 4:"北戎之强盛,未及军臣单于时。"

按:上引《国朝诸臣奏议》《历代名臣奏议》著录此疏,"北戎"作
"犬戎",应据改。下文多处作"北戎"或"契丹""敌人",应回改为
"犬戎"。盖今本《长编》已被清人所窜改。

（87）页 332,行 9:"三尺童子,皆奋臂而击敌矣。"

按:上引两部《奏议》著录此疏,"击敌"作"击之"。

（88）同页,行 9—10:"然得蕃人一级者赐之帛,得边地一马者还
其价。"

按:上引书,"然"下有"后"字,"边地"作"胡地"。应据以补改。

（89）同页,倒行 1:"诚能省去三千员,减俸数十万。"

按:"省去",上引书及洪迈《容斋四笔》卷十四《王元之论官冗》

条皆作"省官"。"数十万",上引《王元之论官冗》条作"数千万"。均应据改。又《小畜集》卷十八《荐丁谓与薛太保书》云:"位至尚书,则月俸五万。"(本书页348,倒行4—3)可为旁证。

(90)页333,行3:"但恐授甲之士,有使鹤之言。"

按:上引《历代名臣奏议》,"授"作"擐",应据改。

(91)同页,行5:"振古以求,未之及此。"

按:"以求",浙江书局本《长编》作"以来",《国朝诸臣奏议》作"而来",应据浙本改。"及",《国朝诸臣奏议》作"有",应据改。

(92)同页,倒行6—5:"不必轻用雄帅,深入敌境,竭苍生之众力,务青史之虚名。"

按:《国朝诸臣奏议》,"帅"作"师","敌"作"虏","务"作"矜",均应据改。

(93)同页,倒行4—2:"人民众则土地辟,财用足则国家安。……如飞刍挽粟之劳,妨凿井耕田之力,若无条禁,曷御兇荒?"

按:上引书,在"人民众则土地辟"之下,有"土地辟则财用足"一句,应据补。"如"作"加以","兇"作"凶",应照改。

(94)页334,行3—4:"若军运劳于外,……则寇不在外而在乎内也。"

按:上引书作"若辇运劳于外,……则寇不独在外而在乎内也。"

关于《御戎十策》,应据《国朝诸臣奏议》加以著录,并参校他书。盖《长编》引文,脱误较多。

(95)页335《论讨李继迁便宜奏》,倒行2:"刘寤。"

按:《资治通鉴》卷二四二作"刘悟",应出校记。

(96)页336,行2:"若无财利,以结人心。"

按:"若"为"苦"之误刊。

(97)页337《应诏言事》,倒行5:"缘〔李〕继迁本是歹侧之人。"

倒行1:"臣所目觐。"

按:"歹"为"反"之误刊,"觐"为"睹"之误刊。

(98)页339,行4:"二十载之濡泽。"

按:"濡"为"沛"之误刊。

(99)同页,行7:"便获起资。"

按:《国朝诸臣奏议》卷一四五《上真宗论军国大政五事》(即《应诏言事疏》)作"便获超资",应据改。

(100)同页,行10:"盖用井田之法,……自秦已来,……"

按:上引书,"用井田"作"周井田",是。

(101)同页,倒行3—2:"少昊在位八十年,年二百岁;……帝喾在位七十年,年百五十岁。"

按:《朱文公校昌黎集》卷三九《论佛骨表》作"少昊年一百岁""帝喾年百十五岁"。

(102)页340,倒行3:"恐非政治之要。"

按:"政"为"致"之误刊。

(103)页343《论灾异奏》,行2:"去年敌兵犯边。"

按:"敌兵",据《国朝诸臣奏议》卷三七《上真宗论黄州虎斗鸡鸣冬雷之异疏》及《宋史纪事本末》卷二十,应改为"胡虏"。

(104)同页《乞备盗疏》,倒行3:"豆分爪剖。"

按:"爪"为"瓜"之误。

(105)同页,倒行1:"当时议者,乃令江、淮诸郡毁城隍,收兵甲,彻武备者三十余年。"

按:"三十余年",《宋史·王禹偁传》《历代名臣奏议》卷三一七、《宋史纪事本末》卷十六均作"二十余年"。今考平江南(即南唐)在开宝八年(975),距咸平三年(1000)仅二十余年。应据改。

(106)页344,行7:"国家以建隆甲子岁下西川。"

按：宋太祖下西川在乾德二年甲子岁（964），不在建隆年间。应改正为"国家建隆，甲子岁下西川"。浙江书局本《长编》无"以"字，中华书局点校本误据阁本补。

（107）同页，行9—10："太祖削诸侯跋扈之权，不得不尔。太祖平伪国，夷妖巢，本以杜颉望之术。"

按：《国朝诸臣奏议》卷一二二《上真宗乞江湖诸郡置本城守捉兵士疏》及《宋史·王禹偁传》《宋史纪事本末》著录，下一"太祖"均作"太宗"，应据改。点校本《长编》卷四七已在校勘记中提出疑问。又"颉望"乃"觊望"之误刊。

（108）同页，行12—15："宪宗赌齐、蔡巨猾，……约民户众寡，城池大小，并许置本城守捉军士，不过三五百人。"

按："赌"为"睹"之误刊。"约"，《宋史·王禹偁传》《历代名臣奏议》卷三一七、《宋史纪事本末》皆作"酌"，应据改。

（109）页349《上许殿丞论榷酒书》，倒行5："钱氏据十三郡，垂百余年。"

按：钱氏据两浙不及百年，"余"字应删。《小畜集》卷十六《长洲县令厅记》亦有"钱氏享国几一百稔"句（见本书页460）可证。

（110）页351《与李宗谔书》，行8—9："然其待罪来思，未及满岁，固宜慎言动而俟恩宥也。"

按："其"字，照上下文意当为"某"之误。

（111）页355《答郑褒书》，倒行5—3："以吾平居议论，常道浮图之蠹人者，乃殆为吾《沙汰释氏疏》，盛于髡褐之徒。又云孙何著论以无佛，京城巨僧，侧目尤甚。"

按：上条疑有脱误。叶梦得《石林燕语》卷十载"有伪为元之《请汰释氏疏》及〔孙〕何《无佛论》者，未几有商洛之贬"云云，可知《请汰释氏疏》《无佛论》乃僧人之伪作，非王氏与孙何之文章。

（112）页356，行1："今兹召罢贡举。"

按："召"为"诏"之误刊。

（113）同页，行4—5："且吾……三掌制诰，一入翰林，以文章负天下之望何其多，可易与胸中混混乎无分别之若是邪？"

按：《答郑褒书》撰于至道元年（995）七月三十日。先是，王氏仅两知制诰，即端拱二年（989）三月初任，淳化五年（994）四月再任。其三掌制诰乃始于至道三年十二月二十四日（见《宋会要辑稿》职官三之十四，《长编》卷四二）。又《小畜集》卷十一《酬高邮知军蒋殿丞见寄》诗有"三入承明已过分"句，自注云："予两知制诰，一入翰林。"此诗写于至道三年三月。故知该条上文所谓"三掌制诰"乃"二掌制诰"之误。应出校记。

又该条下文的句读应改正为"以文章负天下之望，何其多可易与，胸中混混乎无分别之若是邪？"参见《小畜集》卷十九《送孙何序》"余非多可而易与者也"句（本书页387，行9）。

（114）同页，倒行3："生宜爱其生而有待也。"

按："其生"，阁本作"其身"，应据改。

（115）同页，倒行2："生持吾文而往，遇如孙、丁者，示之可也。"校记云："遇：原作'道'，据黄本改。"

按：该书上文有"是生之道与孙、丁同，而命未偶矣"句（同页，倒行6—5），故底本与他本下文之"道"字不误，不可误据黄本改。

（116）页359《再答张扶书》，倒行5—4："仆独意《祭裴少卿文》在焉。其略云：'儋石之储，不供于私室；方丈之食，每盛于宾筵。'"

按："不供"，阁本及韩愈《祭裴太常文》（《朱文公校昌黎集》卷二二）作"常空"，应据改。

（117）页360《答晁礼丞书》，倒行7："礼臣晁君足下。"

按："礼臣"为"礼丞"之误刊。

（118）页362—363《答丁谓书》，页362，倒行1至363，行1：
"孟子四十心不动，养浩然之气。"

按："心不动"，孙本、丛书本、赵本作"不动心"，应据以乙正。参
见《孟子·公孙丑篇上》。

（119）页364《谢除右拾遗直史馆启》，倒行5："衡茅惹丹桂之香，
布素曳出蓝之色。"

按："出蓝"，阁本作"蓝袍"，与上句"丹桂"对称，应据改。

（120）同页，倒行2："序贺雪之诗，因多肤浅。"

按："因"，各本皆作"固"，应据改。

（121）页365，行1："通宵未息于征忪。"

按："征"，各本均作"怔"，应据改。"忪"为"松"之误刊。

（122）页366《谢除礼部员外郎知制诰启》，倒行9："族本单平，
达逢天下之文明。"校记云："达：疑当作'幸'。"

按：各本均作"幸"，应据改。

（123）同页，倒行1："更直紫薇之署。"

按："薇"，赵本、阁本、经锄堂本作"微"，应据改。

（124）页368《谢除翰林学士启》，行5："宸翰高悬，已践玉堂
之地。"

按：南宋绍兴刊本避英宗嫌名改"玉堂之署"为"玉堂之地"，应据
各本改回。

（125）同页，行7："敢不四禁是遵，三缄是诚？"

按："三缄是诚"，各本均作"三缄为诚"，应据改。

（126）同页《谢除刑部郎中知制诰启》，倒行1："烧药鼎湖，忽起
攀髯之念。"

按："念"，各本均作"恋"，疑是。

（127）页369，行1："睹七月之园陵。"

按:《小畜集》卷十一《池边菊》诗记事,王氏离扬州在至道三年九月初。又宋太宗葬于是年十月十八日(己酉),见《长编》卷四二。"七月"当为"十月"之误。

(128)页370《回寇密直谢官启》,倒行5:"佐理计司。"同页,倒行4:"伫从三节之荣。"

按:"理",各本作"职"。"节",各本作"接"。均应据改。

(129)页373《回孙何谢秘书丞直史馆京西转运副使启》,行1—2:"暂倅坐棠之政。"

按:"坐棠"当为"甘棠"之误,参阅《小畜集》卷九《甘棠即事简孙何》诗。

(130)同页《荐戚纶上翰林学士钱若水启》,倒行8:"守道不拘。"

按:"拘",各本作"渝",应据改。

(131)同页,倒行5:"袖文相遇。"

按:"遇",底本及各本均作"过",此处显为误刊。

(132)同页,倒行1:"几阁视草之暇赐观览。"

按:各本作"几阁视草之暇略赐观览",此处脱"略"字,应据补。

(133)页383《送寇密直西京迁葬序》,行3—7:"洎平仲十九登进士第,三迁得佐著作,尹成安县。……越明年,迁殿中丞。"

按:孙抃撰《寇忠愍公准(字平仲)旌忠之碑》云:"年十九,一举擢进士第,解褐受大理评事、知归州巴东县,时太平兴国五年也。后三岁补大名府成安宰,三迁殿中丞。"(引自《名臣碑传琬琰集》上编卷二及《忠愍公诗集》卷首)颇疑《序》中所谓"三迁"乃"二迁"之误。应出校记。

(134)页385《送鞠仲谋序》,倒行5:"皇宋嗣位之五祀,余始随计吏识生于场屋中。"

按:王氏初应礼部试在宋太宗太平兴国五年,此处"皇宋",阁本作

"皇帝"。又《小畜集》卷十九《送寇密直西京迁葬序》有"皇上省徽号之明年春正月"句（本书页383,行2）。故此处"皇宋"当是"皇帝"或"皇上"之误。

（135）页388《送丁谓序》,行2—3:"仆因声于同列。间或曰:……是秋,〔孙〕何来访仆,既与之交。"

按:上文《送孙何序》记孙何来访在冬天,疑此处"是秋"为"是冬"之误记。又句读应改正为:"仆因声于同列间。或曰:……是冬,何来访,仆既与之交。"

（136）页392《送李巽序》,行6:"神德平吴之六年,皇上嗣统之三载,始随计偕,求试于大宗伯。"

按:宋太祖英武圣文神德皇帝平南唐（继吴国之后立国）在开宝八年（975）,其后六年乃太宗太平兴国五年（980）,是年,王氏、李巽始应礼部（长官尚书别称"大宗伯"）试。故此处"三载"为"五载"之误。

（137）页393《送郑褒序》,倒行5:"生有纯孝欤。"

按:"有",孙本、丛书本、阁本、赵本作"其",应据改。

（138）页396《送柳宜通判全州序》,倒行1:"柳无疑。"

按:王象之《舆地纪胜》卷六十《全州·风俗形势》著录作"柳无碍",祝穆《方舆胜览》卷二六亦同。"无碍"（字）与宜（名）有相通之义,当以"柳无碍"为是（"碍"的繁体字作"礙"）。

（139）页401《送渤海吴倩序》,倒行5—4:"子英与予始会于济北,再会于互乡,复会于京师,今会于闾里,凡三睹面而十成岁。"

按:"三睹面",据上文叙事,应为"四睹面"之误。

（140）页402《别长沙彭昕序》,行3:"思圣人言,声聪而不可闻。"

按:"声",孙本、丛书本作"聱",应据改。

（141）同页,行8:"组纤绣坊。"校记云:"坊:原作'巧',据卢本改。"

按:"巧",孙本、丛书本作"陌",应据改。

（142）页403《送毕从事东鲁赴任序》，倒行5："周祚波倾，鲁邦波歇。"

按："波歇"，孙本、丛书本作"灰歇"，应据改。

（143）页404，行2："陈桓子不见居齐，讵劳请伐？"

按：《论语·宪问篇》："陈成子弑简公。孔子沐浴而朝，告于哀公曰：'陈恒弑其君，请讨之。'"此处"陈桓子"为"陈成子"（即陈恒，又称田成子）之误，宋人为避真宗赵恒讳而改，应出校记。

（144）页406《送柴转运赴职序》，倒行4—3："援引光王之道，……议一钟石之费哉？"

按："光"，底本及他本均作"先"，此处显为误刊。"一钟石"，孙本、丛书本作"一钟一石"，应据补。

（145）页407《送乐良秀才谒梁中谏序》，倒行2："但见长淮汤汤，东吴接会。"

按："东吴接会"，孙本、丛书本作"东接吴会"，应据以乙正。

（146）页408《送许制归曹南序》，倒行9："颍川许生。"

按："颖川"，上引本子作"颍川"，应据改。

（147）页411《集贤钱侍郎知大名府序》，行4："莫亲乎书顾。"校记云："原'书'下无'顾'字，据《小畜外集》补。"

按：《小畜外集》卷十三作"殿"，此处当为误刊。

（148）同页，行6："屯期门伏飞之师，捍衽金浴铁之冠。"

按："冠"，依文意应作"寇"。

（149）页415《东观集序》，倒行3："太子中允颖赟。"

按："颖"，应据底本卷五《五哀诗》之五及《宋文鉴》卷十四著录该诗改为"颍"。

（150）页416《诸朝贤寄题洪州义门胡氏华林书斋序》，倒行6："由是有其位于朝，有名于时者。"

按：各本无"其"字，应据删。这样能与下句对称。

（151）页417《周易彩戏图序》，倒行2—1："大哉，岐君之用心也，可与投壶、乡射揭而并行，去杂戏远矣。"

按："去"，各本均作"比夫"，应据改。

（152）页422《皇华集序》，倒行4："两制三馆，造士名僧。"

按："名僧"，孙本、丛书本、阁本、赵本作"名儒"，疑是。

（153）页424《右街僧录通惠大师文集序》，校记云："右：原作'左'，据黄本改。"

按：孙本、丛书本、阁本、赵本亦作"右街僧录"，均误。据赞宁《宋高僧传》卷末《后序》及元僧觉岸《释氏稽古录》卷四，赞宁于咸平二年自东京右街僧录迁左街。又此序据笔者考证是撰于咸平三年（详见《王禹偁事迹著作编年》咸平三年的是年条）。底本作"左街僧录"，不误，应改回。"通惠"，据《宋高僧传》卷首《进表》应作"通慧"。

（154）同页，行2："调儒书为外学。"

按："调"，孙本、丛书本、阁本、赵本作"谓"，疑是。

（155）同页，行8："又得文格于光丈大师汇征。"

按："丈"，底本及各本均作"文"，此处显为误刊。

（156）同页，倒行2："〔太平兴国〕八年，诏修《大宋高僧传》。"

按："八年"，《宋高僧传》卷首《进表》作"七年十月"，应出校记。

（157）页425，行2："至道元年，知西京教门事。"

按："元年"，《宋高僧传》卷末《后序》作"二年"，应出校记。

（158）同页，行5—6："大师时年七十八。"

按：赞宁生于梁贞明五年（岁在己卯，公元919年），至宋至道元年（995）李昉（文贞）思继白居易少傅九老之会时，仅七十七岁。详见拙作《王禹偁事迹著作编年》咸平三年的是年条考证。

（159）同页，行2—7："先是，故相文贞公悬车之明年，年七十一，思继白少傅九老之会,……会蜀寇作乱,朝廷出师,不果而罢。"

按:李顺攻克成都,宋廷出师乃在淳化五年,即至道改元之前一年。见《长编》卷三五及《宋史》卷五《太宗纪》。此处记事亦未审。南宋洪迈《容斋四笔》卷十二《至道九老》条及《宋史》卷二六五《李昉传》记事亦均沿此序之误。

(160)页426《孟水部诗集序》,倒行6:"后唐长兴末,渡江赴举,岐帅李泰、王曤馆于门下。"

按:"李泰、王曤",孙本、丛书本作"李秦王曤",参见《旧五代史》卷一三二《李茂贞传附子从曤传》。李从曤,原名李曤。底本既误"秦"为"泰"(阁本亦误),本书又将一人误为二人。

(161)页428《桂阳罗君游太湖洞庭诗序》,行7—8:"前岁俯遂计吏,……其用立杰出而无比者。"

按:"遂",孙本、丛书本作"逐"。"用",上引本作"角"。均应据改。

(162)同页,倒行5—4:"奇舟怪草。"

按:"舟",上引本作"卉",应据改。

(163)页430《神童刘少逸与时贤联句诗序》,行9—10:"意蚌腹有珠,待月而后成;木性有火,得燧而乃生。"

按:"意",清抄本作"噫",应据改。"噫"下应标惊叹号或逗号。

(164)页432《五代史阙文序》,行2:"臣读《五代史》,总三百六十卷。"

按:此处的五代史,指五代实录,见《玉海》卷四八《建隆五代通录》条,不应标书名号。

(165)同页,行3:"不有纪述,渐咸泯灭。"

按:明末汲古阁刻本《五代史阙文序》,"咸"作"成",疑是。

(166)同页,行5:"宋翰林学士王禹偁撰进。"

按:《五代史阙文》撰成时间,据该书卷末《王朴》条考定,应在真宗咸平二年（999）六月宰相李沆等上《重修太祖实录》之后，时王氏在知黄州任内，而非任翰林学士之职。任翰林学士乃在太宗至道元年（995）。疑此题衔为后人所增。

（167）页439《死丧速贫朽论》，行8："丧不如速贫愈也。"

按：底本及各本，"贫"下有"之"字，此处显为脱误。

（168）页440《朋党论》，行2："至太和、开成间。"

按："太和"，底本及经锄堂本作"大和"，是。考唐文宗纪年，石刻皆作"大和"，见清阮元《两浙金石志》卷二《唐龙泉寺造象题名》。

（169）页441《李君羡传论》，倒行2："谔然忌之。"

按："谔"，底本及各本均作"愕"，此处显为误刊。

（170）页444—445《杨震论》，页444，倒行2至页445，行1："然吾观杨彪事献帝为三公，浮沉乱世，全身远害而已。及魏文受禅，……其子修北面事魏，坐法伏诛，祖风替矣。"

按：《后汉书》卷五四《杨震玄孙修传》载，杨修为曹操所杀。此处误为曹丕（魏文帝）所杀。

（171）页447《省试三杰佐汉孰优论》，倒行6："苍生嗷嗷，上诉求王。"

按："王"，底本及孙本、丛书本皆作"主"，此处当为误刊。

（172）同页，倒行2："解纷陈八难之谟。"

按："谟"，孙本、丛书本作"谋"，应据改。

（173）页449《省试四科取士何先论》，行5："登于三庭，贡之天府者。"

按："三"，疑为"王"之误。

（174）同页，行9："先师曰：'吾与回言终日，其心如愚。'"

按："其心"，《论语·为政篇》作"不违"，应出校记。

（175）页452《海说》，倒行1："以五湖为五侯，以九州为九伯。"

按:"九州",孙本、丛书本作"九川",应据改。

(176)页459《长州县令厅记》。

按:"州"为"洲"之误刊。

(177)同页,倒行5:"凶荒水旱,得专其赋恤。"

按:"赋",阁本及《吴郡志》卷三七引录作"赈",应据改。

(178)页460,行6:"时之然也。"

按:上引《吴郡志》作"时使之然也",应据补。

(179)同页,行6—7:"长洲之名,见《吴都赋》,贞观中分吴县以建之。"

按:《旧唐书·地理志三》及《吴郡志》卷三七引录黄由《企贤堂记》,长洲是唐武则天万岁通天元年(696)分吴县置。此处记述有误,应出校记。

(180)同页,行7—8:"皇上嗣位之二载,淮海王归于我,国家始设宫以理焉。"校记云:"淮海王:原作'汉南王',据黄本、吴本改。按《宋史》卷四《太宗纪一》:太平兴国三年五月,吴越王钱俶献其两浙诸州,封钱俶为淮海国王。"

按:《太宗实录》卷三一载,雍熙元年(984)十二月,以淮海国王为汉南国王(《宋史》卷四《太宗纪》同)。《长洲县令厅记》撰于雍熙三年正月,故称钱俶为汉南王。此处毋庸改底本原文。又"宫"为"官"之误刊。"国家"二字应属上句读。

(181)页461《昆山县新修文宣王庙记》,倒行7:"颜、闵之科,犹元、凯之举也;两观之诛,四凶之罪也。"

按:"四凶"之前,孙本、丛书本、赵本有"即"字,应据补。

(182)同页,倒行4—3:"溉乎朝夕之池。"

按:"池",《吴都文粹》卷一引录作"潮",疑是。

(183)同页,倒行1:"侪类惊其久次。"

按:《吴郡志》卷四引录,此句下尚有"大来之望,固未易知"八字,应据补。

(184)页462,行5:"乃庀工徒,度材用。"

按:上引书作"乃度材用",应补入"乃"字。

(185)同页,行11:"昆丘,海峴也。"

按:"昆丘",孙本、丛书本、赵本及《吴都文粹》卷一作"昆山",又上文亦作"昆山"。

(186)页463《待漏院记》,倒行5:"若然,总百官,食万钱,非幸也,宜也。"

按:阁本在"总百官"之上有"则"字,与下文倒行1"若然,则死下狱,投远方,非不幸也,亦宜也"句法相同,应据补。

(187)页465《李氏园亭记》,行6:"谓之东南者曰'肯构'。"

按:"之",孙本、丛书本、阁本、赵本作"其",应据改。

(188)页468《黄州齐安永兴禅院记》,行5:"此之谓住持。传法院旧有堂厨各五间。"

按:孙本、丛书本、阁本、赵本作"此之谓住持传法僧。院旧有……"底本"传法"下脱去"僧"字,应补入。下文行9—10有"住持传法,僧无祖祢,道高众伏则推之"句,可为参证。又上两处本书句读皆有误,应改正。

(189)同页,行8:"维那法后掌提辖堂司。"

按:"后",底本及各本均作"俊",此处因繁体字形近而致误。

(190)页469《野兴亭记》,倒行4:"潘燎于未晞。"

按:"潘",底本及各本均作"燔",此处显为误刊。

(191)页470《江州广宁监记》,倒行4:"晋天福初,李昇僭号。"

按:"昇",应据阁本改为"昪"。参见《旧五代史》卷一三四《李昪传》。

（192）页 476《双鹦志》,行 1:"喉口鸣爽者,往往邀千金之直。"校记云:"口:原作'苦',据傅本改。"

按:"苦",孙本、丛书本作"舌",应据改。

（193）页 480《龙兴寺三门记碑》,行 3:"是敢书岁时而不敢略。"

按:前一"敢"字,《雍正山东通志》卷三五《艺文志》及《道光巨野县志》卷十八《艺文志》引录均作"故",应据改。

（194）同页,行 3—4:"拂石为劫,永留宝积之名。"

按:"劫",上引书作"碣",应据改。

（195）页 485《端拱箴》,倒行 3:"有梁有肉。"

按:"梁",孙本、丛书本作"粱",应据改。

（196）同页,倒行 1:"喜赏惑滥。"

按:"惑",上引本作"或",是。

（197）页 486,行 1:"小臣阉官,……干识政事。"

按:上引本,"阉官"作"阉宦","干识"作"干议",是。

（198）同页,行 7—8:"罔或施紊,国经不张。……谁谓古道,背而不还?"

按:上引本,"施"作"弛","背"作"革",是。

（199）页 491《厄台铭》,倒行 6:"膏梁之禄。"

按:"梁"为"粱"之误刊。

（200）页 496《鲁壁铭》,行 2—3:"秦之坑兮未得,尔威其国。江海涸竭,乾坤倾倒,唯斯文兮用之未息!"

按:明陈循等修《寰宇通志》卷七四、《雍正山东通志》卷三五《艺文志》、《道光巨野县志》卷十七《艺文志》引录,"威"应改为"灭","倒"改为"侧","未息"改为"不息"。

（201）同页《剑池铭并序》,倒行 9—6:"《吴地记》引秦王之事以为诡说,……吾疑乎太枢作怪。"

按:"秦王",《吴郡志》卷十六作"秦皇",又本书下文倒行 5 亦作"秦皇",应据改。"太枢",上引书作"太极",疑是。

（202）页 497《瘤樽铭》,行 5:"致之于所。"

按:《永乐大典》卷三五八四,页二三下引录,"于"作"予"。此处显为误刊。

（203）页 498《平阳公主赞》,行 2—7:"如鼓吹之乐,……我以翊载。"

按:孙本、丛书本,"如"作"加","载"作"戴",应据改。

（204）页 500《杜伏威传赞并序》,行 4:"日之于天也,犹君之于月也。"校记云:"君:疑当作'星'。"

按:下文行 5 有"民之戴君也"句,疑"月"为"民"之误。

（205）同页,倒行 1:"预宗政之属籍。"

按:"政",孙本、丛书本作"正",是。

（206）同页,倒行 1 至页 501,行 1:"委雄诞之兵权,知人之谓也;拒化及于封爵,耻恶之谓也。"

按:"于",据上下文意当作"之"。

（207）页 501《李太白真赞》。

按:孙本、丛书本作《李太白写真赞》。

（208）同页,倒行 1:"意者求告梦而觇仙姿也。"

按:"告",上引本作"吉",是。《小畜集》卷十七《涟水军王御史庙碑》(本书页 527,行 3—4)有"《诗》曰:'吉梦维何,维熊维罴。'"句,可为参证。

（209）页 502,行 1:"仙客无灵而察之邪?"

按:"仙客",孙本、丛书本作"仙容"。又上文页 501,倒行 3 有"未识谪仙之容"句,可为参证。

（210）同上:"丁丑中浣,倅高平赵公,即故相之子也。"校记云:

"'丁丑'下当脱'×月'之类文字。"

按:此处故相指赵普。普卒于淳化三年(992)七月,此赞当撰于是年七月之后。又"丁丑"若为年号,乃指太平兴国二年(977)。是年赵普尚健在,王氏亦未中举出仕。此处"丁丑"疑误书。

(211)同页,行4:"泠泠碧江,下浸秋石。"

按:"泠泠",孙本、丛书本作"泠泠",应据改。

(212)页503《潘阆咏潮图赞并序》,行1:"故能使穷辱之土弥光。"

按:"土",孙本、清抄本作"士",应据改。

(213)同页,行5:"《哭高舍人畅诗》云:'生前是客曾投卷,死后何人与撰碑。'"校记云:"畅:原作'杨',据傅本改。"

按:潘阆《逍遥集》有《闻高舍人锡下世》诗,诗句同,故知"杨"或"畅"为"锡"之误,应据改。又《小畜集》卷四《五哀诗》之二即哀悼已故知制诰高锡之作。

(214)页505《北狄来朝颂并序》,倒行6—5:"虏者蚊虻,止在驱逐。……汉武之伐也,匈奴暴强,犯我边鄙。"

按:孙本、丛书本,"者"作"若","伐"作"代",应据改。

(215)同页,倒行3—2:"始皇之世也,……遂命致远戎,筑长城。"

按:"戎",《圣宋五百家播芳大全文粹》卷一一○著录作"戍",应据改。

(216)页507《续酒德颂》,倒行4:"先用之以祭神祇。"

按:"祇",孙本、丛书本作"祇",是。

(217)页512《暗髭传》,行5—6:"是髭独然焉无辞。"

按:"然",底本及各本均作"默",此处显为误刊。

(218)页514《重修北岳庙碑奉敕撰》,倒行2:"兹惟常山。"

按:该碑文撰于宋太宗淳化元年,见《小畜集》卷八《谪居感事》诗自注。建碑在次年八月九日,见《适园丛书》第十集著录清丁绍基《求是斋金石跋》卷四。又清陆耀遹等纂《金石续编》卷十三著录碑文作"恒山",不作"常山"。故推知为后来宋人避真宗讳改。本篇下文"铭曰:节彼常山",亦均应据《金石续编》改回。

（219）页515,行1:"影达天汉之墟。"

按:"达",阁本及《金石续编》作"连",疑是。

（220）页518《四皓庙碑》,倒行3—2:"何上炎灵之不祀,抑亦黔首之罹祸。"

按:"上",底本及各本均作"止",此处显为误刊。

（221）页524《扬州建隆寺碑》,倒行7:"义隆、颢仁监而至焉。"

按:"至",赵本、阁本及清抄本作"主",疑是。

（222）同页,倒行3—2:"以某出从翰苑,守为郡条,宜为斯文,理不可让。"

按:"守为郡条",孙本、丛书本、阁本、赵本作"守是郡条",应据改。

（223）页526《滁州全椒县宝林寺重修大殿碑》,行1:"全椒林麓,材推朴樕。"

按:"推",各本均作"惟",应据改。

（224）同页,行6:"为贼曹掾,旧识吾面。"

按:"贼",孙本、丛书本、阁本、赵本作"赋",应据改。

（225）同页《后序》,倒行4—2:"今年予自翰林学士出守滁上,……时至道二年十月日记。"

按:王氏到滁州任,在至道元年六月三日,此处"二年"当为"元年"之误,拙作《王禹偁事迹著作编年》在至道元年编年文中曾有考证。

（226）页527《涟水军王御史庙碑》,倒行2:"知义方者知惧,如义方者知劝。"

按:"知义方者知惧",阁本作"不如义方者知惧",应据以补正。

（227）页528《拟侯君集平高昌纪功碑》,倒行5—4:"蝼蚁慕膻以来思,盖如舜行;葵藿倾心而效顺,自向义之。"

按:"义之",孙本、丛书本作"羲文",是。

(228)页529,行1—4:"止期混一于车书,且非贪求于土地。……坐出裹粮,师次方屯于柳谷;恶盈祸满,渠魁已动于《薤歌》。"

按:孙本、丛书本、清抄本,"于土地"作"其土地","坐出"作"坐甲",均应据改。

(229)同页,行5—6:"鳞萃翼涉,然犹以之环合;鼎鱼暮燕,孤垒于是卵危。"

按:"然犹",孙本、丛书本、清抄本作"重□"(缺下一字),据上下文意似作"重兵"。"暮燕",上引本作"幕燕",是。

(230)同页,行6—7:"高楼下瞰,疑鲸鬛以明歂;飞石交驰,误星辰之夜陨。"

按:"明",孙本、丛书本作"晴",是。

(231)同页,行7:"既无囚垒之功。"

按:"囚",上引本及清抄本作"因",是。

(232)同页,行8—9:"智盛□屈以来降。"校记云:"缺文疑是'力'字。"

按:孙本、丛书本作"力",应据补。

(233)同页,行10—12:"政之或缺,则河中敌国,……是知前不能立功,……兵不能决胜。"

按:孙本、丛书本、清抄本,"河"作"舟","前"作"将",均应据改。

(234)页530,行1:"邀我厚训,遏绝商贩。"

按:"训",上引本作"利",是。

(235)页535《右卫上将军赠侍中宋公神道碑》,行1:"腾荣于明代。"

按:孙本、丛书本、阁本、赵本作"腾荣于明代者",应补"者"字。

（236）同页，行 7："累赠太师讳延浩。"

按：《东都事略》卷二一、《宋史》卷二五五之《宋偓传》及《资治通鉴》卷二八一后晋高祖天福二年七月条，宋偓（本名延渥）之父名延浩。此处误书，应据改。

（237）页 536，行 8—9："矧兹勋戚之家，固被便藩之泽。"

按："便"，孙本、丛书本、赵本作"使"，应据改。

（238）同页，行 11："嘉州异俗，绵谷旧封。"

按："嘉州"，上引本及经锄堂本均作"嘉川"。考嘉川与绵谷皆利州之属邑，与嘉州无关，应据改。

（239）同页，行 12—13："出镇滑州，……外韦旧都，虚昌古郡。"

按："外韦"，阁本作"豕韦"，考滑州原为商朝豕韦国都城。"虚昌"，阁本作"灵昌"。考滑州，唐天宝元年改为灵昌郡，见《新唐书》卷三八《地理志》。均应据改。

（240）同页，行 14："将相分权，君臣道失，……勘黎之功，已歌于西伯。"

按："道失"，各本均作"失道"，应加乙正。"勘"各本均作"戡"，应据改。

（241）页 537，行 3："寿州行营副部署，兼右厢排阵使。"

按："寿州"，《旧五代史》卷一一六《周世宗纪》显德三年九月、十月条，《资治通鉴》卷二九四显德三年三月辛卯条及《东都事略》《宋史》之《宋偓传》均作"庐州"。又上引《宋偓传》，"右厢排阵使"均作"右厢都排阵使"。应据以补正，或出校记。

（242）同页，行 7："徒惊矜水兽。"校记云："'矜'字疑衍。"

按：孙本、丛书本、经锄堂本作"徒矜水兽"，无"惊"字，应据删。

（243）同页，行 8："五年五月授义成军节度使。"

按：本碑上下文体例，"五年"之前，应补入"显德"二字。

（244）页538,行1:"饮至之晨,首膺茂渥。"

按:"晨",各本均作"辰",应据改。

（245）同页,行3:"郑桓咸林之地。"

按:《史记》卷四二《郑世家》,《索隐》引《世本》云:"桓公居棫林。"（中华书局点校本,页1758）此处"咸"字为"棫"之误。

（246）同页,行5—8:"乾德元年,……是岁,太祖以坤道阙仪,中宫虚位,以公之世有行义,……以后之天资法相,可以当人主,初求辅佐,遂上宫闱。……既列外姻,乃移近甸,五年,授许州忠武军节度使。"

按:《长编》卷九、《宋会要辑稿》后妃一之一、《宋朝事实》卷一及《东都事略》卷十三《世家》、《宋史》卷二四二《孝章宋皇后传》均系宋偓之长女乃在开宝元年（968）二月入宫为皇后,而不在乾德元年（963）。又宋偓授忠武军节度使乃在其长女入宫之前一年（乾德五年）,碑文云"既列外姻,乃移近甸"等语,亦不符事实。

（247）同页,行7:"睢鸠雅兴,聿兴王化之基。"

按:"睢"为"雎"之误。"雅兴",经锄堂本作"雅典",是。

（248）同页,行12:"太祖以南巡狩苍梧。"校记云:"'巡'字当衍。"

按:孙本、丛书本作"太祖以南巡苍梧"。此处当删去"狩"字。

（249）同页,倒行1:"泽涌若泉。"

按:"若",阁本作"甘",是。

（250）页539,行5:"封邢国公并赋真食如乾德元年之数。"

按:参考经锄堂本及底本上文文例,应作"封邢国公,增井赋真食如乾德元年之数"。

（251）同页,行8:"缇绮二百。"

按:"绮",孙本、丛书本,阁本、赵本作"骑",应据改。

（252）同页,行10:"齿发尚暮。"

按："尚"，各本均作"向"，应据改。

（253）同页，行11："享年六十有四。"

按：各本及《东都事略》《宋史》之《宋偓传》皆同。然该碑上文载，宋偓"乾祐元年，……二年十月，出镇滑州，……年犹未冠，议者荣之"。可知在乾祐二年（949），宋偓至多才十九岁。又据《宋史》本传，卒于端拱元年（989，碑文同），推知其享年仅五十有九。又该碑下文载："年将耳顺，命以考终。"（页541，行4）推知其享年不到六十岁。此处应出校记。

（254）同页，行13："皆从夫人之贵也。"校记云："'夫人'二字误，疑当作'父'。"

按："夫人"，阁本作"夫子"，是。

（255）页540，行2："象服是宜，永归同穴。"

按："宜"，孙本、丛书本、阁本、经锄堂本作"仪"，应据改。

（256）同页，行3："柏舟自誓，常欲未亡。"

按："欲"，孙本、阁本、丛书本作"叹"，应据改。

（257）同页，行3—4："次曰元振，终于豳州节院使。"

按："豳州"各本及《宋史》卷八七《地理志》均作"邠州"，应据改。

（258）同页，行5："次曰元载、元翰，俱未仕；一子幼而未名。"

按："元翰"，据《宋史·宋偓传》应作"元亨"。宋偓之幼子后取名"元翰"。

（259）同页，倒行7—5："母弟三人，……故许州衙内都虞候延积即其季也。"

按："延积"，各本均作"延积"。

（260）页541，倒行6："富禄后族，人得咏之。"

按："咏"，各本均作"诛"，是。"富禄"，据碑文（页534，倒行2）载"吕禄以后族而封王，北军共击"，应改正为"吕禄"。参见《史记》

卷九《吕太后本纪》。

（261）同页,倒行1:"宠闼貂蝉。"

按:"闼",各本均作"贲",应据改。

（262）页544《前普州刺史康公预撰神道碑》,行6:"〔王〕全斌中军方至,乃合逼置口。"

按:"置口",《长编》卷六乾德三年二月条作"罝口",应据改。罝口,寨名,隶兴州（今陕西略阳）。

（263）页545,行3—5:"果州宋德并受〔全〕师雄伪署。朝廷以公为普州刺史,公诣全斌,请卫兵赴理所,与公四十人。……至郡境,有贼甲雕领众五千来犯。"

按:《长编》卷六乾德三年末记事,"宋德"作"宋德威","四十人"作"百人","甲雕"作"申雕"。

（264）页546,行10:"吾闻商山王副使旧直紫薇,有文称于代。"

按:"薇",阁本、经锄堂本作"微",是。《小畜集》卷三《酬种放征君》诗有"王生出紫微,谴逐走商洛"句;卷四《高公锡》诗有"高公在紫微"句,均可参证。

（265）页547,倒行4:"全蜀虽定,群凶未败。"

按:"败",各本均作"收",是。

（266）页550《宣徽南院使镇州都部署郭公墓志铭》,行8:"雍熙元年,进封开国侯,加食邑一千户,小郊之泽也。"

按:"小郊",底本及孙本、丛书本、阁本作"卜郊",此处当为误刊。

（267）同页,行10—11:"〔雍熙〕三年春,大举平燕之役,以公为幽州道行营前军马步军水陆战棹都监。"

按:"马步军",《东都事略》卷二一及《宋史》卷二五九之《郭守文传》作"步军",无"马"字,疑是。

（268）页553《谏议大夫臧公墓志铭》,倒行3:"直史职、转输如故。"

按:"输",孙本、丛书本、赵本作"运",疑是。盖上文书臧丙之官职为"河东转运使"故也。

（269）同页，倒行 1 :"姊妹之私婿。"

按:"私"，应据各本删。

（270）页 554，行 1—3 :"监茶库时，今少府少监雷有终，以殿中丞与公同年事故真定王。再入中书，……公朔望投刺，未尝求见。"校记云:"'再'字上似当重'王'字。"

按:各本无"年"字，应删。句读及校记云云亦均有失误。句读应改正为:"监茶库时，今少府少监雷有终以殿中丞与公同事，故真定王（按:指赵普）再入中书，……"

（271）页 555《故侍御史累赠太子少师李公墓志铭》，倒行 4—3 :"始封汝南、临颖二县太君。"

按:"临颖"，阁本及《宋史》卷八五《地理志》京西路颍昌府条作"临颍"，应据改。

（272）页 556，行 4—5 :"及罢政事，丁外艰。"

按:《宋史》卷二八二《李沆传》、卷二一〇《宰辅表》，《长编》卷三二及本墓志记事，李沆之父李炳卒于太宗太平兴国元年，而李沆中进士在太平兴国五年，其父卒时，沆尚未入仕。淳化二年九月，沆始拜给事中、参知政事;四年十月，罢参政;闰十月，其母病逝。故知李沆罢政事后之"丁外艰"必为"丁内艰"之误。

（273）页 558《故商州团练使翟公墓志铭》，行 7 :"加以修宫阙，奉轺转。"

按:"转"，阁本作"传"，是。底本上文亦有"乘传往复"语句。

（274）页 560《殿中丞赠太常少卿桑公神道碑铭》，行 4—5 :"周显德中以〔巨野〕县为济州。"

按:《旧五代史》卷一一二《周太祖纪》:"广顺二年十月己亥,升巨野为济州。"又《小畜集》卷十六《济州龙泉寺修三门记》:"周广顺中,鲁侯以曲阜叛,六师薄伐,七旬来格,……乃诏有司,改邑(指巨野县)为郡(指济州)。"(见本书页466)故此处"显德"为"广顺"之误,应据改。

(275)页561,行1—2:"由成均博士累赠奉常,亚列大夫。张氏先公而亡,追封南阳郡太君。"

按:"大夫",各本均作"夫人"。此句句读亦误,应改正为:"由成均博士累赠奉常亚列。夫人张氏,先公而亡,……"奉常亚列即奉常少卿。

(276)同页,行4:"执干戈以卫社。"

按:"社"字下,疑脱"稷"字。

(277)页563《右卫将军秦公墓志铭》,行4—5:"人皆冒荣,我守台陵。……人去危邦,我守孤垒。"

按:"我守孤垒",各本均作"我保孤垒",应据改。

(278)页564《殿中丞赠户部员外郎孙府君墓志铭》,行4:"徒诣招谏匦。"

按:孙本、丛书本、阁本、赵本作"徒步诣招谏匦",应据补。

(279)同页,行10—11:"在郡四年,得疾。"

按:"得疾",各本作"复命得疾",应据补。

(280)页565,倒行2:"贤人有位,止于身贵。位于无时,子孙得之。"

按:"位于无时",底本及各本均作"无位于时",应加乙正。

(281)页566《累赠太子洗马王府君墓志铭》,倒行8—7:"朱瑾据兖郓。"

按:孙本、赵本、阁本、经锄堂本作"朱瑄朱瑾据兖郓",应据补。参见《旧五代史》卷十三《朱瑄传》《朱瑾传》。

（282）同页，倒行2："贼帅赵重将掠高密南奔，显考府君以父子继职护边，穷迫不已，竟殁于贼。"

按："迫"，各本作"追"，应据改。

（283）页568《著作佐郎赠国子博士鞠君墓碣铭》，倒行3—2："汉乾祐中一上登进士第，年二十一，榜中推为探花先辈。解褐秘书省校书郎，宰相范鲁公奏为集贤校理。"

按："宰相"之前，应据《宋史》卷四四○《鞠常传》补入"周广顺中"四字。且句读应改正为："汉乾祐中，一上登进士第，年二十一，榜中推为探花先辈，解褐秘书省校书郎。周广顺中，宰相范鲁公奏为集贤校理。"

（284）页569，行7—12："仲谋丁母忧时，徒步诣申、陕、河、洛，扶护祖考暨叔父、母、兄孟容五丧东归，致书于我。……某谢而许之。左宦披垣，忧畏奔迫，闰三月九日晨及光州加禄驿。……据行实而书之。"

按：《小畜集》卷十九《送鞠仲谋序》言及仲谋扶五丧东归途中来访王氏，此序撰于太平兴国八年（983）秋间王氏任成武县主簿时。是时，仲谋尚未中举为官（考仲谋中进士在雍熙二年即公元985年）。与今墓碣中引录其致书谓"禄不及亲，官忝通籍。今奉天子命得封赠父母"云云，显有抵牾。可知在"致书于我"之前有脱文。疑仲谋致书王氏请其为亡父鞠恒作墓碣铭当在咸平元年（998）隆冬或稍前。是年岁除日，王氏落知制诰，出知黄州。次年赴任，闰三月九日，行抵光州加禄驿，才为之撰成。

（285）页570—572《故泉州录事参军赠太子洗马陈君（仁壁）墓碣铭》。

按：是碣撰于淳化五年（994）冬间，树于大中祥符二年（1009）六月，今移存福建莆田县城内三清殿侧，足资校补文集著录之多处脱误。兹校补如下：

①页 570,倒行 1 至页 571,行 1:"盖考行于乡,试才于州,而后登于朝也。"

按:"后"作"召"。

②页 571,行 1—2:"唐末大乱,天下分列。"

按:"列"作"裂"。

③同页,行 3:"其(按:指闽国)属吏皆自署也,至今乡人以先辈呼其家。"

按:"至"字之前,脱落一大段文字,应补正为:"其属吏皆自署也。故积善之门,笃行之士,道不行于朝而行于郡,不在乎身而在乎后尔!君讳仁璧,字象玄,其先颍川大族,今为闽人。曾祖讳晃,隐德不仕。祖讳枢,唐广州清远令。考讳沆,登进士第,时梁开平中也。尝从事大名府,睹梁政多僻,知中国必乱,且以清远府君旅榇在岭表,因弃官南走,万里负丧而归,葬毕,杜门坚拒王氏辟命,终身不为伪官所污,至今乡人以先辈呼其家。"

④同页,行 4—5:"君曰:'……祸且至矣。'又曰:'……'"校记云:"又:原作'人',据傅本改。"

按:"又曰",底本作"人曰",是。其前脱落一大段文字,应补正为:"君曰:'……祸且至矣。'乃屈身应命,凡历官六,历职八。开宝中,以主帅命入朝,太祖嘉之,制授检校尚书膳部员外郎,赐银章朱绂,始真拜录事参军,厚礼遣之。故相国、太师忠顺公籍地入觐,君实预其谋,既而谓人曰:'……'"

⑤同页,行 7:"命次子靖入于朝。其后终于家,享年七十。初,靖之归国也,补许州司法参军。"

按:"其后终于家"作"其后令终于家"。"司法"作"司户"。

⑥同页,行 8:"上奇其节,授将作监丞。"

按:"授"字之前,脱"擢"字。

⑦同页，行 9—10："超拜秘书丞、直史馆。四年，郊祀毕，以靖贵，赠府君洗马。"

按："直史馆"之下，"四年"之上有脱文；"洗马"之上，亦脱落"太子"二字。该段文字应补正为："超拜秘书丞、直史馆，赐五品服色。〔淳化〕四年，郊祀毕，以靖贵，赠府君太子洗马。"考"淳化"二字，现存北宋墓碣亦阙如，今据上下文体例补。"南郊大礼"（即郊祀）事，见《长编》卷三四淳化四年正月辛卯条。

⑧同页，行 12—13："今洗马、秘书俱为五品官，……志其墓宜矣。"

按："秘书"作"秘丞"，"志"作"碣"。

⑨页 572，行 1："振有兰，佩有银。"

按："振"作"握"。阁本同现存北宋墓碣。

（286）页 572《监察御史朱府君墓志铭》，倒行 1 至页 573，行 1："于时陕郊有逋民，本府有咸务。"

按："咸"，孙本、丛书本、阁本、赵本作"蘸"，是。

（287）页 573，行 2："辞避，佹俛就位。"

按："辞避"之下，各本有"不获"二字，应据补。

（288）同页，行 4："因重午节请公修诏贡。"

按："诏"字衍，应据各本删。

（289）同页，行 5："盐铁奏秦州银坑，比多逋负。"

按："坑"，各本作"冶"。底本下文亦作"银冶"。应据改。

（290）同页，行 10："左补阙宗维忠。"

按："维"，阁本及底本下文作"惟"，应据改。

（291）同页，行 11："解印之日，有白金数千金。两时辇下用中黄门典关市之税。"校记云："两：疑当作'而'。"

按：后一"金"字衍，应据孙本、丛书本、阁本、赵本删。"两"字属上句读。

（292）同页,倒行 1 :"公执简而出,时无惧色。"

按:"时"字衍,应据上引本删。

（293）页 574,行 6 :"求师友以训其子,内修工容以教其女。"

按:"求"字之前脱"外",应据上引本补。

（294）同页,行 8 :"因投杖而起:'朱氏之门不坠矣! ……'"

按:"起"字之下脱"曰"字,应据上引本补。

（295）同页,倒行 2 :"志曰。"

按:"志",各本作"铭",是。

（296）页 575《建溪处士赠大理评事柳府君墓碣铭》,倒行 1 :"有唐以武勘乱。"

按:"勘",各本作"戡",是。

（297）页 576,行 5—6 :"因自誓终身御市衣,称处士而已。"

按:"市",各本作"布",是。

（298）同页,行 8 :"太祖平吴,〔柳〕宜为费宰。"

按:下文页 577,行 1 有"博士（指柳宜）之归朝也,得雷泽令"云云。又《小畜集》卷二十《送柳宜通判全州序》,"皇家平吴之明年,随伪官得雷泽令"（见本书页 397,行 1—2）。考雷泽属濮州,费属沂州,故知此处"费"为"雷泽"之误。

（299）同页,倒行 4 :"博士负缣经诣登闻院。"

按:"登闻院",孙本、丛书本、赵本作"登闻鼓院",是。参见《宋史》卷一六一《职官志》门下省。

（300）同页,倒行 1 :"诸子诸妇,动修礼法。"

按:"动",阁本、经锄堂本作"勤",是。

（301）页 578《吊税人场文》,倒行 6—5 :"始有霜径晨征。"

按:"始",孙本、丛书本作"如",是。

（302）页 579《祭宋枢密文》,倒行 5 :"公领秋漕,我司大理。执法议刑,以直被毁。"

按:太宗淳化二年秋,王氏在兼判大理寺事任内为替徐铉雪诬,谪官商州团练副使;其友人判刑部宋湜(真宗初官至枢密副使)亦坐此事降为均州团练副使。故此处"秋漕"显为"秋曹"之误。

(303)页580,行2:"寿知命兮终天命。"

按:后一"命"字,据文意应改为"年"。

(304)页583《诅掠剩神文》,倒行6:"刮饥偷饥。"校记云:"二'饥'必有一误,或当作'馁'。"

按:孙本、丛书本作"刮饿偷饥",是。

本书标点亦多失误,除上文连带涉及外,兹再举四例如下:

①页233《云州节度使加使相麻》,倒行5:"念劳而阁列,丹青已图奇表;效节而门开,朱白屡奏边功。"

按:"丹青"与"朱白"均应属上句读。

②页275《滁州谢上表》,行6:"三日一到,私家归来,已是薄暮。"

按:"私家"属上句读,"归来"属下句读。

③页360《答晁礼丞书》,倒行6—5:"某擢第后足下二年,为尚书,起曹郎,典大邦,被金紫,其间又再为制诰、舍人,一为翰林学士。"又页431《小畜集序》,行2:"禹偁自知制诰、舍人贬商州团练副使。"

按:"尚书起曹郎"指尚书省工部郎中。考王氏于至道元年五月九日,由知制诰罢为工部郎中、知滁州事(《长编》卷三七,《小畜集》卷五《北楼感事》诗序),故不能将"尚书"与"起曹郎"逗开。又"制诰舍人"与"知制诰舍人"为知制诰或中书舍人之别称,皆不能顿开。又页436《用刑论》,行4亦误将"制诰舍人"顿开为二官名。

④页537《右卫上将军宋公神道碑》,行8—10:"〔显德〕五年五月授义成军节度使,其制略曰'长驱下濑之师,……予岂忘于丰报'云。

南燕旧邦,北阙孔迩。河壖作翰,遥临白马之津;穰下统戎,即镇卧龙之地。"

按:下一引号应从"予岂忘于丰报"之下移至"即镇卧龙之地"之下。盖自"南燕旧邦"至末句,亦为授宋偓(延渥)充义成军节度使制内之文。

拉杂写成上述长文,聊供读王氏文章者参考。其中错误,在所难免,敬希《全宋文》编者与读者不吝赐教!

(1991年秋于道古桥畔寓所。
原载《陈乐素教授九十诞辰纪念文集》,广东人民出版社1992年版)

徐规教授事迹编年与著作目录

鲍永军

事迹编年

1920 年

3 月 23 日,出生于浙江省平阳县江南区半浦村(今属苍南县龙港镇新兰村)。初名毓珠,入学后,易名规,字仲矩。家世务农,父亲名寿庆,字介眉,生员,在家乡创办鹤浦小学。

1926 年

先生入鹤浦小学,在父亲指导下,课余熟读《千家诗》《唐诗三百首》《四书集注》《古文观止》等书;点读《御批通鉴辑览》,每天写大字数张,寒暑不辍;闲暇时,浏览《水浒传》《三国演义》《红楼梦》《西游记》《聊斋志异》等小说,奠定了扎实的文史基础。

1931 年

秋,考入平阳县立江南中心小学。

1933 年

秋,考入温州中学,初、高中六年,成绩名列前茅。高中肄业时,国文教师董朴垞为其取字絜民。

1939 年

秋,考入浙江大学龙泉分校中文系。

1940 年

长途跋涉,赴贵州遵义浙江大学总校学习,转入史地系读历史。系内名师荟萃,有张荫麟、谭其骧、李源澄、方豪、陈乐素、钱穆等教授。李源澄教授告诫要务实,勿尚空论,多在史料方面下功夫,并介绍读《廿二史札记》《日知录》等。同时得近代宋史研究的开拓者之一张荫麟教授悉心培育。

1942 年

夏,师从张先生撰写学士学位论文《李焘年表》。10 月,张先生病重,先生一直在旁守护。张先生临终前向系主任张其昀教授举荐,请他留意栽培。

1943 年

《李焘年表》获全国大学生毕业论文优等奖。秋,直接升入浙江大学研究院文科研究所史地学部,师从宋史专家陈乐素教授。

1946 年

4 月,硕士论文《宋代妇女的地位》获校内外名家的一致好评,教育部授予文学硕士学位。在张、陈两师启导下,先生日后在宋史研究领域取得了杰出成就。秋,留校任史地系助教,兼《浙江学报》编辑,主持系图书室工作。1947 年晋升为讲师。竺可桢校长非常赏识,拟定为赴台湾的史地考察团成员并选派赴英国剑桥大学研究,因故未能成行。

1949 年

秋,浙江大学紧缩编制,史学组撤销,先生回乡在温州中学执教,担任历史教研组组长,1952 年 2 月至 1954 年 8 月任教导处副主任。

1954 年

8 月,奉教育厅调令至浙江师范学院(杭州大学前身)历史系,后一直在杭州大学、四校合并后的浙江大学历史系任教。

20 世纪 50 年代以后,频繁的政治运动,尤其是"文化大革命",使高校的教学秩序和科研工作遭到了严重的干扰和破坏。先生横遭诬蔑,屡屡下乡劳动,备遭磨难,始终处乱不惊,矢志不渝地进行专业研究。1977 年拨乱反正后,始获安定的教学科研环境。

1977 年

7 月,参加《汉语大词典》杭州大学编写组。

1978 年

8 月,由讲师破格晋升正教授,国务院学位委员会批准为中国古代史硕士生导师。

1979 年

4 月,中国海外交通史研究会成立,为首批会员,后任顾问。10 月,任杭州大学宋史研究室主任。

1979 年起,十院校本《中国古代史》教材由福建人民出版社陆续出版,先生任中册主编。

1980 年

中国第一个断代史研究会——中国宋史研究会在上海成立,任理事。

1980 年任杭州大学学术委员会委员,1982 年任学术委员会文史哲经组副组长,1987 年任教师职务任职资格评审委员会历史学科评议组组长。1983 年 4 月至 1993 年 12 月任杭州大学古籍研究所副所长。

1982 年

4 月,中国社会科学出版社出版专著《王禹偁事迹著作编年》。后获 1978—1982 年度浙江省和杭州市哲学社会科学优秀成果一等奖。

1984 年

10 月,岳飞研究会成立,任会长。1986 年 10 月,组织岳飞研究会首届学术讨论会。岳飞研究会 2000 年 6 月更名为杭州市岳飞研究会,任名誉会长。

1985 年

5 月，与邓广铭先生共同发起，北京大学与杭州大学联合主办中国宋史国际学术研讨会，这是大陆举办的第一次宋史国际学术盛会。

《评宋太祖"先南后北"的统一战略》一文，获 1983—1984 年浙江省哲学社会科学优秀成果奖。

1986 年

被批准为杭州大学中国古代史专业第一位博士生导师，招收宋史、隋唐史、中国古代史学史三个方向博士研究生。

1986 年 6 月，沈括研究会在杭州成立，任会长。7 月，任浙江省高校教师职务评审委员会委员、历史学科评议组组长，后又任浙江省社会科学规划小组成员兼历史组组长。学术兼职还有浙江省历史学会理事，《温州市志》《平阳县志》《苍南县志》《龙港镇志》顾问等。

1987 年

4 月，任浙江省图书资料专业人员和文物博物专业人员高级职务评审委员会委员、副主任。12 月，《〈旧闻证误〉研究》一文获杭州市社会科学优秀成果一等奖。

1987 年 9 月，在石家庄宋史研究会第四届年会上，任副会长。2002 年 8 月，在兰州市举行的第十届年会上卸任。

主持《宋史》补正"工作，被列为浙江省哲学社会科学"七五"规划重点课题。这一研究课题后出版龚延明《宋史职官志补正》，何忠礼《宋史选举志补正》，梁太济、包伟民《宋史食货志补正》三种专著，先生发表论文《〈宋史·地理志〉补正》。

1990 年

11 月，《沈括事迹编年》一文获浙江省哲学社会科学优秀成果三等奖。

1992 年起，享受国务院政府特殊津贴。1997 年 1 月，被国家人事部批准为杰出高级专家,暂缓退休,继续从事研究著述工作。

1995 年

以先生为首的大陆十位宋史学者,赴台北参加由中国文化大学主办的第二届宋史学术研讨会。

2000 年

3 月,浙江大学中国古代史研究所成立,任名誉所长。

2002 年

获浙江大学校内教师最高荣誉竺可桢奖。

2005 年

12 月 5 日,患脑血栓中风,治疗后继续从事研究著述。后屡次中风卧床,手脚行动不便,然神志清醒。

2006 年

任浙江省"南宋史研究丛书"编纂指导委员会委员。

2010 年

12 月 21 日 13 时 37 分,在杭州道古桥寓所逝世,享年 91 岁。《光明日报》12 月 27 日第 2 版发布讣告。12 月 24 日上午 10 时,浙江大学在杭州殡仪馆隆重举行追悼会。

徐规先生是我国历史学界德高望重的老前辈,六十余年来淡泊名利,辛勤耕耘,为历史学科的发展和人才培养,作出了杰出贡献。培养的硕士研究生有:何忠礼、周生春、翁福清、孙云清(1981 届),王棣、方建新(1983 届),曾小华、包伟民(1985 届),黄山松(1986 届),袁俐(1988 届),季盛清、马伟、朱锡光(1990 届)。博士研究生有:安国楼、王云裳(1992 届),刘伟文(1993 届),李勇先、刘连开、祖慧(1995 届),史继刚(1996 届),范立舟、曹家齐(1997 届),蔡罕、张伟(1999 届),陈仰光、舒仁辉(2001 届),康保苓(2003 届),杨天保、鲍永军(2004 届),张明华(2005 届)。高级访问学者有:陈国灿(1999 届)。

先生的学术成就在《中国史研究动态》《史学史研究》《宋史研究通讯》《浙江社会科学》《浙江大学报》等报刊有专文介绍。先生事迹收入《学林春秋》、《中华文化名人录》、《中国当代历史学学者辞典》、《中国当代名人录》、《中国教育专家名典》、《中国历史学大辞典》、《求是群芳谱》第三集、《中国社会科学家自述》、《中国近现代人物名号大辞典》、《中国社会科学家辞典·现代卷》、《当代中国社会科学学者大辞典》等。杨渭生主编的《徐规教授从事教学科研工作五十周年纪念文集》由杭州大学出版社于1995年10月出版。张其凡、李裕民主编的《徐规教授九十华诞纪念文集》由浙江大学出版社于2009年4月出版。

著作目录

专著、主编、整理：

1. 主编《大学入门》第三集《史地公民之部》，浙江大学浣溪学社出版委员会，1948年刊。

2.《王禹偁事迹著作编年》，专著，1979年完稿，中国社会科学出版社1982年4月版；又列入"浙大学术精品文丛"，商务印书馆2003年4月重版。

3. 主编十院校本《中国古代史》中册，福建人民出版社1980年1月版。

4.《浙江分县简志》编委，浙江人民出版社1984年10月版。

5.《中国历史大辞典·宋史卷》编委，上海辞书出版社1984年12月版。

6. 主编《宋史研究集刊》第一集，浙江古籍出版社1986年4月版。

7. 主编《宋史研究论文集》（1984年年会编刊），浙江人民出版社

1987 年 11 月版。

8. 主编《宋史研究集刊》第二集，杭州大学 1988 年 12 月印。

9.《全宋诗·王禹偁诗》点校、辑佚，《全宋诗》第 2 册，北京大学出版社 1991 年 8 月版；补正后，1995 年 12 月重版。

10.《全宋诗·李焘诗》点校、辑佚，《全宋诗》第 37 册，北京大学出版社 1998 年 11 月版。

11.《仰素集》，专著，杭州大学出版社 1999 年 5 月版。

12.《建炎以来朝野杂记》，点校整理，中华书局 2000 年 7 月版。

13. 张荫麟著《中国史纲》，校正，商务印书馆 2003 年 4 月版。

年谱：

1.《李焘年表》，《文史》第二辑，1963 年 4 月版。《〈李焘年表〉补正》，《文史》第四辑，1965 年 6 月版。《〈李焘年表〉再补正》，《文史》第十六辑，1982 年 11 月版。1986 年 8 月重加整理后，收入中华书局点校本《续资治通鉴长编》第一册，1995 年 4 月版。收入《仰素集》时又略加补正。

2.《沈括事迹编年》，《宋史研究集刊》第二集，杭州大学 1988 年 12 月印。

3.《沈括前半生考略》（与闻人军合撰），《中国科技史料》第 10 卷第 3 期，1989 年 9 月版。

4.《刘锜事迹编年》（与王云裳合撰），《岳飞研究》第三辑，中华书局 1992 年 9 月版。

人物、史事考评：

1.《宋代妇女的地位》，硕士论文，1945 年 6 月完成，后加以订正，收入《仰素集》。

2.《陈傅良之宽民力说》,《浙江学报》第一卷第一期(瑞安孙仲容先生百岁纪念专号),1947年9月版。

3.《汉河西四郡建置年代辨证》,《浙江学报》第二卷第二期,1948年6月版。

4.《陈硕真——中国第一个称帝的女农民领袖》,《浙江日报·浙江历史人物志》1961年6月4日。

5.《张鲁是农民起义军的领袖吗?》,《光明日报·史学》1961年9月27日。

6.《张履祥怎样对待读书和实践》,浙江省委主办《求是》1961年第5期。

7.《畲族的名称、来源和迁徙》,《杭州大学学报》1962年第1期;施联朱主编《畲族研究论文集》,民族出版社1987年4月版。

8.《陈亮永嘉之行及其与永嘉事功学派的关系》,与周梦江合撰,《杭州大学学报》1977年第2期。

9.《朱仙镇之役与岳飞班师考辨》,《杭州大学学报》1978年第1期;谢觉民主编《史地文集》,浙江大学出版社2007年5月版;傅杰编《二十世纪中国文史考据文录》,云南人民出版社2001年12月版。

10.《南宋绍兴十年前后"内外大军"人数考》,《杭州大学学报》1978年第3期。

11.《五代十国时期的杭州》,与林正秋合撰,《杭州师范学院学报》1979年第1期。

12.《论民族英雄岳飞》,与杨渭生、王正平合撰,三人署名徐渭平,《光明日报·史学》1979年2月13日。

13.《杭州西湖非明圣湖考辨——兼论"西湖"名称的沿革》,与林正秋合撰,《杭州大学学报》1980年第1期。改正后收入《南北朝前古杭州》,浙江人民出版社1992年7月版。

14.《略论王禹偁》,《中国历史文献研究集刊》第一集,湖南人民出版社 1980 年 9 月版。

15.《北宋的科举改革与封弥制》,与何忠礼合撰,《杭州大学学报》1981 年第 1 期。

16.《宋代浙江海外贸易探索》,《杭州商学院学报》1982 年第 3 期;杭州商学院学报编辑室编《浙江商业史研究文选》第一辑,1982 年 9 月。

17.《"杯酒释兵权"说献疑》,与方建新合撰,《文史》第十四辑,1982 年 7 月版。

18.《试析陈亮的乡绅生活》,与周梦江合撰,《宋史论集》,中州书画社 1983 年 8 月版。

19.《陈傅良的著作及其事功思想述略》,与周梦江合撰,《杭州大学学报》增刊,1984 年 5 月版。

20.《评宋太祖"先南后北"的统一战略》,与方如金合撰,《宋史研究论文集》(1982 年年会编刊),河南人民出版社 1984 年 7 月版。

21.《沈括生卒年问题的再探索》,《沈括研究》,浙江人民出版社 1985 年 3 月版。

22.《李焘评传》,《中国史学家评传》,中州古籍出版社 1985 年 3 月版。

23.《关于李顺之死》,1983 年 5 月定稿,《中国古代史论丛》第九辑,福建人民出版社 1985 年 4 月版。

24.《宋太祖誓约辨析》,《历史研究》1986 年第 4 期。

25.《关于沈括的生卒年——纪念沈括逝世 890 周年》,《史学月刊》1987 年第 1 期。

26.《应该实事求是地评价岳飞的抗金战功》,《岳飞研究》第一辑,浙江古籍出版社 1988 年 1 月版。

27.《略论叶适的学术和事功——纪念叶适诞生 840 年》，1963 年 6 月初稿，《东南文化》1989 年第 6 期。

28.《浅论宋代政治史的分期问题》，与何忠礼合撰，《宋史研究通讯》1993 年第 1 期。

29.《再论"杯酒释兵权"——兼答柳立言先生》，《第二届宋史学术研讨会论文集》，台湾中国文化大学出版部 1996 年 3 月版。

30.《论刘锜的风范品格及其在古代军事史上的地位》，与王云裳合撰，《岳飞研究》第四辑，中华书局 1996 年 8 月版。

31.《陈亮与永嘉事功学派》，潘善庚主编《历史人物与温州》，作家出版社 1998 年 2 月版。

32.《苏轼饮食文化述论》，与康保苓合撰，《浙江大学学报》2002 年第 1 期。

33.《走出"荆公新学"——对王安石学术演变形态的再勾勒》，与杨天保合撰，《浙江大学学报》2005 年第 1 期。

34.《多元嬗变后的苦结——"前选举社会"中国学术生成的范式分析》，与杨天保合撰，《中州学刊》2005 年第 3 期。

35.《走近学术生成的社会知识背景——王安石学术渊源考中的一种转向》，与杨天保合撰，《江西社会科学》2005 年第 4 期。

文献订误：

1.《〈梦溪笔谈〉有关史事记载订误》，《宋史研究论文集》，上海古籍出版社 1982 年 1 月版；补充后收入《沈括研究》，浙江人民出版社 1985 年 3 月版。

2.《〈旧闻证误〉研究》，《杭州大学学报》1985 年第 3 期；人大复印报刊资料《历史学》1985 年第 12 期；《宋史研究论文集》（1984 年年会编刊），浙江人民出版社 1987 年 11 月版。

3.《〈石林燕语〉订误》，与包伟民合撰，杭州大学古籍研究所编《文史新探》，上海社会科学院出版社 1988 年 2 月版。

4.《〈全宋文〉第一册读后》，《古籍整理出版情况简报》第 204 期，1989 年 2 月 10 日。

5.《〈四朝闻见录〉记事纠谬》，《书品》1990 年第 4 期、1991 年第 1 期。

6.《〈全宋文・王禹偁文〉补正》，《陈乐素教授九十诞辰纪念文集》，广东人民出版社 1992 年 6 月版。

7.《〈朝野杂记〉记事正误》，《纪念李埏教授从事学术活动五十周年史学论文集》，云南大学出版社 1992 年 9 月版;《雪泥鸿爪——浙江大学古籍研究所建所二十周年纪念文集》，中华书局 2003 年 8 月版。

8.《〈渑水燕谈录〉证误》，《文献》1993 年第 2 期。

9.《〈东轩笔录〉记事订误》，《宋史研究论文集》(1992 年年会编刊)，河南大学出版社 1993 年 12 月版。

10.《〈挥麈录〉证误》，王元化主编《学术集林》卷三，上海远东出版社 1995 年 4 月版。

11.《取证族谱必须审慎——对〈宋江征方腊新证〉一文的意见》，《文献》1995 年第 4 期。

12.《〈青箱杂记〉订误》，《文史》第四十一辑，1996 年 4 月版。

13.《〈皇宋十朝纲要・升改废置州府〉补正》，《庆祝邓广铭教授九十华诞论文集》，河北教育出版社 1997 年 2 月版。

14.《〈铁围山丛谈〉订误》，《书品》1997 年第 3 期。

15.《〈湘山野录〉〈玉壶清话〉订误》，《文献》1997 年第 4 期。

16.《〈老学庵笔记〉订误》，《杭州大学学报》1998 年第 1 期。

17.《〈宋史・地理志〉补正》，《历史地理》第十四辑，1998 年 9 月版;《史学文存:1936—2000——浙江大学中国古代史论文集》，上海古籍出版社 2001 年 12 月版。

18.《〈齐东野语〉订误》,《文史》第四十六辑,1998 年 12 月版。

19.《〈容斋随笔〉补正》,《文献》1999 年第 3 期;《张其昀先生百年诞辰纪念文集》,台湾中国文化大学出版部 2000 年 8 月版。

20.《〈续资治通鉴长编纪事本末〉研究》,《文史杂志》2001 年第 1 期。

21.《〈涑水记闻〉证误》,《文史杂志》2002 年第 4 期。

22.《文渊阁本〈系年要录〉校正举例》,《宋史研究论文集》(国际宋史研讨会暨中国宋史研究会第九届年会编刊),河北大学出版社 2002 年 7 月版。

23.《新本〈朱子语类〉订误举例》,《文献》2004 年第 2 期。

24.《王安石撰写〈马汉臣墓志铭〉时间考》,与杨天保合撰,《史学月刊》2006 年第 4 期。

25.《命名与误读——基于王安石学术称谓流变史的语义学发现》,与杨天保合撰,《中州学刊》2006 年第 5 期。

26.《〈忠肃集〉(点校本)校正》,《中华文史论丛》2007 年第 3 期、第 4 期,2008 年第 1 期连载。

27.《王安石集的古本与新版》,与杨天保合撰,《古籍整理研究学刊》2007 年第 3 期。

书评、序言:

1.《答苏诚鉴评张著〈中国史纲〉第一册》,顾颉刚主编《文史杂志》第五卷第三、四期合刊,1945 年 4 月版;《天才的史学家:追忆张荫麟》,清华大学出版社 2009 年 7 月版。

2.《评劳贞一著〈秦汉史〉》,《浙江学报》第二卷第二期,1948 年 6 月版。

3.《对胡华〈中国新民主主义革命史（初稿）〉一书一些问题的商榷》,《历史教学》1954 年第 4 期。

4.《〈求是集〉序》,陈乐素《求是集》（第二集）,广东人民出版社 1984 年 9 月版。

5.《〈沈括研究〉前言》,《沈括研究》,浙江人民出版社 1985 年 3 月版。

6.《〈南宋都城临安〉序》,林正秋《南宋都城临安》,西泠印社 1986 年 5 月版。

7.《〈宋史研究集刊〉前言》,浙江古籍出版社 1986 年 4 月版。

8.《〈宋史研究集刊〉第二集前言》,《宋史研究集刊》第二集,杭州大学 1988 年 12 月印。

9.《〈续资治通鉴长编〉评介》,仓修良主编《中国史学名著评介》第二卷,山东教育出版社 1990 年 2 月版,台湾里仁书局 1994 年版,山东教育出版社 2006 年 2 月修订版。

10.《〈李心传事迹著作编年〉序》,来可泓《李心传事迹著作编年》,巴蜀书社 1990 年 6 月版。

11.《〈叶适与永嘉学派〉序》,周梦江《叶适与永嘉学派》,浙江古籍出版社 1992 年 7 月版。

12.《〈宁波古代史纲〉序》,乐承耀《宁波古代史纲》,宁波出版社 1995 年 11 月版。

13.《一部进行爱国爱乡教育的好教材——乐承耀〈宁波古代史纲〉读后》,《浙江学刊》1996 年第 2 期。

14.《〈宗泽全集〉序》,黄碧华、徐和雍点校《宗泽全集》,华艺出版社 1996 年 10 月版。

15.《〈怀乡集〉序》,徐顺平《怀乡集》,香港天马图书有限公司 1996 年 5 月版;《百川集汇——〈当代永嘉百家丛书〉述评》,新华出版社 1998 年 12 月版。

16.《〈宋代生活风俗研究〉序言》，林正秋《宋代生活风俗研究》，中国商业出版社 1997 年 10 月版。

17.《〈颂梅集三百首〉序》，《颂梅集三百首》，中国华侨出版社 1997 年 11 月版。

18.《〈建炎以来朝野杂记〉点校说明》，《杭州师范学院学报》1998 年第 1 期；《建炎以来朝野杂记》，中华书局 2000 年 7 月版。

19.《〈温州市志〉序》，《温州市志》，中华书局 1998 年 2 月版。

20.《〈两宋文化史研究〉序》，杨渭生等《两宋文化史研究》，杭州大学出版社 1998 年 12 月版；杨渭生等《两宋文化史》，浙江大学出版社 2008 年 1 月版。

21.《〈南宋史稿〉序言》，何忠礼、徐吉军《南宋史稿》，杭州大学出版社 1999 年 4 月版。

22.《〈南宋史稿〉评介》，《浙江学刊》1999 年第 4 期。

23.《张著〈中国史纲〉（新本）校正》，1998 年 8 月作，《天才的史学家：追忆张荫麟》，清华大学出版社 2009 年 7 月版。

24.《〈跬步集〉序》，周干《跬步集》，华艺出版社 2000 年 12 月版。

25.《〈顺溪陈氏宗祠碑林集〉序》，陈圣驹编《顺溪陈氏宗祠碑林集》，平阳方正印社 2001 年 7 月印。

26.《写范仲淹最好的一部书：评〈范仲淹评传〉》，《文汇读书周报》2002 年 8 月 30 日。

27.《〈石介事迹著作编年〉序》，陈植锷《石介事迹著作编年》，中华书局 2003 年 1 月版。

28.《〈百岁棋王谢侠逊〉序》，谢瑞淡《百岁棋王谢侠逊》，浙江人民出版社 2003 年 7 月版。

29.《陈著〈求是集〉校勘记》，张其凡、范立舟主编《宋代历史文化研究续编》,人民出版社 2003 年 9 月版。

30.《张著〈中国史纲〉(商务本)校正》,《李埏教授九十华诞纪念文集》,云南大学出版社 2003 年 11 月版。

31.《〈温州历史概述〉序》,徐顺平《温州历史概述》,香港新新出版公司 2004 年 11 月版。

32.《〈浙江姓氏志・浙南徐氏〉序》,与徐顺平合撰,《浙江姓氏志・浙南徐氏》,中华书局 2004 年 9 月版。

33.《〈南宋史研究丛书〉序》,2006 年 8 月 8 日作,五十卷本《南宋史研究丛书》陆续出版。

纪念文字、会议致辞:

1.《张荫麟先生著作系年目录》,《思想与时代》月刊第 18 期,1943 年 1 月版。

2.《竺藕舫师千古(七律一首)》,此挽诗撰于 1974 年 2 月 10 日,台湾《浙大校友通讯》第 110 期,1991 年 8 月 30 日版。

3.《张荫麟先生的科技史著作述略——纪念张先生逝世四十周年》,与王锦光合撰,《杭州大学学报》1982 年第 4 期;《天才的史学家:追忆张荫麟》,清华大学出版社 2009 年 7 月版。

4.《谈谈学习和研究中国古代史的基本功》,《宋史研究通讯》1984 年第 1 期。

5.《记夏瞿禅教授二三事》,1986 年 6 月杭州大学召开的"沉痛悼念夏瞿禅教授大会"上的致辞。

6.《我们应向岳飞学习什么?》,1988 年 4 月 22 日纪念岳飞诞辰 885 周年学术报告会上的发言。

7.《〈文史〉创刊 26 周年、复刊 10 周年纪念感言》,《书品》1988 年第 3 期。

8.《杭州大学与孙诒让学术研究——纪念孙诒让诞辰 140 周年、逝世 80 周年》,《杭州大学学报》1988 年第 4 期。

9.《忆陈乐素师在遵义》,《浙江大学在遵义》,浙江大学出版社 1990 年 2 月版。

10.《张荫麟先生生平及其对史学的贡献——纪念先生逝世五十周年》,《杭州大学学报》1992 年第 2 期;人大复印报刊资料《历史学》1992 年第 8 期;《天才的史学家:追忆张荫麟》,清华大学出版社 2009 年 7 月版。

11.《张荫麟师培养学生情况述略——纪念张师诞辰 90 周年》,《杭州大学学报》1995 年第 3 期;《张荫麟先生纪念文集》,汉语大字典出版社 2002 年 10 月版;《天才的史学家:追忆张荫麟》,清华大学出版社 2009 年 7 月版。

12.《徐规自传》,《苍南文史资料》第 10 辑,1995 年 3 月。

13.《张荫麟先生著作系年目录并序》,与徐存平合撰,《杭州师范学院学报》1996 年第 1 期。

14.《在〈杭州大学教授志〉首发式上的讲话》,1997 年 4 月 30 日下午作为教授代表发言。

15.《徐规自述》,国务院学位办编《中国社会科学家自述》,上海教育出版社 1997 年 12 月版。

16.《高山仰止——纪念邓恭三先生逝世一周年》,《仰止集》,河北教育出版社 1999 年 3 月版。

17.《我的治学之路》,《浙江学刊》1999 年第 5 期。

18.《我和宋史》,《学林春秋二编》,朝华出版社 1999 年 12 月版;《家学与师承:著名学者谈治学门径》,广西师范大学出版社 2007 年 1 月版。

19.《旷世奇才——记史学家张荫麟先生》,《学林往事》,朝华出版社 2000 年 3 月版;《天才的史学家:追忆张荫麟》,清华大学出版社 2009 年 7 月版。

　　20.《庆贺陈群学长暨嫂夫人八秩寿诞(七律一首)》,《南雁荡山顺溪诗词选》,2002 年 8 月。

(原载《徽音永著:徐规教授纪念文集》,

华东师范大学出版社 2012 年 9 月版)